体验营销的理论与实践

Tiyan Yingxiao de Lilun yu Shijian

顾 桥 梁 东 刘泉宏 著

中国地质大学出版社有限责任公司
ZHONGGUO DIZHI DAXUE CHUBANSHE YOUXIAN ZEREN GONGSI

图书在版编目(CIP)数据

体验营销的理论与实践/顾桥,梁东,刘泉宏著. —武汉:中国地质大学出版社有限责任公司,2012.12(2021.1重印)
ISBN 978-7-5625-3029-9

Ⅰ.①体…
Ⅱ.①顾…②梁…③刘…
Ⅲ.①市场营销学-研究
Ⅳ.①F713.50

中国版本图书馆 CIP 数据核字(2012)第 309582 号

体验营销的理论与实践 顾 桥 梁 东 刘泉宏 著

责任编辑:段连秀 责任校对:张咏梅

出版发行:中国地质大学出版社有限责任公司(武汉市洪山区鲁磨路 388 号)
电 话:(027)67883511 邮政编码:430074
传 真:67883580 E-mail:cbb @ cug.edu.cn
经 销:全国新华书店 http://www.cugp.cug.edu.cn

开本:880 毫米×1230 毫米 1/32 字数:220 千字 印张:8.375
版次:2012 年 12 月第 1 版 印次:2021年 1 月第 3 次印刷
印刷:荆州市鸿盛印务有限公司 印数:2001-3000 册

ISBN 978-7-5625-3029-9 定价:28.00 元

前　言

在新世纪经济发展的背景下，体验经济作为一种新的经济发展形态得到了各方的关注。20世纪70年代，美国未来学家阿尔文·托夫勒在《未来的冲击》一书中提出了“服务业最终会超过制造业，体验生产又会超过服务业”的观点。他同时预言：农业经济、工业经济、服务经济的下一步是走向体验经济。美国学者约瑟夫·派恩与詹姆斯·吉尔摩对于体验经济作了详细而全面的阐述。所谓体验经济，是指企业以服务为舞台，以商品为道具，为消费者创造出难忘的感受的一种经济形式。传统经济主要注重产品的实用和价格，随着体验经济的到来，生产及消费行为产生了从生活与情境出发，塑造感官体验及心理认同的变化，从而改变了消费行为，为产品和服务找到了新的生存空间。目前从美国到欧洲的整个发达社会经济，正以发达的服务经济为基础，并紧跟“计算机信息”时代，在逐步甚至大规模开展体验经济。体验经济被其称为，继农业经济、工业经济和服务经济阶段之后的第四个人类的经济生活发展阶段，或称为服务经济的延伸。从其工业到农业、计算机、因特网、旅游业、商业、服务业、餐饮业、娱乐业（影视、主题公园）等各行业都在上演着体验或体验经济，尤其是娱乐业已成为现在世界上成长最快的经济领域。农业经济、工业经济和服务经济到体验经济之间的演进过程，就像母亲为孩子过生日、准备生日蛋糕的进化过程。在农业经济时代，母亲是拿自家农场的面粉、鸡蛋等材料，亲手做蛋糕，从头忙到尾，成本不到1美元。到了工业经济时代，母亲到商店里，花几美元买混合好的盒装粉回家，自己烘烤蛋糕。进入服务经济时代，母亲是向西点店或超市订购做好的蛋糕，花费十几美元。到了今天，母亲不但不烘烤蛋糕，甚至不用费事自己办生日晚会，而是花100美元，将生日活动外包给一些公司，请他们为孩子筹办一个难忘的生日晚会。这就是体验经济的诞生。

所谓体验，就是指人们用一种从本质上说很个性化的方式来度过一段时间，并从中获得过程中呈现出的一系列可记忆事件。而服务只是指由市场需求决定的一般性大批量生产。正如服务经济的地位高于产品经济一样，体验经济高于服务经济。由于一项服务被赋予个性化之后，变得值得记忆，所以一项服务的顾客定制化，就使它成为一种体验。如果顾客愿意为这类体验付费，那么体验本身也就可以看成某种经济上的给予。它创造的价值来自个人内在的反应。其实，体验一直存在于我们的周围，只是直至现在我们才刚刚开始将它作为一种独特的经济提供物方式来对待。

体验经济已经成为继知识经济和服务经济之后的一种新的经济形态。越来越多的消费者渴望得到体验，愈来愈多的企业精心设计与销售体验。各行各业的顶尖企业都将发现，未来的竞争战略，就在体验。除非企业打定主意要一直留在工业经济阶段，否则总会被迫升级到体验经济阶段。英特尔公司总裁葛洛夫曾经指出："我们的产业不仅是制造与销售个人电脑，更重要的是传送信息和形象生动的交互式体验。"体验，这种在以客户需求为导向、以服务为附加的传统理念上有所创新的互动式服务营销模式已经越来越走近到消费者的身边，走进消费者的心里。它使过去原本可望而不可及的IT产品的购买，能够像普通消费品一样，以全方位的使用体验为先，这不仅拉近了IT产品与消费者的距离，同时也为消费者与厂商之间的对话创造了机会。

随着生产力的不断发展，人民收入水平的日趋提高，科技、信息产业日新月异，将直接影响人们的需求与欲望，影响消费者的消费型态。经济发达到一定程度后，人类的消费重点就会发生改变，将从产品和服务向体验转移。随着"体验"变成可以销售的经济商品，"体验消费"必将成为一种趋势与时尚，"体验经济"必将大行其道，呈现出旺盛的生命力。企业和商家必须关注体验经济发展的趋势和消费者日益增长的体验需求，并设法加以满足，才能在未来竞争中立于不败之地。

本书共分为三篇十四章。第一篇新理论与挑战是理论篇，重点介绍体验营销产生的背景、体验营销的基本理论、基本流程、基本策略以及体验营销的市场培育；第二篇新模式与整合是理论整合篇，主要介绍体验营销与服务营销、关系营销、直复营销、生态营销、博弈营销、网络营销等相关营销理论和营销模式的整合及应用；第三篇新思维与实践是实践应用篇，介绍和探讨了典型产品的体验营销、典型场所的体验营销以及典型项目的体验营销的要素、策略和规律。

本书的主要特点是内容新颖、简练、实用；结构合理，体系编排兼顾理论性和应用性；每篇都采用经典案例引出问题和讨论，每章附有案例辅助问题叙述。内容形式活泼，可读性强。

本书在写作过程中，研究生郑春燕、杨宇鹏、车爽爽、苏煜、舒落金、罗大勇等参与了部分资料的收集和案例的编写。同时在写作过程中还参阅了大量同行专家的专著和论文资料，在此一并表示衷心的谢意。武汉工业学院经济与管理学院、武汉江汉大学商学院的领导对本书的出版给予了大力支持和帮助，在此表示诚挚的感谢。

体验营销作为一种新的营销模式和实践还在发展和完善，还有许多理论问题需要探索和总结，笔者也在不断地学习和探索。因此，书中内容一定存在许多不足，甚至错误，敬请读者批评指正。

作　者

2012年10月

目　　录

• 第一篇　新理论与挑战 •

·第二篇　新模式与整合·

· 第三篇　新思维与实践 ·

第一篇　新理论与挑战

开篇案例：体验经济时代与体验营销

随着“体验”变成可以销售的经济商品，“体验消费”旋风开始席卷全球产业，继“服务经济”之后，“体验经济”已大行其道。

美国拉斯维加斯的论坛购物中心铺着大理石地板，偶尔有古罗马士兵行军穿过白色的罗马式列柱，让消费者以为重回古罗马集市。位于加州的硅图公司设有“虚拟现实中心”，让顾客在三维空间的立体模拟环境中，模拟得到未来产品，感觉得到产品的功能。

体验经济的时代已经来临。经济演进的过程，就像为小孩过生日、准备生日蛋糕的进化史。在农业经济时代，母亲是拿自家农场的面粉、鸡蛋等材料，亲手做蛋糕，从头忙到尾，成本还不到 1 美元。演进到工业经济时代，母亲到商店里，花几美元买混合好的盒装蛋糕粉回家，自己烘烤。进入服务经济时代，母亲是向西点店或超市订购做好的蛋糕，花费十几美元。到了 21 世纪的今天，母亲不但不烤蛋糕，甚至不用费事自己办生日晚会，而是花 100 美元，将生日活动外包给 Chuck E Cheese’s、Discovery Zone 等公司，请他们为小孩筹办一个难忘的生日晚会。这就是体验经济的诞生。

英特尔总裁格罗夫在 1996 年 11 月 COMDEX 电脑商展中的演讲指出：“我们的产业不仅是制造与销售个人电脑，更是传送资讯与栩栩如生的互动体验。”

体验经济已经逐渐成为继服务经济之后的第四个经济发展阶段。愈来愈多的消费者渴望得到体验，愈来愈多的企业精心设计、促销体验。各行各业的顶尖企业都将发现，未来的市场竞争，将表现为体验的竞争。除非企业打定主意要一直留在商品经济阶段，否则总会被迫升级到体验经济阶段，体验营销将大有用武之地。

体验是创造难忘的经验

体验一般被看成是服务的一部分，但是实际上体验是一种经济商品，像服务、货物一样实实在在的产品，不是虚无飘缈的感觉。

体验到底是什么？所谓体验，就是企业以服务为舞台，以商品为道具，环绕着消费者，创造出值得消费者回忆的活动。这其中商品是有形的、服务是无形的，而所创造出的体验是令人难忘的。

与过去不同的是，商品、服务对消费者来说都是外在的，但是体验是内在的，存在于个人心中，是个人在形体、情绪、知识上参与的所得。各人的体验不会完全一样，因为体验是来自个人的心境与事件的互动。

在硬石餐厅、好莱坞星球餐厅或蓝调餐厅等主题餐厅中，餐点只是娱乐餐饮体验的道具，创造体验一直是娱乐事业的核心，但今天娱乐体验已经在电影院与游乐园之外的产业生根。新科技的发展，带起互动游戏、动态模拟虚拟现实等全新的体验，更进一步刺激电脑业的新发展。而且体验不仅是关于娱乐，只要让消费者有所感受、留下印象，就是提供体验。英国航空公司前总裁马歇尔指出，“商品经济的心态认为企业只是扮演一种功能。在这种思考下，航空业就是尽可能以低廉价格，准时将旅客从甲地送到乙地。”但英国航空公司要“超越功能，在提供体验上竞争”。英国航空以基本航空服务为舞台，提供舒适的休息服务，让飞行成为乘客忙碌生活中的舒适休息时刻。

虽然上述的企业尝试提供体验，但是目前大部分的企业还只是对产品与服务收费，显示体验经济尚未成熟。

成熟、精致的体验要收门票

IBM 在 1960 年到 1979 年的全盛时期，以“IBM 就代表服务”为口号，大方挥霍服务。当时，只要购买 IBM 的硬件产品，IBM 就免费提供规划设备、设计程式、整合设备、维修产品的服务，周到得让企业大为吃惊。但是后来顾客的需求愈来愈庞大，IBM 再也负担不起免费提供，而服务也成为 IBM 最有价值的商品。现在 IBM 的全球服务事业体以每年两位数的速度成长，再也不用借服务来卖硬件产品。

IBM 的转变，显示服务经济已经成熟。现在 IBM 与许多制造商从服务中所得的获利，都超过商品销售利润。

IBM 与上述体验企业的情形相比较，显示出体验经济尚未成熟。硬石餐厅、硅图等跨入体验经济的企业，也还没有针对体验收费。企业要向寻求体验的顾客收取门票，才算将体验当作经济商品销售，真正迈入体验经济。

即使企业目前还无法对体验收门票，经理人也该自问：如果我们收取费用，将有什么不同的做法？这样的问题有助于开启迈入体验经济的思考。

企业要收取门票，真正迈入体验经济，必须设计更丰富的体验内容。一些零售商虽然已经接近体验经济，但是仍不够精致。如果这些企业收取门票就会被迫提供更丰富的体验，每天甚至每小时更换商品组合、增加繁杂展示等，吸引顾客上门付费。

“真假咖啡店”是真正以体验收费的例子。一位以色列的创业家开了家“真假咖啡店”，服务员送来的杯子、盘子，里面空无一物，但是每位顾客要付 3 美元，周末 6 美元。“真假咖啡店”经理人卡斯比表示，消费者到咖啡店是来认识朋友、体验社会生活，而不是为餐点而来。

不过企业以体验收取门票，并不表示要停止销售产品与服务。迪斯尼主题游乐园的停车、餐饮、纪念品及其他服务，都能带来可观的收入。但是如果迪斯尼没有主题游乐园、卡通片、电影、电视节目塑造体验，就失去了吸引消费者的特质。

当体验经济进入成熟阶段，零售店与购物中心先向顾客收费，才让他进门。一些户外的节庆购物中心与商展，已经这样做了。主办人环绕着吸引人的主题，设计独特的体验，让消费者觉得票价值得。

体验类型五花八门

不过企业在收取门票之前，必须先设计出让消费者觉得票价值得的体验。体验就像服务一样，有其独特的特质与设计方法。

体验的特质包括消费者是主动参与还是被动参与，以及消费者是融入情境还是只是吸收信息。被动参与是指消费者完全不参与体验的演出，就像是音乐会的观众；主动参与是指消费者就是创造体验的主角，就像滑雪比赛场边的观众，站在场边就制造了其他人体验到的视觉与听觉效果。而坐在赛马大会看台上的观众，可以将脚下、眼前的活动尽收眼底，这是吸收信息；但是站在场内的人，则可融入周围的情景、声音，甚至气味中。

体验因为主动参与或被动参与、融入情境或只是吸收信息，可以分为四大类：娱乐体验、教育体验、遁世体验、美学体验。看电视或参加音乐会等属于娱乐体验，消费者较被动，只是吸收信息而没有融入。上课属于教育体验，消费者参与较主动，但本身处于活动之外，没有融入其中。参加戏剧演出、乐团演奏，或者进入大峡谷则是属于遁世体验。遁世体验一样可以发挥教育或娱乐的效果，但是消费者更主动地参与，更融入体验。如果将消费者在遁世体验中的参与降到最小，就成为美学体验，消费者虽然融入体验的活动或环境，但是不影响体验的呈现，如游客只站在大峡谷边缘观赏奇景，或是到画廊欣赏艺术品。

一般而言，让人感受最丰富的体验，是同时涵盖四个维度，也就是处于四个维度交会的“甜蜜地带”的体验。到迪斯尼乐园、拉斯维加斯赌城，都属于最丰富的体验。

设计体验的五大要素

其实体验创造空间很大，企业经理人应该思考的是：我们能够提供什么特殊的体验？所找出的特殊体验，就是事业的发展方向。

体验就像产品与服务，必须经过一段设计的过程，需要经由发觉、设计、编制，才能呈现出来。我们从已经进入体验经济企业的做法，归纳出设计体验的五项要素。

1. 订定主题

看到硬石餐厅、好莱坞星球餐厅、雨林咖啡厅这些主题餐厅的名字，就可以想象进入餐厅的感受。因为它们都点出了明确的主题。

订定明确的主题是经营体验的第一步。

拉斯维加斯的论坛购物中心以古罗马集市为主题，从各个细节展现主题。论坛购物中心在 1997 年时每平米营业额超过 1 万美元，一般购物中心只有不到 3 000 美元，证明体验的确能创造经济价值。

成功的主题就像论坛购物中心一样，非常简单，吸引人，而不是企业的使命或行销广告词。主体不用贴在墙上，但必须带动所有的设计与活动，朝向一致的故事情节，吸引消费者。

2. 以正面线索塑造印象

主题只是体验的基础，还需要塑造不可磨灭的印象，才能呈现体验，实践主题。

而创造印象，就必须制造强调的线索。线索构成印象，在消费者心中创造体验。且每个线索都必须支持主题，与主题一致。其实每一个小动作，都可以成为线索，都有助于创造独特的体验。当餐厅的接待人员说“我为您带位”，就不是特别的线索。但是雨林咖啡厅的接待人员带位时说“您的冒险即将开始”，就成为开启特殊体验的线索。

3. 去除负面线索

要塑造完整的体验，不仅需要设计一层层的正面线索，还必须去除削弱、违反、转移主题的负面线索。

快餐店垃圾箱的盖子上一般都有“谢谢您”三个字，提醒消费者自行清理餐盘，但这也同样透露了“不提供服务”的负面导息。企业可以将垃圾箱变成会发声的吃垃圾机，当消费者打开盖子清理餐盘时，就会发出感谢的话。如此就消除了负面线索，将自助变为餐饮中的正面体验。

企业提供的服务如果很差，一样会令消费者印象深刻，成为差劲的体验。破坏顾客隐私的“过度服务”，就是破坏体验的负面线索。例如，飞机机长用扩音器宣布“哥伦布市在飞机的右下方”，打断乘客看书、聊天或打盹儿，就是失败的例子。如果机长的广播改用耳机传送，就能去除负面线索，创造更愉悦的体验。

4. 配合加入纪念品

纪念品的价格虽然比不具纪念价值的相同产品高出很多，但因为具有回忆体验的价值，所以消费者还是愿意购买。度假的明信片让人想起美丽的景色，绣着标志的运动帽让人回忆起某一场球赛，印着时间和地点的热门演唱会运动衫，让人回味演唱会的盛况。

超级市场可以在结账处放置纪念品，代替口香糖、刮胡刀等；保险公司可以将保险证明设计成适于装框裱挂，给顾客留作纪念。如果企业觉得不需要设计纪念品，就是尚未提供体验。

5. 包含五种感官刺激

体验中的感官刺激应该支持、增强主题，而且体验所涉及的感觉愈多，就愈容易成功，愈令人难忘。

聪明的擦鞋匠会用布拍打皮鞋，发出清脆的声音，扩散鞋油的气味。虽然气味与声音不会使鞋子更亮，但会使擦鞋的体验更吸引人。超级市场将烘焙面包的香味送到市场中，也是同样的目的。

雨林咖啡厅则是连续使用五种感官刺激的成功案例。消费者走进雨林咖啡厅，首先听到滋滋的声音，然后看到迷雾从岩石中升起，皮肤就会感觉到雾的柔软、冰凉，最后消费者可以闻到热带的气息，尝到鲜味，打动每个人的心。

不过不是所有感官刺激都能相互组合，发挥相乘效果。例如，现在大家都知道咖啡的香味与新书的气味非常匹配，可用于书店设计。

但是一家公司尝试将酒吧与投币式自助洗衣店结合就宣告失败，因为肥皂粉的味道和啤酒的气味不搭配。

有些线索则是看重单一感官，以极简单的方式来增强体验。如克利夫兰 200 周年委员会花 400 万美元，点亮了 8 座桥梁，让灯火通明的桥梁成为吸引消费者到克利夫兰旅游的线索。

体验需要不断推陈出新

这五项设计原则并不能保证企业经营成功，企业还需要考虑市场供求的因素。如果企业无法持续提供吸引人的体验，收取的价格超过消费者所感受到的价值，或者供应过量，就会面临压力。最近好莱坞星球餐厅与雨林咖啡厅经营遭遇问题，就是因为他们没有更新体验，让消费者觉得不新鲜。

未来，一些现存的体验企业将会淘汰出局。过去在美国密歇根州东部有超过 100 家大汽车制造商，但现在只剩下底特律的三大汽车厂。这就是经济发展的过程。

工业与服务经济的发展，繁衍出许多产品，但是如果没有那些富有想象力的设计者与行销者，就不会出现这些商品。用经济学家熊彼特的话来说，就是经济是经由"强大的创造性破坏"而逐步成长成熟，也就是经由企业创新而成长，这也是未来体验经济的成长方式。企业如果不创新，将把自己局限在愈来愈萎缩的商品与服务经济中，与未来的发展渐行渐远。

（资料来源：改编自 Pine Ⅱ. B. J. and Gilmore, J. H. Welcome to the experience economy. Harvard Business Review, 1998, 7/8:97～105）

第一章　体验营销概论

案例故事：丽贝卡亲人们的生日礼物

20世纪60年代，丽贝卡的妈妈过生日时，丽贝卡的奶奶亲手烤制生日蛋糕，她购买价值10美分或20美分的蛋糕制作原料。

20世纪80年代，丽贝卡过生日时，妈妈打电话给超市或当地的面包房订生日蛋糕，这种定制服务将花费10～20美元，而许多父母却认为定制蛋糕很便宜，毕竟这样做，他们可以集中精力于计划和举行画龙点睛的生日聚会。

21世纪初，丽贝卡的女儿过生日时，丽贝卡把整个聚会交给了“迪斯尼俱乐部”公司来举办。在一个叫纽邦德的旧式农场，丽贝卡的女儿和她的14个小朋友一起体验了旧式的农家生活。他们用水洗刷牛的身体，放羊，喂鸡，自己制造苹果酒，还要背着干柴爬过小山，穿过树林。丽贝卡为此付给公司一张146美元的支票。丽贝卡女儿的生日祝辞上写着：“生日最美妙的东西并非物品”。

第一节　社会演变与体验经济

地球上从出现人类到现代社会，经历了原始社会、奴隶社会、封建社会、资本主义社会和社会主义社会，这是由生产力发展水平决定的。社会的演变发展促使经济发展不断腾飞，经济发展与社会形态的变迁息息相关。随着生产力的不断发展，科技、信息产业日新月异，直接影响人们的需求与欲望，影响消费者的消费形态。经济发达到一定程度后，人类的消费重点就会发生改变，将从产品和服务向体验转移。经济提供物的改变会导致经济形态发生根本性的变化，从而促使社会从一个经济时代进化到另一个经济时代。经济提供物由货物、商品、服务转变为体验，经济形态也就经历了农业经济、工业经济、服务经济到体验经济。经济提供物的改变和经济时代的变迁，势必会影响到营销所关心的相互满足的交换关系。而交换关系一旦改变，营销的模式就必然要进行相应的调整，随着时代的变迁而变革。

当前美国以及欧洲的整个发达社会经济，正以发达的服务经济为基础，紧跟计算机信息时代，在逐步甚至大规模开展体验经济。越来越多的消费者渴望得到体验，愈来愈多的企业精心设计、销售体验。体验经济从工业到农业、商业、服务业、计算机业、旅游业、餐饮业等各行各业都在上演着体验，尤其是娱乐业已成为目前世界上成长最快的经济领域。“体验经济”也将成为中国 21 世纪初经济发展的重要内容和形式之一。

第二节　体验营销的兴起

由于经济、科技的飞速发展，物质文明不断进步，消费者生活水平大大提高，随之而来的是产品和服务日益同质化，市场竞争白热化与残酷化，消费者需求多样化与个性化。由于消费者的收入水平提高，物质的消费越来越丰富，消费者成为市场经济的主角，其基本需求得到满足之后，会向更高层次、更深层次的精神方面的需求发展。未来消费者的需求和欲望将是自身的人生价值和渴望自己梦想的最终实现。

围绕消费者需要和欲望的变化，许多商家在自己的产品或服务中不断挖掘消费者的消费体验，甚至设计和创造出体验式产品来吸引和满足消费者，体验营销思维随之兴起。

体验营销是一种为体验所驱动的全新的营销方式，通过为顾客创造美好的、值得回味的体验，满足顾客的精神需求，为顾客创造新的价值。同时，营销环境的演变、行业竞争的加剧、顾客行为的变化使顾客价值又有了新的内容，加之体验成为顾客价值的重要驱动因素，体验营销便作为新的价值营销模式登上舞台。怎样站在顾客的角度考虑问题，为顾客带来更多的价值，并且使用体验营销进行有效的市场运作成为企业迫切需要解决的问题。

最早把“体验”作为经济价值来看待的是著名未来学家和社会学家阿尔文·托夫勒。1970年，他在《未来的冲击》一书中指出，体验经济将逐渐成为继农业经济、制造业经济和服务经济之后的一种经济形态，企业将靠提供体验服务取胜。他认为体验是商品和服务心理化的产物，并指出“体验产品中的一个重要品种将以模拟环境为基础，让顾客体验冒险、奇遇、性感刺激和其他乐趣”。

对于体验经济的消费动机问题，1980年埃索·欧达经过研究指出，休闲为实现自我、追求高尚的精神生活，获得“酣畅”或“迷狂”的心灵体验提供机会，提出以休闲体验的这些高层次的新的社会心理功能，已被旅游发达国家所认可和应用。莫里斯和伊丽莎白于1982年将消费者体验分为幻想、感觉及趣味，并认为消费者体验来自于幻想、感觉及趣味的追求。他们认为消费作为消费者的一种主观意愿，更多的是受到消费体验的影响，而不是基于产品的特点和利益分析上的临时决定。换句话说，消费者更关注产品对其生活的影响。消费者并不是一个完全理性的思考者。

1998年，美国战略地平线公司的两位创始人派恩和吉尔摩在《哈佛商业评论》7/8月号期刊上发表“欢迎进入体验经济”一文。1999年由哈佛商学院出版社出版了两人合著的《体验经济》一书。他们认为，产品不过是体验的道具，而一切的促销只是为了将体验策划得更加引人入胜。就4Ps营销组合而言，对市场的探查、分割、细分市场的选择等实际就是赋予消费者不同的角色，连员工的工作也可以融入到这一营销舞台剧的表演中，使每一位“演员”通过演出的

“辛劳”来获得效用。

第三节　体验营销——企业利润的新源泉

随着技术进步和劳动生产率的不断提高，各种琳琅满目的消费品充斥于市场，远远超过消费者需求量的增长速度，从而导致企业间竞争加剧，价格战成为常态，因此开拓新的需求点成为全社会共同面临的问题。美国未来学家托夫勒以“制造业—服务业—体验业”的产业演进逻辑，说明了新的需求产生导致经济繁荣的规律，而派恩、吉尔摩基于“产品—商品—服务—体验”的价值递进说，也形象说明了体验是企业利润的新生长点，体验经济是继服务经济之后又一个新的价值源泉。工业的飞速发展为人类提供了充足的物质财富，而体验则为人类提供“精神食粮”。在一些发达国家，因提供美好体验而拓展产业发展空间的事例不胜枚举，如休闲业、生态旅游、电脑游戏业的产值、就业率在国民收入中均获得了较快的增长。美国的统计数据表明，在1959—1996年间，作为经济提供物的产品、商品、服务、体验产业的就业增长率分别为－0.7％、0.5％、2.7％、5.3％；名义GDP的增长率分别为5.6％、6.4％、8.5％、8.9％。据估计，未来几年休闲产业的从业人员将占美国整个社会劳动力的80％～85％，到2015年前后，发达国家将进入“休闲时代”，而体验营销将是这个时代的制胜法宝。

营销活动是企业获得收入和利润的重要手段，传统营销是一种交易营销，强调将尽可能多的产品和服务提供给尽可能多的顾客。随着市场竞争的激烈，企业之间的竞争已经从价格、概念的比拼发展到了服务、体验的比拼。消费者在消费过程中有很多的交流和沟通，可以看到现实的产品并体验购物的休闲乐趣，企业也就取得了大众的信赖。企业营销活动需要消费者积极参与，如果缺少了消费者的积极参与，最终会影响企业的营销活动快速有序的进行，而体验营销可满足企业在这方面的要求。与传统营销相比，体验营销关注的是顾客体验。体验是遇到、遭受或经历过某些情景之后所产生的结果，这些情景往往会激发某种感觉、触动，从而激发灵感。服务向商品化方向发展，商品化逐渐抹杀产品和服务给人们带来的个性化、独特的感受和体验，当服务的自动化和商品化程度很高时，体验就从服务中分离出来，成为企业向市场提供的、供顾客消费的提供物。

表1-1显示了不同经济形态下的生产行为和消费行为，可以看出传统经济主要注重产品的强大的功能、美观的外形、低廉的价格优势，现在的趋势则是从生活与情境出发，塑造感官体验及思维认同来抓住消费者的注意力，改变消费行为，并为产品找到新的生存价值与空间。总之，体验提供了感官、情感、认知、行为以及相关的价值，取代了功能性价值。顾客参与的、双方互动的营销方式，会比单一的营销方式更能取悦于顾客，自然利润也会大增。

与传统营销相比，体验营销由于其经济提供物——“体验”因素的融入，使得产品增值，企业也会获得更多的利润，体验营销也就成为企业新利润的源泉，“体验”也因此成为新的价值源泉。

表1-1　不同经济形态下的生产行为和消费行为

经济形态	生产行为	消费行为
农业经济	原料生产为主	自给自足为原则
工业经济	商品制造为主	强调功能性与效率
服务经济	强调分工及产品功能	服务为导向
体验经济	提升服务为首，并以商品为道具	追求感性与情境的诉求，创造值得消费者回忆的活动，并注重与顾客的互动

第四节　体验营销的内涵

目前，体验营销并没有统一的概念界定，研究者们根据自身研究目的提出了不同的定义。哥伦比亚大学商学院教授施密特是第一个提出体验营销概念的学者，他称其为“体验式营销”，是“一种为体验所驱动的营销和管理模式”，将完全取代把功能价值居于核心地位的传统的特色与功效营销。在其所著的《体验式营销》中首次系统地从战略角度提出了体验营销与传统营销的不同之处，指出体验营销适应的领域，提供了这种新型营销方式的战略构架。派恩和吉尔摩则认为体验营销是从消费者的感官、情感、思考、行动、关联五个方面重新定义、设计营销理念。他们认为，消费者是理性和感性兼具的，消费者的体验是研究消费者行为与企业品牌经营的关键。

我国学者郭国庆认为，体验营销是指组织从感官、情感、思考、行动和关联诸方面设计营销理念，以产品或服务为道具，激发并满足顾客体验需求，从而达到组织目标的营销模式。范秀成等则从营销活动的客体角度，认为体验是市场营销活动的客体，其核心观念是，不仅为顾客提供满意的产品和服务，还要为他们创造和提供有价值的体验。可以看到，体验营销使营销活动重点发生转移，它是在保证产品质量和服务水准的前提下，更加关注顾客精神层面的需要，以向顾客提供有价值的体验为主旨，力图通过满足消费者的体验需要而达到吸引和保留顾客，获取利润的目的。汪涛等则基于营销管理过程，认为体验营销是指企业营造一种氛围，设计一系列事件，以促使顾客变成其中的一个角色尽情“表演”，顾客在“表演”的过程中将会因为主动参与而产生深刻而难忘的体验，从而为获得的体验向企业让渡价值。

体验营销的出现，说明了商家不仅要重视商品本身的使用价值，更要重视商品所延伸的内涵，只有这样才能更好地增加顾客价值（顾客价值就是顾客期望从某一特定产品或服务中获得的一组利益，包括经济的、功能的、心理的效益），促进产品的销售。当网络时代使得物质极大丰富的时候，人们对价格已经变得不再敏感了，产品或服务所带来的心理上的效益将占据越来越重要的位置。这说明了精神需求将逐步超越物质需求而成为人们主导性需求，以满足人们的体验需求为目标的体验经济时代将逐步取代现行的服务经济。

第五节　体验营销的特征

人们一般认为体验是服务的一部分，但实际上体验不同于商品和服务。首先，商品和服务是外在的，而体验是内在的。商品具有一定的形式，消费者可以直接看到其外观、颜色、结构等，并通过操作试验看到它带给人们的利益；服务虽然是无形的，但通过形象化的展示、标准化的服务流程等方式，也能使消费者“看到”服务。而体验是一种心理感受，它存在于消费者个人心中，是个人在形体、情绪、知识上参与的所得，除了消费者个人，别人无法体会。

其次，对于相同的刺激，各人的体验也不会完全相同。由于消费者之间在个性心理方面有着显著的差别，所以对同一事物会有不同的认识，反应也有所区别，从而引起不同的体验。

最后，顾客体验是可以诱导的。体验是消费者对某一事件的心理感受，企业无法控制，但是企业可以研究消费者的心理现象，掌握其规律，并通过向顾客提供适应其心理特点的产品和服务，诱导顾客产生积极的体验，引发其购买行为。

体验是有价值的。虽然目前体验还不能像产品和服务一样可以单独出售，直接给企业带来收益，但它可以通过激发顾客的惠顾动机和冲动性购买，扩大企业现有产品和服务的销售，间接地为企业带来收益。因此，能否向顾客提供与众不同的、具有明确主题内容的体验，关系到企业在市场竞争中的地位。

体验营销以顾客需求为导向。企业从消费者的真正需要出发，按消费者所接受的方式，所需要的产品来进行各方面的沟通。从过去的“拉”转为“推”，增大了企业的主动性。

体验营销以顾客沟通为手段。企业要能满足顾客的需要，尤其是个性的需要，就要建立与顾客双向沟通，尽可能地搜集顾客信息，及时地反映在顾客所需购买的商品上。这样才能有效地推动消费者的购买。

体验营销以顾客满足为目标。在现代社会，人们已不满足于单纯地购买产品，而更着重于购买产品过程中所产生的满足。因此，企业在提高产品本身的使用价值时，更应该开展各种沟通活动，增强顾客体验需求，从而使顾客在物质上和精神上得到双重满足。体验营销的具体特征表现如下。

1. 关注顾客的体验

体验的产生是一个人在遭遇、经历或生活过一些处境的结果。企业应注重与顾客之间的沟通，发掘他们内心的渴望，站在顾客体验的角度，去审视自己的产品和服务。

2. 以体验为导向设计、制作和销售你的产品

当咖啡被当成“货物”(commodities)贩卖时，一磅可卖 300 美元；当咖啡被包装成“商品”(goods)时，一杯就可以卖一二十美元；当其加入了“服务”(services)时，在咖啡店中出售，一杯最少要几十美元至 100 美元；但如能让咖啡成为一种香醇与美好的“体验”(experiences)时，一杯就可以卖到上百美元甚至是好几百美元。增加产品的“体验”含量，能为企业带来可观的经济效益。

3. 检验消费情景

营销人员不再孤立地去思考一个产品(质量、包装、功能等)，要通过各种手段和途径(娱乐、店面、人员等)来创造一种综合的效应以增加消费体验。不仅如此，而且还要跟随社会文化消费向量

(sociocultural consumption vector,SCCV),思考消费所表达的内在的价值观念、消费文化和生活的意义。检验消费情境使得在对营销的思考方式上,通过综合考虑各个方面来扩展其外延,并在较广泛的社会文化背景中提升其内涵。顾客购物前、中、后的体验已成为增加顾客满意度和品牌忠诚度的关键决定因素。

4. 顾客既是理性的又是情感的

一般来说,顾客在消费时经常会进行理性的选择,但也会有对狂想、感情、欢乐的追求。企业不仅要从顾客理性的角度去开展营销活动,而且要考虑消费者情感的需要。

5. 体验要有一个"主题"(theme)

体验要先设定一个"主题",也可以说:体验式营销是从一个主题出发,并且所有服务都围绕这个主题,或者其至少应设有一个"主题道具"(例如一些主题博物馆、主题公园、游乐区,或以主题设计为导向的一场活动等)。并且这些"体验"和"主题"并非随意出现,而是体验式营销人员精心设计出来的。如果是"误打误撞"形成的,则不应说是一种体验式行销行为,体验式行销是要有严格的计划、实施和控制等一系列管理过程在里面,而并非仅是形式上的符合而已。

6. 方法和工具有多种来源

体验是五花八门的,体验式营销的方法和工具也是种类繁多的,并且这些和传统的营销又有很大的差异。企业要善于寻找和开发适合自己的营销方法和工具,并且不断地推陈出新。

第六节　体验营销的构成要素

体验营销是指企业通过让顾客观看、聆听、尝试等方式,使其亲身体验企业提供的产品或服务,让顾客实际感知产品或服务的品质或性能,从而促使顾客认知、喜好并购买的一种营销方式。体验营销是为了满足消费者的体验需求，通过有形产品和服务生产，经营高质量的产品来拉近企业和消费者之间的距离。体验营销作为企业新兴的营销方式，就要考虑体验营销的构成要素，企业可以借助以下这些构成因素：民族文化、设施环境、产品实体、服务质量、经济利益、互动体验过程和独特形式，对体验进行分析研究，把握体验营销的实质。

1. 民族文化

文化是人类生活的反映、活动的记录、历史的积淀，是人们对生活的需要和要求、理想和愿望，是人们的高级精神生活，是人们认识自然，思考自己，是人们精神得以承托的框架。经济活动中文化的差异是企业不得不考虑的重要方面。民族文化对经济活动的影响是非常巨大的，民族文化影响着一个民族的消费文化，进而影响民族的消费行为，使得每个民族都具有不同特色的消费特征。体验营销是一种精神层面的营销方式，更应反映和满足消费者的文化需求，把握民族文化消费特点。如宝洁公司，初到中国也吃了不少文化差异的苦头，最后潜心研究，了解和学习我国的本土文化，在中国的营销活动中充分融合了中国的文化，克服水土不服而取得了巨大的成功。文化可以说是一个国家、一个民族的灵魂，了解并充分利用它，企业的体验营销活动便获得了一个有利的位置并能够产生神奇的力量。

2. 设施环境

设施环境形成顾客的第一印象，它是体验发生中的物理环境的各个方面，包括设施风格、设施背景、设施配置以及设施所渲染的情调。从许多方面来看，设施就像有形商品的包装，可以方便或阻碍产品的使用，也是对外传递信息的重要手段。设施的设计，会影响身处其中的客户与员工的行为与互动。另外，设施的背景、设备配置、装饰风格以及其他有形线索，都能帮助顾客形成对体验及体验组织本身的印象，体验在顾客头脑中的真实反映在很大程度上是体验影响的。因此，设施为顾客的整个体验设定了基调。当顾客对某一企业缺乏了解时，设施就能帮助顾客判断他能否从该企业获得所需。

在李宁王府井旗舰店中，店堂设计有着各种各样的识别要素，营造出高档、雅致和牢固的整体顾客印象，产品类别分为四大类，分别用不同的色彩进行区分。比如男子运动区和女子运动区采用红色的墙面，运动配件区则选择白色的墙面，运动时尚区使用炭黑色的墙面，高尔夫区则使用墨绿色的墙面，鞋区的背墙是由光带过渡的玻璃质地设计。展示柜使用质地很好的木料和金属，销售区则更为开阔。这样整个商店显得色调柔和，环境安静，给人高雅的感觉，营造出一种令人愉悦的环境。顾客随时都可获得个人服务，购物体验也细致入微。

当然，设施环境的体验营造并不一定要付出高昂的代价。有时是极为简单的构想：比如在书店里设置香味飘逸的咖啡座；银行在顾客等候期间提供饮料；在大型购物商场，设置必要的休息椅和男士等候的吸烟室或提供阅读报纸等。可以看到，精明的企业会越来越注重通过向顾客提供优雅的设施环境，吸引和招揽大量的回头客。据调查，精心营造设施环境的企业，能够使其销售额上升10%～30%。

3. 产品实体

大多数企业向顾客提供的是有形的产品，因而产品是体验营销构成因素中的关键要素。科特勒指出，产品是能够提供给市场以满足需要和欲望的任何东西。但是最为成功的企业所提供的产品不仅让顾客满意，而且令顾客愉悦。因此，为了使企业的产品具有体验的价值，也许最直接的办法就是在产品中增添某些要素，使产品“活起来”，这样就能增加顾客与他们相互交流的感觉。一些产品充分利用它们的功能，给人以愉快的感觉，像玩具、棉花糖、录像带、CD唱片、雪茄、酒类等。企业可以突出产品中的任何一种感官特征，创造出一种感官体验。如想做到这一点，要求企业清楚哪种感觉最能打动顾客，从而针对这种感觉重新设计产品，使其更富有吸引力。例如，汽车制造商现在在每个模型上花费成百上千万美元，使关车门的声音听起来更舒服。展示所用的记号笔也不再仅有颜色上的区别。产品体验的创意对于价格低廉的日常用品同样重要。日常用品的体验目的不是增加奢侈的附加物，与此相反，是保证消费产品既轻松又方便。为了把一个品牌与其余牌子区别开来，常常需要一个简单的功能优势。

4. 服务质量

服务是为特定顾客演示的无形产品，不仅服务业要求充分开展体验营销，即使有形产品中的服务因素比例也要不断扩大，以至于制造业也逐渐把自己看作是为顾客提供服务的企业，如 IBM 就意味着服务。像舞台一样，服务体验如何让顾客感知或体验到，已成为体验营销是否成功的关键。一般来说，服务体验表现由许多细节融合而成，体验表现的许多要素发生于后台而不为客户所知，或被前台演出所掩盖。这就需要在向顾客提供服务的过程中，经常让顾客惊喜或愉悦。服务提供商在这方面更有优势，因为他们不专注于有形的商品，他们能够致力于改善顾客在购物或接受服务时所处的环境，或者是顾客迷恋于企业精心营造的温馨氛围，或者引导顾客参与其中，以便将服务转化为难忘的体验。

一项研究成果表明，企业通过提高服务质量给顾客带来愉快的因素包括：①可信性：执行已经许诺服务的可信赖性和精确性的能力；②责任心：帮助顾客和提供快速服务的心甘情愿的程度；③保证：员工的知识和礼貌，以及他们传播信任和信心的能力；④深入度：对顾客照顾、个性化关心的程度；⑤有形体现：实体工具、设备、人员和材料的体现。例如，中国香港的酒店对最近一批患有失眠症的客人展开了全方位的服务。酒店向客人提供了 11 种不同类型的枕头供他们选择，以便在他们逗留期间保证有一个美好的睡眠，留下一个美好的回忆。

5. 经济利益

在我国操作体验营销要把实质的利益充分考虑进去，目前我国与西方发达国家尚有一定差距，虽然逐步从温饱需要向感性需要发展，但是还没有到可以为了一个愉快的体验而付出太多金钱的程度。因此，在我国开展体验营销活动就要注重经济利益，让顾客进行愉悦体验的同时获得实质的利益才更容易取得成功。

6. 互动体验过程

难忘的体验就在于参与其中，而参与其中的活动就是彼此互动的过程。营销的本质在于相互沟通，沟通得越畅通，越淋漓尽致，体验也就越深刻。尽管教育是一件严肃的事情，但并不意味着教育的体验不能成为一件快乐的事。在加利福尼亚一个占地 28 000km^2 的儿童乐园里，为 10 岁及其以下的小孩提供了一种教育体验，通过购买门票请他们参加有助于智力开发的自发性游戏。孩子们在丛林花园和沙地里挖掘，以寻找化石、人类遗迹，甚至包括整副的恐龙骨骼。他们穿着老式的衣服，自己在交互式的厨房里准备食物。还能爬岩石和楼梯，玩各种各样的需要技巧的游戏，每个游戏场所都能提供多种学习体验。

7. 体验形式

体验要独特新颖、与众不同，这样才能在信息爆炸的社会吸引顾客的目光并留下深刻、美好的体验与回忆。但切不可为了新奇、独特而忽略了实际的市场需求。标新立异，哗众取宠，只能事与愿违。依然要以目标顾客为中心，换位思考是一个很好的思路。整合现有资源，更要挖掘潜在资源，发挥自身优势的同时，要善于化弱势为独特的优势。

体验营销的 7 种构成要素共同营造顾客的体验。然而，对于不同的体验互动过程而言，这 7 种要素对体验效果的贡献程度却因产品、服务和行业性质不同而有所差异。对于百货商场来说，它的设施环境和服务质量就显得格外重要；而对于邮递销售商，它的设施环境在体验中的影响就不大，因为顾客是根据商品目录通过电话订购商品的。因此，体验营销构成因素的重要程度，不同的企业应有所不同。

第七节　体验营销提供物与提供方式

关于体验营销提供物与提供方式，一般认为具有五大特征。

1. 个性化

产品营销强调提供标准化的产品，服务营销强调产品和服务的定制，而在体验营销中，由于个体存在巨大差异性，要吸引个体参与达到互动，在营销活动设计中就必须体现较强的个性化。当然消费者也乐意为所获得的体验价值承受相对高的价格水平。

2. 无形性

服务营销中服务的无形性是以商品为依托，制造商们通常的做法是将商品和服务捆绑式销售，以达到更完善地服务消费者，当然许多服务本身也是一种体验。但在体验营销中的无形性更强调顾客所能感受到的一种难忘的、身临其境的体验，它是一种被感知的效果。

3. 延续性

消费者所获得的感受并不会因一次体验的完成而马上消失，具有一定的延续性，如发生的消费者对体验的各种回忆等，有时消费者事后甚至会对这种体验重新评价，产生新的感受。因此体验营销的效果是长期性的，一旦消费者对体验满意，他们对公司往往产生高度忠诚。

4. 互动性

在产品营销中，消费者是企业的“用户”；在服务营销中，消费者被称为“客户”；而在体验营销中，消费者是企业的“客人”，也是体验活动的“主人”。因为体验活动必须要有消费者的参与，进而在消费者和企业之间发生一种互动行为。体验营销效果是消费者在互动活动中的感知效果。

5. 主观性

在产品营销中，企业用价格或其他差异化手段区别于其他企业；在服务营销中，企业通过服务价值等让渡使顾客获得更大的利益。而体验营销活动的最终效果是建立在个人主体印象（主要包括时间、空间、技术、真实性、质地、规格等方面的特征）的基础上，它包含了个体差异的影响，对不同的印象、不同的个体有不同的感受，表现为一种个体的主观性。

第八节　体验营销模式

体验营销的目的在于促进产品销售，通过研究消费者状况，利用传统文化、现代科技、艺术和大自然等手段来增加产品的体验内涵，在给消费者心灵带来强烈的震撼时促成销售。体验营销主要有以下八种实施模式。

1. 节日模式

每个民族都有自己的传统节日，传统的节日观念对人们的消费行为起着无形的影响。这些节日在丰富人们精神生活的同时，也深刻影响着消费行为的变化。随着我国的节假日不断增多，出现了新的消费现象——“假日消费”，企业如能把握好商机便可大大增加产品的销售量。

2. 感情模式

感情模式通过寻找消费活动中导致消费者情感变化的因素，掌握消费态度形成规律以及有效的营销心理方法，以激发消费者积极的情感，促进营销活动顺利进行。

3. 文化模式

利用一种传统文化或一种现代文化，使企业的商品及服务与消费者的消费心理形成一种社会文化气氛，从而有效地影响消费者的消费观念，进而促使消费者自觉地接近与文化相关的商品或服务，促进消费行为的发生，甚至形成一种消费习惯和传统。

4. 美化模式

由于每个消费者的生活环境与背景不同，对于美的要求也不同，这种不同的要求也反映在消费行为中。人们在消费行为中寻求美的动机主要有两种表现：一是商品能为消费者创造出美和美感；二是商品本身存在客观的美的价值。这类商品能给消费者带来美的享受和愉悦，使消费者体验到了美感，满足了对美的需要。

5. 服务模式

对企业来说，优越的服务模式可以征服广大消费者的心，取得他们的信任，同样也可以使产品的销售量大增。

6. 环境模式

消费者在感觉良好的听、看、嗅的过程中，容易产生喜欢的特殊感觉。因此，良好的购物环境，不但迎合了现代人文化消费的需求，也提高了商品与服务的外在质量和主观质量，还使商品与服务的形象更加完美。

7. 个性模式

为了满足消费者个性化需求，企业应开辟出一条富有创意的双向沟通的销售渠道。在掌握消费者忠诚度之余，满足了消费者参与的成就感，同时也增进了产品的销售。

8. 多元化经营模式

现代销售场所不仅装饰豪华，环境舒适典雅，设有现代化设备，而且集购物、娱乐、休闲为一体，使消费者在购物过程中还可娱乐休息。同时也使消费者自然而然地进行了心理调节，从而能够创造更多的销售机会。

第九节　体验营销与传统营销的比较

体验营销作为一种全新的营销模式具有鲜明的特征，其与传统营销思想存在巨大的差异（表1－2）。

表1－2　体验营销与传统营销的差别

	传统营销	体验营销
营销理念	功能和利益需求	提供产品和服务，创造和提供有价值的体验
广告宣传	从产品功能或利益诉求的角度挖掘产品独特卖点	产品的功能或利益诉求与情感诉求巧妙结合
产品终端促销	注重精美陈列、优惠价格、优质服务等	注重体验设计
顾客体验	视顾客为理性的决策者	视顾客为理性的决策者和情感者

在消费品和服务业，体验营销可能是主要的方法。而在其他行业，体验营销可以作为传统营销的辅助手段。服务营销是作用于传统营销的基础上，因为服务的成分在产品中越来越大，企业生产的产品实质上是服务于顾客的另一种方式。体验营销又是在服务营销基础上的一种新的拓展，二者都属于无形的产品。但在服务业中，服务质量越来越被人们所感知，而体验是感觉、是精神，虽然提供的体验产品是同一的，但由于体验是个体的，也许根本就不可能有一个统一标准以及统一质量。因此体验营销产生于服务营销，但评价满足消费者需要程度的难度要高于服务营销。体验营销是在传统营销的基础上发展起来的，是对传统营销方式的巨大改变，在不同的行业中两者可以相互作用，使得企业的营销活动更为成功。

小结案例：星巴克何以风靡全球

星巴克(Starbucks)于1971年在西雅图的派克市场(pike market place)开设第一家店，专售烘焙咖啡豆和香料。当时的星巴克不卖饮料，只卖咖啡豆，而今却发展成跨国咖啡企业，咖啡馆遍布北美、英国、夏威夷、日本、新加坡、菲律宾、中国、法国等国家和地区。Starbucks取名源自于文学名著《白鲸记》中，冷静又爱喝咖啡的大副史塔巴克(Star Bucks)的名字；而商标中的美人鱼标志，则取自希腊神话中的海神赛壬(Siren)。传说中她的歌声极具魔力，任谁听了都会为之着迷。她代表了人性的七情六欲与喜怒哀乐，让星巴克的品牌个性更增添了浪漫与神秘的魅力。

从20世纪80年代开始，大部分中国消费者都只知道雀巢咖啡的"味道好极了"，对咖啡的评价往往只有"能提神"这样一个简单的概念。在中国这样一个茶的国度，喝咖啡一度被看作是一种"假洋鬼子"的行为，咖啡馆也一度带有一些暧昧的色彩。但自星巴克1999年进入中国市场以来，却取得了很好的业绩。这家1971年才在美国西雅图拥有第一家咖啡店的企业，目前已经在全世界37个国家拥有了11 000家分店。自2000年5月登陆上海后，一年半的时间内很快就开出了18家连锁店。目前在中国的分店总数已增至420余家(截至2011年11月底统计)，此外还在青岛、大连、成都、武汉等中国二线城市以及珠海、温州、廊坊等三、四线城市开设了公司自营的新店。在星巴克，19元左右一杯的意式咖啡和10元左右一份的点心征服了中国的白领，忠实客户的队伍正在日益扩大，白领认同了这里的氛围、情调、体验和时尚。现在的星巴克已经成为小资咖啡的代名词，好像都市的男男女女不知道星巴克就成了"俗人"。

星巴克的创始人Howard Schultz曾说："每一家星巴克咖啡馆都经过精心设计，顾客一踏进我们的店，不论在嗅觉、视觉、听觉、触觉与味觉上，都能感到舒畅。而这五种感官体验是建立品牌不可或缺的一环。”因此，在星巴克管理者的心里，星巴克咖啡店并不是在卖咖啡，而是在卖“爽”或者“酷”。星巴克毫无疑问是体验营销坚定的实践者。风靡全球的星巴克式的体验营销，给我们什么启示呢？

1. 体验营销的前提：优良的产品品质

品质是星巴克的基石，1971 年星巴克刚诞生时就致力于经营顶级的烘焙咖啡豆，转型后的星巴克设有专门的采购系统。他们常年旅行在印尼、东非和拉丁美洲一带，与当地的咖啡种植者和出口商交流、沟通，购买世界上最好的咖啡豆，以保证让所有热爱星巴克的人都能品味到最纯正的咖啡。星巴克咖啡品种繁多，在制作上有着几乎苛刻的要求。例如，每杯浓缩咖啡要煮 23 秒，拿铁（星巴克的主力产品）的牛奶至少要加热到华氏 150 度，但是绝不能超过 170 度等。为保证品质，星巴克坚守四大原则：拒绝加盟，星巴克不相信加盟业主会做好品质管理；拒绝贩售人工调味咖啡豆，星巴克不屑以化学香精来污染顶级咖啡豆；拒绝进军超市，星巴克不忍将新鲜咖啡豆倒进超市塑胶容器内任其变质走味；选购最高级咖啡豆，做最完美烘焙的目标永远不变。但是也因为这些坚持，有时候却让星巴克处于竞争劣势。值得指出的是，后来出于竞争的考虑，星巴克对有些内部规则做了妥协。例如 1997 年进入超市（后述）、特殊区域（如机场）和一些国外市场（如新加坡）采取授权加盟方式（但比例不到 10%）；提供低脂奶调制的咖啡饮料（星巴克为保证浓缩咖啡的正宗味道都是全脂奶调制）等，都是随环境和市场变化而与时俱进。重要的是，当初的坚持已为建立品牌提供了最大助力。

2. 塑造浪漫气氛，实施情感体验

情感体验就是以消费者内在的情感为诉求，通过激发和满足消费者的情感需求来实现营销目标。星巴克认为自己的咖啡只是一种载体，通过这种载体，把一种独特的格调传送给顾客，这种格调就是“浪漫”。星巴克努力把顾客在店内的体验化作一种内心的体验，让

咖啡豆浪漫化，让顾客浪漫化，让所有感觉都浪漫化。在音乐上，星巴克经常播放一些爵士乐、美国乡村音乐以及钢琴曲，这些音乐正好迎合了那些时尚、新潮的白领阶层需要。这些人天天面临着强大的生活压力，十分需要精神安慰，星巴克的音乐正好起到了这种作用，催醒人们内心某种也许已经快要消失的怀旧情感。在这里，客人和咖啡师之间、客人和客人之间的真诚互动令人神往，一种以顾客体验为核心的“咖啡文化”取得了极大的成功，而这正是体验营销的主要特征。正如星巴克主席兼 CEO Howard Schultz 所说：“我们追求的不是最大限度的销售规模，我们试图让我们的顾客体会品味咖啡的浪漫。”

星巴克的过人之处还在于既创造了统一的外观，同时又加入变化，利用风格体现美感，创造了视觉冲击。与麦当劳等连锁店不同的是，星巴克结合不同的地点使每家店都有自己与众不同的特色。但是丰富多彩的视觉享受、浓郁咖啡香味的嗅觉享受、美妙音乐的听觉享受是不变的经典。星巴克一个主要的竞争战略就是在咖啡店中同客户进行交流，特别重视同客户之间的沟通。每一个服务员都要接受一系列培训，如基本销售技巧、咖啡基本知识、咖啡的制作技巧等。要求每一位服务员都能够预感客户的需求。

另外，星巴克更擅长咖啡之外的“体验”，如氛围管理、个性化的店内设计、暖色灯光、柔和音乐等。就像麦当劳一直倡导售卖欢乐一样，星巴克把美式文化逐步分解成可以体验的东西。

“认真对待每一位顾客，一次只烹调顾客那一杯咖啡。”这句取材自意大利老咖啡馆工艺精神的企业理念，是星巴克快速崛起的秘诀。注重当下体验的观念，强调在工作、生活及休闲娱乐中，用心经营“当下”这一次的生活体验。

3. 精心布置消费环境，打造良好的感觉体验

良好的店堂环境，迎合了现代人文化消费的需求，提高了商品（服务）的外在质量和主观质量，使商品（服务）的形象更加完善。顾

客在听、看、嗅的过程中，产生喜欢的特殊感觉。而星巴克真正把这种感觉传递到了顾客的心中。在选择地段方面，星巴克一向采用大兵团作战，同时非常注重靠近目标商圈。无论是在北京后海的荷花西街，还是在上海新天地这些写字楼集中的商务区域，星巴克都占据着最显著的位置，其目的就是方便商务人士前往。在环境布置上，星巴克以为顾客创造“第三空间”为主题，即家庭和工作以外的一个舒服的社交聚会场所，成为顾客的另一个“起居室”，既可以会客，也可以独自在这里放松身心，从而为顾客营造一个全新的体验。星巴克在装修风格上，主要突出美式风格，一般用暗红与橘黄的色调，加上各种柔和略带暖色的灯光以及体现西方抽象派风格的一幅幅艺术作品，营造出文雅、静谧、亲切的氛围。

星巴克以咖啡制作的四大阶段衍生出以绿色系为主的“栽种”；以深红和暗褐系为主的“烘焙”；以蓝色系为水、褐色系为咖啡的“滤泡”；以浅黄、白和绿色系诠释咖啡的“香气”。四种店面设计风格，依照店面的位置，再结合天然的环保材质，灯饰和饰品速配成因地制宜的门店，创造新鲜感。随着季节的不同，星巴克还会设计新的海报和旗标装饰店面。灯、墙壁、桌子的颜色从绿色到深浅不一的咖啡色，都尽量模仿咖啡的色调。包装和杯子的设计也彼此协调来营造假日欢乐的、多彩的情调。

据了解，在星巴克的美国总部，有一个专门的设计室，拥有一批专业的设计师和艺术家，专门设计全世界的星巴克店铺。他们在设计每个门市的时候，都会依据当地商业圈的特色，去思考如何把星巴克融入其中。因此，星巴克的每一家店，在品牌统一的基础上，又尽量发挥了个性特色。这与麦当劳等连锁品牌强调所有门店的视觉设计高度统一截然不同。

在设计上，星巴克强调每栋建筑物都有自己的风格，应让星巴克的风格融合到原来的建筑物中去，而不是破坏建筑物原来的设计。每增加一家新店，他们就用数码相机把店址内景和周围环境拍下来，把照片传到美国总部，请总部帮助设计，再发回去找施工队。这样下来，星巴克始终保持着原汁原味。

例如中国上海的星巴克，以年轻消费者为主。在拓展新店时，他们费尽心思去找寻具有特色的店址，并结合当地景观进行设计。位于城隍庙商场的星巴克，外观就像座现代化的庙；而濒临黄浦江的滨江分店，则表现花园玻璃帷幕和宫殿般的华丽。夜晚时分，透过巨大的玻璃窗，看着霓虹闪烁、流光溢彩的街头，轻轻啜饮一口味道纯正的咖啡，这是一种多么"雅皮"的感觉体验。

紧张忙碌的生活中，人们都渴望着放松和悠闲。如果你的产品和服务满足了人们的这一需求，使他们拥有了一份美妙而娴静的体验，就会吸引更多的消费者，从而提升品牌认知度。

4. 体现顾客品味，实施文化体验

在体验营销中，企业应该针对顾客的消费心理，利用一种传统文化或一种现代文化，使之形成一种社会文化气氛，有效地影响顾客的消费观念，进而导致顾客自觉地接近与文化相关的商品或服务，促进消费行为的发生，甚至形成一种消费习惯、一种消费传统。星巴克特别强调它对顾客的定位：他不是普通的大众，而是有一定社会地位、有较高收入、有一定生活情调的人群。星巴克的价值主张之一是：星巴克出售的不是咖啡，而是人们对咖啡的体验。这令人想起了东方人的茶道、茶艺。茶道与茶艺的价值诉求不是解渴，而是获得某种独特的文化体验。现在，从销售咖啡到销售咖啡文化的星巴克，实现了以产品为中心到以顾客体验为中心的转换，这正是体验营销的一个核心特征。于是，在星巴克，没有顾客再去关心价格、份量、质量这些原本在咖啡的产品营销模式中最直接的竞争要素，顾客要的就是品位上的体验。

星巴克还极力强调美国式的消费文化，顾客可以随意谈笑，甚至挪动桌椅，随意组合。这也是星巴克营销风格的一部分。

（资料来源：改编自 http://www.marketing110.com/html/show－10－441

—2.html)

本章小结

围绕消费者需要和欲望的变化，许多商家在自己的产品或服务中不断挖掘消费者的消费体验，甚至设计和创造出体验式产品来吸引和满足消费者，体验营销思维随之兴起。

体验营销是一种为体验所驱动的全新的营销方式，通过为顾客创造美好的、值得回味的顾客体验，满足了顾客的精神需求，为顾客创造了新的价值。

与传统营销相比，体验营销由于其经济提供物——“体验”因素的融入，使得产品增值，企业也会获得更多的利润，体验营销也就成为企业新利润的源泉。

体验营销以顾客需求为导向，以顾客沟通为手段，并以顾客满足为目标。

体验营销在民族文化、设施环境、产品实体、服务质量、经济利益、互动体验过程和体验形式等方面都具有其独特性。

体验营销有节日模式、感情模式、文化模式、美化模式、服务模式、环境模式、个性模式和多元化经营模式八种主要实施模式。

体验营销提供物与提供方式，一般认为具有五大特征：个性化、无形性、延续性、互动性和主观性。

体验营销作为一种全新的营销模式具有鲜明的特征，其与传统营销思想存在巨大差异。

第二章　体验营销的市场基础

案例故事:对老虎发命令

有一个人在荆州做官时,山上的老虎常出来吃人和家畜。老百姓要求县官除去恶虎。这个人只下了一道驱逐老虎的命令,叫人刻在很高的岩石上。凑巧那只老虎因故离开了荆州,他就得意地认为他的命令生效了。

不久,他被调到另一个地方做官。这个地方的老百姓非常刚强,很不容易管理。他认为刻在荆州岩石上的命令既然能够制服凶恶的老虎,便以为也能够镇住能识文断字的老百姓,于是便差人去荆州描摹那个石刻。结果,这个地方不但没有治理好,反而这个官因为治理不当而丢官罢职。

体验营销成功的基础在于对市场的全面认识和对消费者需求的深入了解,并开发行之有效的营销策略。

第一节　体验营销的消费者行为

消费者行为是消费者以货币、信用或其他方式的支出而获得所需商品和劳务时所表现出的各种反应和活动。消费者行为的内涵很丰富,包括购买前信息的收集,购买后的使用、维修、保养等活动。随着居民消费水平的不断提高和消费内容的日益丰富,消费者的活动领域迅速扩展,从实体性的消费领域扩大到非实体性的消费领域,因此,消费者行为既是一个具体的活动整体,也是一个动态的发展过程。体验营销中的消费者行为分析主要研究消费者购买行为、消费者行为的影响因素及消费者购买决策过程。

一、体验营销中消费者的购买行为

消费者的购买行为是指消费者为满足自身需要而发生的购买和使用商品的行为活动。在社会生活中,任何人都要不断消费物质生活资料,来满足他的生理和心理需要。因此,购买行为是人类社会中最普遍的一种行为活动,并广泛存在于社会生活的各个方面。

消费者购买行为可以分为不同的阶段:第一阶段就是购买前的需要阶段,指消费者受到某种刺激而对客观事物产生的欲望和需求。对产品有了购买的欲望和需求之后就进入第二阶段,即信息的收集阶段,消费者在确定购买目标之后,围绕目标广泛收集相关信息,以便寻找满足其消费需求的最佳对象。在收集信息后就要对不同的信息和产品进行分析比较,即第三阶段,这时消费者要根据个人的经济实力、兴趣爱好以及产品的效用满足程度,对目标产品进行认真的分析、对比,选择出最佳性价比和最大满足程度的商品。第四阶段就是具体购买,是消费者在对信息的比较分析后确定的产品购买决策,即消费者在市场上购买看中的产品。最后的阶段就是购买后的评价行为,是消费者在使用所购买的产品后,对使用后的感受进行评价,以验证自己的购买行为是否正确。要是正确,以后继续购买,还会宣传别人也购买,要是不满意,以后也就不会购买了,遇到熟悉的人也就会阻止别人购买。

在购买活动中,每个消费者的购买行为都与他人存在差异,由于时间、地点、环境、购买心理、购买对象等多方面因素的影响,都会形成不同的购买行为。

二、体验营销中消费者行为的影响因素

消费者行为是人类行为的最重要的组成部分。消费者行为是复

杂多样的，通常是有意识的与无意识的混合进行。体验营销中的消费者行为通常受到诸如文化、社会、个人和心理等因素的影响。

1. 文化因素

文化是人类欲望和行为最基本的决定因素，一般来说，不同文化背景的消费者其消费偏好和消费决策模式也会有所不同。企业在体验营销实践中，应充分注意各消费者之间存在的文化差异，学会从消费者的文化环境、文化价值取向和精神文化需求处着手，把文化内涵不断地融入其体验营销，通过文化渗透为消费者创造文化体验，以迎合消费者对文化的深层需求。

2. 社会因素

社会因素对消费者行为的影响更为直接，每个人都是社会中的一员，消费者在做出购买决策的过程中，通常会受到一系列诸如参考群体、家庭、社会角色与地位等社会因素的影响。这些因素作用于消费者的行为模式和生活方式，会影响消费者对某些事物的看法和对一些产品的态度，进而使其做出不同的产品和品牌选择。因此，在品牌林立、竞争激烈的体验经济环境下，企业要想比竞争对手更好地赢得顾客，实现其组织目标，就必须在实施体验营销的过程中善于研究各种社会群体及个人的角色和地位，有效迎合或引导目标顾客群的体验需求与偏好，并能通过参考群体对消费者施加影响，充分利用体验营销过程中产生的口碑效应吸引目标顾客群，逐步实现其“体验品牌化”。

3. 个人因素

个人因素是影响消费者购买行为的决定因素。在体验经济时代，消费者的购买决策在很大程度上会受到其个人特性，尤其是生活方式和自我观念的影响，消费者越来越希望得到差异化的、个性化的、能符合其心意的产品和体验。因此，企业在实施体验营销过程中应时刻注意将其体验设计与消费者的个人特性联系起来，根据消费者的生活理念和自我需求，针对性设计其产品和服务，并成功地将企业的品牌信息和体验特点传递给消费者。

4. 心理因素

体验经济的形成和发展使得心理因素越来越成为影响消费者购买力行为的关键因素。人们在做出其购买行为时，不再只是关注产品的功能和价格，而是更加关注其生活质量的提高和自身心理上与精神上的满足。通常，消费者对于那些触及心灵、能实现情感共振的产品和服务会显出极大的购买兴趣，因此，企业应该深入研究消费者的购买动机、知觉、信念和态度等心理因素，随时根据他们不同的心理状况来识别其内心想要被满足的需求体验，进而准确地实施顾客体验设计，只有这样，企业才能在激烈的竞争环境中保持住它的核心竞争力。

三、体验营销中消费者购买决策过程

消费者购买是一个复杂的决策过程。一般情况下，其购买决策过程由认识需要、收集信息、比较评价、决定购买和购后行为 5 个阶段构成。

1. 认识需要

当消费者意识到对某种商品有需要时，消费者的购买行为过程就开始了。消费者需要的引起既可能是其内在要求的作用，也可能是外部环境刺激的结果。在此阶段，企业除了要了解消费者的内在需要之外，还应关注可能会引起消费者兴趣和需求的外在环境变化，尽可能地利用其发现的刺激因素和企业的体验营销活动为顾客创造需要。企业通过体验设计让消费者对本企业的产品和服务进行亲身感受，可以在消费者心中留下深刻印象，创造并引起消费者对本企业产品和品牌的需求。

2. 收集信息

一般来说，消费者的购买决定并不是在认识到其需要之后就能

马上实现的。多数情况下，消费者在产生购买欲望后，还需要收集寻找与其需求相关的一些信息。体验经济时代，消费者的信息收集通常会受到其生活理念、自我定义和心理状况的影响，他们会在收集信息的过程中寻求体验对象和自身体验内在的一致性，不仅关注体验产品的功能属性，还很在意它们与自己的喜好、自身价值观之间的联系程度。企业的营销人员应根据顾客收集信息的特点，设计适合的顾客体验，促进消费者对本企业产品和品牌的认可，进而在消费者心中形成对企业有利的消费偏好。

3. 比较评价

为识别和选择何种品牌的产品与服务能更好地满足消费者自身的需要，消费者在决定购买之前通常会进行一定的比较评价。与传统营销思想不同的是，体验营销假设顾客不完全是理性的消费群体，而是理性和感性相结合的购物者。因此，消费者的评价行为一般会涉及到产品属性、服务质量、场景好坏、品牌信念、体验需求的满足程度等问题的方方面面。企业体验营销策略的实施，应注意有效结合消费者评价问题的各个维度和标准“在产品中附加体验，用服务传递体验，通过广告传播体验，让品牌凝聚体验，创造全新的体验业务”，最大程度地满足消费者在购前比较评价方面的需求，进而对消费者的购买选择产生积极作用。

4. 决定购买

企业顾客体验设计的作用和消费者比较评价后的感受会促使消费者对某些可供选择的产品和品牌产生消费偏好，从而形成购买意图。在正常情况下消费者通常会购买其最偏好的产品品牌，但有时其实际购买还会受到别人的态度和意外事件这两种因素的影响，它们的影响作用有时会改变消费者的某些购买决定。也许企业无力控制偶然因素的发生，但却可以利用体验营销的方式来改变他人对企业品牌的态度，通过向消费者传递他们在参与体验的过程中获得的体验价值，来促进消费者购买决定的做出。

5. 购后行为

消费者做出购买决定并实现购买后，其决策过程并没有就此完结，而是还在继续，此时消费者进入了购后阶段。在这一阶段，消费者会对其已购买的产品做出评价，产生某种程度的满意感或不满意感，并做出一些让营销人员感兴趣的购后行为。企业的营销工作必须对此阶段给予充分的重视，因为消费者对其购买的产品是否满意将会关系到企业的信誉和产品今后的市场，影响已购买者和其他未购买消费者的购买行为。鉴于此，企业体验营销活动的开展，应密切关注消费者的购后体验需求，并采取适当的措施，尽量消除顾客的不满意，提高满意度。例如，经常征求顾客意见，加强售后服务和保证，改善体验设计等。

第二节　体验营销的消费者价值分析模型

一、基于消费者的体验价值层次模型

美国田纳西大学的伍德拉夫教授是顾客价值理论的重要代表人物之一。他将“手段—目的”理论引入了顾客价值的分析，提出了顾客价值层次模型，认为顾客通过“手段—目的”的方式形成期望价值。这一模型解释了顾客如何感知企业所提供的价值这一问题。图 2-1 的体验价值层次模型在伍德拉夫模型的基础上把体验因素纳入顾客价值各层次，对顾客价值层次模型进行了延伸。从最底层往上看，在购买和使用某一具体产品的时候，顾客会考虑产品的具体属性效能（如产品质量、服务等）和体验情境的情况，评价这些属性效能在体验情境下实现期望结果的能力，再根据这个结果对顾客目标的实现形成期望，从而促使顾客形成某种自我实现的期望目标。从最高层向下看，顾客会根据自己的价值观和自我实现愿望来确定消费的目标，再确定产品或服务在使用情景下各期望结果的权重，从而又确定

了属性效能包括体验情境的相对重要性。

伍德拉夫在其顾客价值层次模型中,强调了使用情景在顾客价值评价中的关键作用。在体验价值层次模型中,“体验情境”对体验价值也起着至关重要的作用,当体验情境发生变化时,产品属性、结果、顾客的目标及自我实现之间的联系都会发生变化。顾客通过对每一层次上体验前的期望价值和体验后的实际感受价值对比,会导致每一个层面上的满意感觉,最终获得“自我实现”,这正是体验消费为顾客所带来的全新价值,体验营销丰富了顾客价值系统的内容。

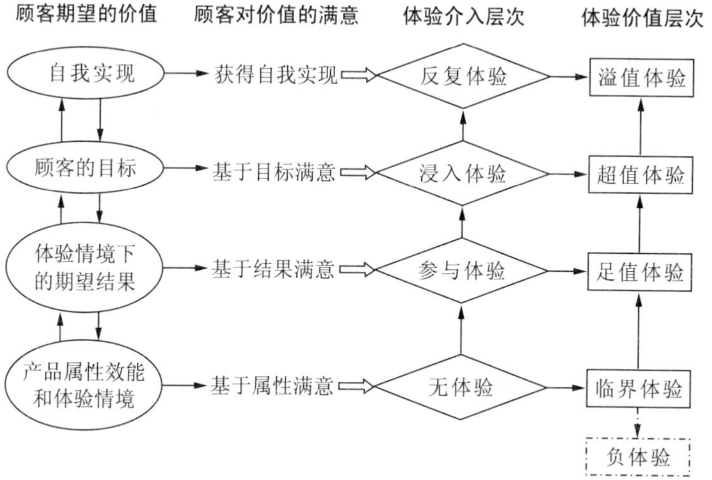

图 2-1　体验价值层次模型

体验价值层次模型主要包括 4 种体验:

一是临界体验。临界体验是基于顾客对产品属性和属性效能的感知,是对企业所提供的产品和服务基本属性的满意,此时顾客“无体验”,即不存在体验感知,对产品或服务的期望只限于最基本的属性和功能,这也包括对体验情境中基本设施设备的满意。如果企业连这些都不能提供,就有可能使顾客产生“负体验”。显然,临界体验是获取体验价值的基础。

二是足值体验。足值体验是在特定体验情境下顾客使用产品或服务之后对期望结果的满意。这种体验是由于消费者参与到以产品或服务为载体的体验情境之中而产生的，最容易被顾客感知，这时的顾客在行动上主动投身到体验情境中，制造体验事件，产生内心感受，但消费者仍能够意识到自己在一种体验的氛围中，并能理智地对客观提供物及内心感受进行各种价值判断，这种体验介入被称为“参与体验”。从消费行为学角度讲，顾客使用后认为物有所值(这里的物包括体验情境)，之后可能会重复购买，形成一定程度的品牌忠诚。

三是超值体验。超值体验是顾客对其目标的满意，是一种心理“浸入”的体验。“浸入”一词用来描述这样一种状态：体验消费者与体验情境完全融合在一起，全身心地投入到体验事件中。较参与体验而言，浸入体验则是一种高层次的体验介入，此时体验顾客在生理和心理两方面都与企业产生互动，企业所提供的情境因素与营销刺激真正地触动顾客，使之出现注意力高度集中于体验事件，重视事件中的任何细节带来的自我感受，甚至出现对现实生活的暂时失忆。达到了这一层次，顾客就有物超所值的感觉，作为体验载体的产品服务对其而言已不再重要，顾客获得的是精神上的强烈满足。

四是溢值体验。这是最高层次的体验价值。在这里，伍德拉夫顾客价值的最高层次——基于目标的满意延伸到了基于顾客的自我实现。顾客在获得超值体验后又进一步满足了自我实现的需要，并留下了深刻美好的回忆，在事后对事件进行“反复体验”，甚至终身体验，由此获取了高于顾客目标层次的、难以复制的附加价值，这一体验价值层次就是溢值体验。在这一层次，顾客对企业产生强烈的拥护情绪，价值观念甚至在其意识里已经淡化了，取而代之的是因为刻骨铭心的记忆而产生的高度忠诚，这种忠诚远远脱离了产品与服务本身。

二、基于企业与顾客互动的体验价值分析模型

根据不同的体验层级，体验价值可能是包含在顾客价值层级之中的，也可能是超越最高顾客价值层级的一种全新的附加价值。图2-2确定了顾客体验价值分析模型，该模型以顾客价值为根源，反映了体验价值创造的内在过程，从整体上构建起一张完整的企业与顾客互动的体验价值分析图谱。

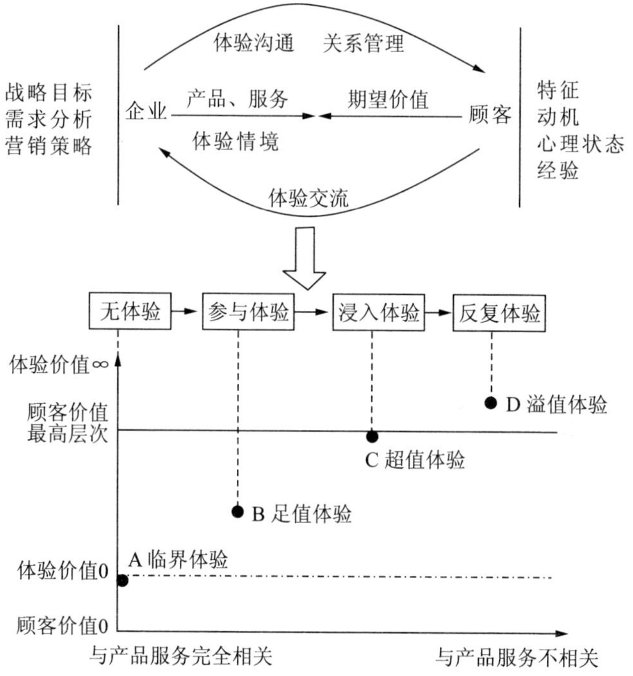

图2-2 顾客体验价值分析模型

体验价值的实现源于企业与顾客的互动。一方面，企业依赖于其战略目标、市场需求分析以及营销策略，提供以产品、服务为载体

的体验情境，通过与顾客的体验沟通，企业将特定的品牌形象等有关信息传递给目标顾客，建立起必要的顾客认知；通过对客户关系的管理维持老顾客，巩固和提高消费者品牌忠诚度。在这里，体验情境无疑是体验价值的核心所在。另一方面，消费者特征变量（特征、购买动机、心理状态以及消费经验）确定了顾客对于体验不同的期望价值。体验营销的最终目的不是产品、服务本身，而应该是企业预期要在顾客心中所形成的独特体验。在体验过程中，顾客与企业及其提供物的全面深入体验交流是实现体验的基础。通过企业与顾客的一连串的互动，顾客产生了不同层次的体验介入，形成了体验价值最直接的来源。这一阶段包括一系列连续的过程：无体验、参与体验、浸入体验和反复体验。

根据不同的体验层次，体验价值可能是包含在顾客价值层级之中的，也可能是超越最高顾客价值层级的一种全新的附加价值。无体验是参与体验和浸入体验形成的序曲，影响着顾客后续体验层次的形成，相应的临界体验（A 点）是体验价值的开始，但这不是顾客价值的开始，因为此时顾客已获得了基于产品或服务基本属性效能的价值。顾客在体验情境中对产品和服务进行使用评价，基于使用结果的满意产生足值体验（B 点），但足值体验已不仅仅取决于基本属性，还取决于特定的体验情境。在足值体验达到一定阶段以后，顾客由于心理浸入实现了其情感目标，从而获得超值体验（C 点）。超值体验是顾客价值的最高级别，顾客完全实现期望目标并获得精神上的强烈满足，对企业产生高度的信任和依赖。最后，顾客在事后反复体验中超越了一般意义上的感知，升华为对特定体验过程所折射出的价值观、文化和个性的理解，产生了一种独特的体验，所形成的溢值体验（D 点）则超越了最高顾客价值层次，形成了独特的附加价值。

第三节　体验营销的4P与6E组合

一、4P组合策略

影响体验结果的主要因素包括企业营销策略和个体差异。体验营销策略中影响体验结果的要素主要有体验产品(Product)、体验价格(Price)、体验促销(Promotion)和体验地点(Place)等。由于这四要素的英文单词都是以“P”开头的,所以将其称为4P组合策略。

体验产品(Product)。企业针对顾客的不同体验要求开发出对应的体验产品。可以针对人们的不同体验形式:感觉、感受、思维、行动和关系开发出不同的体验产品。不管什么类型的体验产品,只要迎合了顾客的需要,具有高度的体验价值,顾客就会给予提供体验产品的企业更高的价格作为回报。同时,企业可以打造出不同的体验产品以吸引顾客参与品牌互动,实现品牌认同和忠诚。因此,提高产品和服务的体验化程度,吸引顾客的参与是体验营销成功的关键。

体验价格(Price)。理性消费者总是以追求自身利益最大化为目标。顾客会倾向于从能为其提供最大让渡价值的企业购买产品。体验消费的价格主要依据心理和需求来确定。要加强与顾客交流来使其认识到物有所值,甚至物超所值。最成功的定价方式是顾客把价格作为回忆体验价值的一种手段。

体验促销(Promotion)。促销本身是对体验的一种描述。顾客很多时候是通过企业促销活动来了解体验活动内容的。不同类型的体验通过不同的促销形式传播,促销形式不同,但发生机制却是相同的,因为体验促销都是将图像、文本等符号化的东西和位置等元素结合起来,使得其展现的日常生活是动态的,从而具有很高的仿真性。

体验地点(Place)。从根本上讲,体验发生的位置也会影响体验的效果。当消费者离体验地距离较远时,一方面会造成顾客消费体验总成本的提升，使顾客消费的次数减少；另一方面地域的距离也会带来文化上的差异，进而给顾客带来体验的差别化。如果企业在名山、名水、名胜古迹之处举办体验营销活动，给顾客一种身临其境的感觉，也将留下美好的回忆。

二、6E 组合策略

在市场营销理论中，实施营销战略非常有效的营销工具就是营销组合。体验营销的目的是依靠顾客参与来生产和让渡体验，所以体验营销组合应紧紧围绕着体验的生产和消费来建立。基于顾客角度的体验营销组合可以分为六大要素：体验（Experience）、情境（Environment）、事件（Event）、浸入（Engaging）、印象（Effect）和延展（Expand）。由于这六要素的英文单词都是以“E”开头的，所以将其称为 6E 组合策略。

体验（Experience）。体验是体验营销组合中最基本的要素，就像 4P 中的“产品”一样，它描述了企业要提供给顾客什么样的体验。顾客所产生的体验是感官、情感、思考、行动和关联这五种类型的混合物。实施体验策略时，首先要找到各种类型体验的连接点，在连接点上进行体验的扩充组合，从而生成一个完整的顾客体验。

情境（Environment）。情境就是企业为顾客创建的“表演舞台”，是体验产生的外部环境。它既可以被设计成现实的场景，也可以被设计成虚拟的世界。

事件（Event）。这里的事件特指为顾客设定的一系列的表演程序。根据表演程序的松散程度，可以将事件策略分成两种模式：一种是没有严格的程序，另一种是设立一个相对宽松的程序，使其存在一定的弹性，允许顾客在一定程度上按自己的理解进行诠释。企业必须对表演的过程进行特别的设计，形成事件策略。

浸入（Engaging）。体验营销关注的是顾客的主动参与性，浸入策略主要是指通过营销手段使顾客真正浸入到企业所设计的事件中，因此顾客的角色设计必须使顾客成为真正的“演员”，而不是观众或可有可无的人。只有当顾客真正地浸入到企业所设计的情境中，体验才会最终产生。因此，设计一个什么样的角色给顾客非常关键。顾客只有真正地参与事件，其心理活动才能真正进入到情景中，才会最终愿意付费体验。

印象(Effect)。印象策略就是对印象进行管理的策略。体验营销在向顾客让渡体验的同时，必须注意顾客终生价值，而不是单次交易所产生的价值，因此，必须注意顾客重复购买的问题。体验的难忘过程产生了印象，成为长期维系顾客关系的重要因素。具体的策略可以借鉴关系营销中的一些具体做法，如将体验过程的录像保存、拍照留念、赠送体验纪念品、建立体验会员俱乐部等。

延展(Expand)。营销的最终目的是获得顾客的忠诚，以最小的成本实现最大的企业价值。延展策略会很好地解决这个问题。顾客的体验可以延展到企业的不同地区、不同时期、不同产品，更重要的是向他人进行传播，从而使体验在延展过程中得到升华，实现顾客价值的最大化。体验营销通过各种措施对延展策略完备周详的实施，使体验的功效发挥到极限。

体验营销的 4P 和 6E 策略之间都是相互密切联系的，合理的体验价格、体验地点及体验促销都是建立在体验产品的基础上的，而体验产品也只有通过体验价格、体验地点和体验促销来实现产品的最终销售。首先，体验策略是体验的设计过程，是情境策略、事件策略和浸入策略的前提和基础，其他策略必须服从和服务于体验策略的基本内涵和思想。其次，情境策略、浸入策略和事件策略是体验的实现过程，企业通过这三个策略的实施，完成体验的生产和让渡，同时顾客也完成了对体验的消费。最后，印象策略和延展策略是体验影响的管理过程，它是建立在前面几个策略的结果上，同时又是下一个体验让渡过程的输入，影响着下一个体验让渡的策略组合。体验营销的 4P 和 6E 策略都会对企业的体验活动产生重要影响，企业可以根据不同情况采取不同的组合策略,从而更好地实现产品的营销。

小结案例:宜家家居的体验营销

宜家家居,瑞典家居用品零售集团,已有68年历史,在全世界43个国家的各大城市——如纽约、巴黎、悉尼、斯德哥尔摩——拥有238个商场(在中国的北京、上海、成都、深圳、南京、大连等城市有10个商场)。如今宜家已成为世界上最大的家居用品公司,商品品种多达1.1万种。

宜家的所有产品都在瑞典开发、设计,以美观、优质、实用而闻名于世。在宜家购物,你可以通过自己动手来省钱——自己选购、自己运送回家和自己组装家具;也可以预约宜家的室内装饰建筑师和设计师、非常棒的厨房设计人员等,请他们帮助你设计新房,或提出改造旧居的建议。

轻松、自在的购物氛围是全球238个宜家商场的共同特征。宜家鼓励顾客在卖场"拉开抽屉,打开柜门,在地毯上走走,或者试一试床和沙发是否坚固。这样,你会发现在宜家沙发上休息有多么舒服"。如果你需要帮助,可以向店员说一声,否则宜家店员不会打扰你,以便让你静心浏览,轻松、自在地逛商场和做出购物决定。

如果你是内行,请相信我是最好的

宜家很少有孤零零的商品展示。在北京西城区的宜家家居商场二楼的烹饪用品区,你会看到一张餐桌、几把竹椅,餐桌上摆放着高脚玻璃杯、咖啡壶、闪闪发亮的刀叉、精美的瓷盘,以及鲜花和果蔬。当然,在三楼展示餐桌和餐椅的地方,你也同样能看到以上餐具的装点。另外,床上用品区的被子、床单、枕头和抱枕总是在各式大床上展示它们的效果,而三楼展示卧床的地方,当然也少不了床上用品的铺陈。更别说那些厨房、书房、客厅、卧室、浴室和"家居办公室"的示范室了——它们往往集中了宜家家居所贩卖的大部分商品品种，摆放有序，像一个真“家”那样设施齐全、风情万种。

商品的交叉展示，既是宜家卖场的展示风格，又是宜家家居的经营风格。在宜家家居，你可以买到几乎所有的家居用品——其实细想一想，它们本来就都是配合使用，不可或缺的，干吗要把它们人为地分开呢？

与国内家具店动辄在沙发、席梦思床上标出“样品勿坐”的警告相反，在宜家，所有能坐的商品，顾客无一不可坐上去试试感觉。周末客流量大的时候，宜家沙发区的长沙发上几乎坐满了人。宜家出售的“桑德伯”沙发、“高利可斯达”餐椅的展示处还特意提示顾客：“请坐上去！感觉一下它是多么地舒服！”在沙发区，一架沙发测试器正不停地向被测试的沙发施加压力，以测试沙发承受压力的次数。

如果你是外行，告诉你怎样做内行

宜家总是提醒顾客“多看一眼标签：在标签上您会看到购买指南、保养方法、价格”。一般人购买家具前都会有忐忑不安的心理，毕竟是大件商品，而且要长期在家中使用。买了、用了一段时期，小毛病不断，大毛病也犯。扔了吧可惜，继续用着又堵心，要求退换货更没把握能如愿以偿……因此，买一件能使人放心的好家具，是每位消费者由衷的心愿。

宜家的《商场指南》里写着：“请放心，您有 14 天的时间可以考虑是否退换。”

每个顾客在做出购物决定之前，如果对所购商品的特性一无所知，那么他肯定就会感到手足无措。反之，他所掌握的商品信息越全面，越真实，他就越容易做出购买决定。宜家的做法，与戴尔计算机公司可谓异曲同工。戴尔将触角直接伸到了电脑最终用户那里，使用户能根据自己的需求配置自己的计算机，然后直接从厂家订购，因此它出售的几乎都是定做的，完全符合用户要求的产品。而宜家所倡导的“宜家做一部分（大批量采购以降低价格、平板式包装以降低开支）、你自己做一部分（自己选购、自己运送回家和自己组装家具）”的购物方式，也能使顾客找到自己需要的一切，布置一个真正属于自己的舒适雅致的家。

“宜家”告诉你，如果你是最好的，就不要害怕让顾客知道。顾客知道得越多，就只会更加信赖和喜爱你。但如果你做得还不够好，那么你仍有两条路可走：一是努力做得更好，并让顾客知道这一点；二是从顾客面前消失，或者坐等他们全部从你面前消失。

本章小结

体验营销的消费者行为分析包括消费者的购买行为、消费者行为的影响因素及消费者购买决策过程。

消费者行为的影响因素包括文化因素、社会因素、个人因素和心理因素等，其购买决策过程由认识需要、收集信息、比较评价、决定购买和购后行为五个阶段构成。

基于消费者的体验价值层次模型解释了顾客如何感知企业所提供的价值这一问题，基于企业与顾客互动的体验价值分析模型则以顾客价值为根源，反映了体验价值创造的内在过程，从整体上构建起一张完整的企业与顾客互动的体验价值分析图谱。

体验营销策略中影响体验结果的要素主要有体验产品、体验价格、体验促销和体验地点等。基于顾客角度的体验营销组合可以分为以下六大要素：体验、情境、事件、浸入、印象和延展。

第三章　体验营销的基本流程

案例故事：情侣苹果

元旦，某高校俱乐部前，一老妇守着两筐大苹果叫卖，因为天寒，问者寥寥。一教授见此情形，上前与老妇商量几句，然后走到附近商店，买来节日织花用的红彩带，并与老妇一起将苹果两个一扎，接着高叫道："情侣苹果呦！两元一对！"经过的情侣们甚觉新鲜，用红彩带扎在一起的一对苹果看起来很有情趣，因而买者甚众。不消一会儿，全卖光了，赚得颇丰，老妇感激不尽。

"情侣苹果"有效扭转了销售颓势，其成功之处在于有效的目标市场定位，即首先分清众多细分市场之间的差别，并从中选择一个或几个细分市场，针对细分市场开发产品并制定营销组合。那位教授对俱乐部前来往的人群进行的市场细分可谓别出心裁，占比例很大的成双成对的情侣让他突发灵感，使其觉察到情侣们将是最大的苹果需求市场，而对其产品的定位更是奇巧，用红彩带两个一扎，唤为"情侣"苹果，对情侣非常具有吸引力，而且恰逢节日，使他们产生体验的心理，所以即使在苹果不好销的大冷天里也高价畅销了。

第一节　体验市场分析

体验市场分析是指企业在对某个体验营销项目进行投资活动之前，对项目产品的市场环境、竞争力和竞争者进行市场调查，并在此基础上得出供求预测，以此分析、判断项目市场前景，以及应该采取什么样的营销战略以便实现预期销售目标。体验市场分析的具体内容包括目标市场规模、市场容量、预计销售区域、消费者的性质、特点以及吸引范围等，它构成了体验营销项目可行性研究的重要内容，也是项目可行性分析的重要步骤。

狭义的体验市场分析是对体验市场的调查研究，它以科学的方法将消费者的购买动机、事实以及相关意见和建议等有关材料进行收集并加以分析研究；广义的体验市场分析是对从生产者到消费者这一过程中全部商业活动的数据、情报等相关资料进行系统的收集、记录、整理和分析，以便了解体验产品的现实市场和潜在市场，所以广义的体验市场分析不仅研究购买者的心理和行为，而且对整个体验营销活动的所有阶段均加以研究。

体验市场分析是进行体验营销的必要的前期准备环节，一个体验营销项目只有建立在扎实的市场分析的基础上，只有在对影响需求的外部因素和影响企业购、产、销的内部因素充分了解和掌握以后，才能减少失误，提高决策的科学性和正确性，从而将经营风险降到最低限度。而且，企业在实施体验营销计划的过程中，可以根据体验市场分析取得的最新信息资料，检验和判断企业的体验营销计划是否需要修改、如何修改以适应新出现或企业事先未掌握而无法预料的情况，从而保证体验营销计划的顺利实施。无论哪一种营销理论都强调市场分析的重要性，体验营销也不例外。

除了一般的市场分析都需要进行研究的对象：基础理论分析、市场技术分析、市场宏观分析、市场类型分析和金融市场分析等内容外，体验市场分析还要考虑为顾客提供体验产品的成本有多高；是否顾客体验了产品就能感受到产品的功效，即产品的效果是使用一次就能感受到，还是需要多次使用才能获得；目标市场对体验的接受程度，消费者对企业提供的体验产品是否有疑虑？会不会觉得提供的试用品为残次品？消费者的疑虑程度有多深，是否能够经过解释后而打消其疑虑？这些也是进行体验市场分析时需要考虑的。

第二节　体验主题选择

现在国内越来越多的企业意识到体验营销的重要性，已经开始运用体验营销的理念进行产品营销，采用样品派送、现场体验、免费试用或者免费培训等方法开展产品的体验活动。然而由于缺乏经验，企业进行体验营销常常陷入误区，决策者可能会发现企业花费巨大却没有得到预期的效果，本以为企业提供了大量的免费体验品就会吸引大量的消费者来捧场，进而促进产品的销售，然而实际上却是乏人问津。这时就要考虑是不是产品的体验营销主题选择有问题。

体验营销的主题就是有意识地深入挖掘产品的历史渊源、文化背景、风土人情等方面的某一个鲜明的特色，将之与目标市场的需求特点相结合，在营销活动中以这一主题为中心开展活动，设计体验项目。可以说体验营销的主题为营销活动注入了思想，是营销的灵魂。

营销主题的选择是建立在详细、科学的市场分析基础之上的，通过对市场的分析，能够准确地把握细分市场的特点，从而很容易就能选择比较合适的体验主题。以旅游为例，旅游是一个体验性很强的休闲和娱乐活动，而且其面对的客户面很广，有些旅行社在对旅游者进行详细的调查与分析基础上，将市场进行细分，从而推出相应的主题旅游：针对家庭出游的游客推出亲情游，并且还有更详细和贴心的项目，如父母带着小孩则有亲子游，子女陪伴年老的父母出游则有孝心游，新婚小夫妻的蜜月游等；针对毕业即将踏入工作的学生推出毕业游；针对想要在旅途中增长知识的游客推出各种文化旅游；针对爱好美食的旅游者推出美食游，等等。在这样的主题下安排相应的旅游活动项目，就能够给客人留下深刻的体验印象，从而获得了客人的好评，对旅行社来说也能够赢得游客的忠诚，获得良好的效益。

体验主题的选择有一个很重要的方面就是节庆主题。这里的节庆既包括传统节日、现代各种国际流行的节日，也包括各种文化节庆活动、名人诞辰、重大事件的纪念日等。深入挖掘企业与产品的内涵，将之与节庆活动通过巧妙设计紧密结合在一起。如2008年北京奥运会赞助商中国银行以奥运为主题推出的多项活动：为客户提供2100张珍贵的奥运权益门票，1.8万份奥运纪念品；推出珍藏版奥运福娃存单、奥运礼仪存单、奥运成长账户、奥运储蓄账户，以及奥运信用卡、联名卡、奥运临时账户等多项新产品、新业务；建设带有奥运标志的ATM机，等等，这些活动都是在“奥运”这一统一主题下设计的，既能够吸引顾客积极参与体验，也有利于银行业务的发展。

此外，还有一些体验主题的选择是与特殊的历史、文化、艺术或者顾客的需求结合起来的，如以水浒故事为主题的餐厅，建筑以及内部装潢和饰物乃至菜品、服务员的服装等均有意识地体现出宋代水泊梁山的风格；景点景区以当地少数民族的文化习俗为主题设计的活动项目吸引游客参与体验是很常见的景区旅游活动；有些酒店针对单身职业女性顾客推出“女士楼层”，只接待女性顾客，楼层设计体现细节和安全性，突出温馨的气氛和体贴的服务。

总之，体验主题的选择只有建立在详细的市场分析基础上，深入挖掘产品特色，并将之巧妙融合才能取得成功。

第三节　体验品牌建立

当今社会，品牌越来越受到企业和消费者的重视。从企业来讲，如今市场为买方市场，同类同质的产品充斥市场，企业只有建立了强有力的品牌支撑，以质量吸引消费者，以可靠品牌巩固产品在消费者心目中的地位，才能获得消费者的信赖，企业才能生存下去；从消费者角度看，品牌产品尤其是知名品牌的产品往往意味着可靠的质量，而且拥有这样的产品可以更有面子，在心理上有更大的满足感，也就是菲利普·科特勒和嘎瑞·阿穆斯通认为的这些产品能给他们带来心理利益，有品牌的商品也许价格更高，但品牌会给消费者带来自信等心理利益，所以他们愿意以更高的价格来得到这种产品。

与传统营销相比，体验营销在注重产品功能和特点的同时，更加注重产品给消费者带来的精神利益，而品牌是承载精神利益的最好载体。体验营销通过围绕一个主题，给顾客深刻的心灵震撼，满足顾客的心理需要，从而赋予品牌独特的体验内涵，能更好地建设企业的品牌。

体验品牌的建立应该包括三部分：体验品牌形象设计、体验品牌文化建设和品牌宣传推广。

品牌形象是企业与产品的理念和市场定位的外在表现，一般由品牌名称和品牌形象标识构成，而体验品牌形象设计就包括这两个方面的设计。品牌名称既要符合产品的特点，又要容易被目标人群记住和接受，结合体验的特性，可以广泛发动群众的力量，面向公众征集意见和建议。可口可乐最开始进入中国市场用的并不是这个名字，但是销量并不好，后来企业向社会征集品牌名称，蒋彝将“Coca-Cola”译为“可口可乐”，被企业采纳，现在可口可乐之所以在中国家喻户晓，其中很重要的一点就是其品牌名称很容易被中国的消费者所接受。而提起品牌形象标识，估计大家脑海里会浮现出麦当劳那个红底黄色的大“M”吧。这两个企业是品牌形象设计的典型案例，在设计体验品牌形象时可以很好地借鉴和学习，要考虑公众对品牌形象是否认可和容易接受。

相对于体验品牌形象来说，体验品牌文化的建设要更为困难，因为这需要更深厚的文化积淀和对消费者群体特点的把握。玫琳凯公司针对中国传统观念对保护皮肤存在很大误区的事实，注重全程化服务，立足于“消费者教育”服务上，玫琳凯采用“美容顾问”的形式，通过向顾客上美容课的方式，首先传授皮肤结构、生理构造、皮肤类型等方面的专业基础知识，从美化肌肤的角度传播正确的护肤理念，并且也进行企业文化的宣传，使消费者真正体验到化妆品文化的魅力，使更多的人理解支持并且愿意消费化妆品，而且顾客对品牌的忠诚度也会提高。因此，在建设体验品牌文化上，就要深入挖掘产品、企业的文化，将之以相应的形式传递给消费者，并且真正的为消费者所接受。

第四节　体验产品设计

这里所说的“体验产品”不仅仅是一般意义上说的由企业生产出来供出售的商品，而是在体验营销中用来使消费者进行体验感受的产品组合，包括销售人员安排、环境布置、商品包装、商品摆放、价格等全方位的整合。企业只有提前把握了顾客的喜好和需求，才能在体验产品设计中将之融入进去，体现出来，才能创造独具特色的产品体验。产品能让使用者在产生体验的过程中更具主动性，从某种程度上说，产品是施动者，人则是受动者，所以产品的功能应不单单局限于实用价值，而且还要有给人以感染和体验的能力。

由于消费者有感官、情感、思考、行动、关联这五方面的体验，体验产品的设计也要从这五个方面进行考虑。

1. 感官因素

感官体验识别就是利用人体的视觉、听觉、触觉、味觉和嗅觉等感觉器官感受产品带来的各种知觉体验，反映到品牌产品设计中，即通过产品的色彩、外观、质地、结构等要素的设计实现感官的独特而一致的体验。在体验营销中，最易刺激消费者购买欲望的就是眼球，眼睛占我们所有信息来源的80%，而能引起消费者在瞬间接受信息并做出准确反应的，第一是色彩，第二是图形，第三是文字。因此，只有为产品本身、产品包装、人员服饰、环境设置、店面装饰，甚至购物袋等配以消费者认可的色彩语言，才能尽可能多地表现品牌思想，企业的产品与服务才有可能被消费者和市场接受。听觉体验策略则是把一些悦耳的音乐与体验产品结合起来，达到以声动人的营销效果。音乐、言语、口头宣传等是形成听觉体验常用的策略和方法。触觉、味觉及嗅觉体验策略则是企业开展的以触觉、味觉、嗅觉为依托的感官体验营销活动。如希尔顿连锁饭店在浴室放置一只造型可爱的小鸭子，令客人爱不释手，也为希尔顿饭店赢得了良好的口碑，这便是视觉和触觉体验策略的成功运用。

2. 情感因素

产品的情感因素不能通过产品外在造型要素直接传达，也不能仅仅通过感官直接感受，它隐含在产品内部，只有消费者在内心深处与其产生了碰撞而引发共鸣，才能感受到它内在的奥妙，也才能使产品超越冰冷的"物"的概念，而实现与消费者积极美好的情感交汇。将体验识别导入产品设计的各个方面，目的就是要贴切、恰当地唤起产品使用者美好的回忆与生活体验，架构起产品与消费者之间这种"刺激"与"体验"的互动关系的桥梁，这也是产品体验设计的作用所在。情感体验策略体现在广告、产品及其名称、促销，甚至消费过程中。如"红豆"品牌与"相思"一词的有机结合，令人感慨万千，并引导了消费者借助红豆产品感物思怀的情感需求；腾讯 QQ 那个胖胖的戴红围巾的小企鹅，也引发了无数网民的喜爱。

3. 思考因素

产品若能启发使用者思考，并为使用者创造认知或解决问题，就可形成思考体验。思考体验的最大魅力就是设计师的思维感染力，设计师通过设计的手段，引起人们对生活、环境、社会、道德等的思考和反省，潜移默化地影响人们生活和思维的方式。一个产品一旦达到了引人思考的高度，也就意味着具备了对消费者的主导能力，能够引导甚至左右人们的生活态度及价值取向。如联想集团的广告语"人类失去联想，世界将会怎样"就是充分利用思考这一人类的专有性行为，一语双关地引导消费者对联想公司及其产品产生偏好。

4. 行动因素

消费者在对产品的长期使用过程中，会逐渐形成一种经验的累积，养成特定的使用习惯。设计者要注重对这种特定习惯的认识，研究使用者本能的行为反应，将其合理应用到产品的设计中，实现产品与人顺利自然的交互。企业既可以延承这一习惯，将以往使用过程中愉悦的体验部分迁移到新产品上，也可以利用巧妙的设计改变这种习惯，创造新的行为体验形成识别。如奔驰公司十分重视争取潜在的客户，并将心理争夺战从娃娃开始做起。每个来取货的顾客驱车离去时，“奔驰”都会赠送一辆可作孩子玩具的小小奔驰车，使车主的下一代也能对奔驰车产生浓厚的兴趣，争取一代代都成为奔驰车的客户。这样客户对奔驰品牌的忠诚就世代地继承下来，从小喜爱奔驰车的儿童渐渐地被培养为终生喜爱奔驰车的客户。

5. 关联因素

关联就是不再将产品看作个体孤立地存在，而是认为一个产品在与人沟通的同时，也在和周围其他物品进行对话，这一种产品和其他产品以及周围有关联的环境因素一起形成了营销的氛围。企业可以对产品这一营造关联体验的“道具”加之利用，以产品系列或成套的产品组合的方式来传达理念，并配以相应的人员设置、环境布置和产品展示形成识别，也可以寻找到自己的风格氛围，并与其他产品进行关联搭配（既可以风格相似以相互衬托，也可以风格相反形成对比），形成识别。如海尔集团曾斥资 6 000 余万元推出一部长达 212 集的动画片《海尔兄弟》，这是一部以环球历险世界一周为主轴线，集娱乐性、知识性、趣味性为一体的寓教于乐的巨型动画片，该片作为中国动画史上科普类动画的巅峰之作，将海尔兄弟的经典人物形象与海尔集团及其产品有机地关联在一起。

第五节　制定体验营销组合策略

传统的营销组合理论以菲利普·科特勒在麦卡锡提出的“4Ps”理论的基础上提出的“6Ps”理论最为常用。而传统的市场营销组合策略是将营销组合的各因素视为统一的整体，有机地整合产品、价格、渠道、促销等营销因素，并根据不同的目标市场和不同的市场营销环境，制定全方位的市场营销策略，分别有产品策略、价格策略、渠道策略、促销策略等。可见，传统的营销策略是基于市场和产品供给为导向的。在体验经济时代，市场竞争日趋激烈，企业只有以竞争和消费者的需求为导向，通过制定正确的体验营销组合策略，通过为消费者提供体验，给消费者留下一种无法忘怀的感受，才能紧紧抓住消费者的心，从而与消费者建立一种长期互动的关系，提高顾客忠诚度，才能获得体验营销的成功。也许 4R 营销组合策略和 4C 营销组合策略的有机结合能够为我们提供一种建立体验营销组合策略的新思路。

4R 营销理论是 21 世纪初由《4R 营销》的作者艾略特·艾登伯格提出的，该理论以关系营销为核心，重在建立顾客忠诚。它阐述了 4 个全新的营销组合要素：即关联（Relativity）、反应（Reaction）、关系（Relation）和回报（Retribution），强调企业与顾客在市场变化的动态中应建立长久互动的关系，以防止顾客流失，赢得长期而稳定的市场；面对迅速变化的顾客需求，企业应学会倾听顾客的意见，及时寻找、发现和挖掘顾客的渴望与不满及可能发生的演变，同时建立快速反应机制以对市场变化快速做出反应；企业与顾客之间应建立长期而稳定的朋友关系，从实现销售转变为实现对顾客的责任与承诺，以维持顾客再次购买和顾客忠诚；企业应追求市场回报，并将市场回报当作企业进一步发展和保持与市场建立关系的动力与源泉。

4C 营销组合策略是美国营销专家劳特朋教授在 1990 年提出的，它以消费者需求为导向，认为消费者（Consumer）、成本（Cost）、便利（Convenience）和沟通（Communication）是市场营销组合的 4 个基本要素，强调企业首先应该把追求顾客满意放在第一位，其次是努力降低顾客的购买成本，然后要充分注意到顾客购买过程中的便利性，而不是从企业的角度来决定销售渠道策略，最后还应以消费者为中心实施有效的营销沟通。

可以看出，这两者都强调消费者满意的重要性，要求企业要了解客户的需求，培养忠诚的客户，与其建立亲密的关系，制定以顾客需求为中心的体验营销组合策略，包括关系策略（保持沟通，与顾客建立亲密关系）；产品策略（提供高质量的产品，杜绝"假冒伪劣"）；服务策略（真诚地为顾客服务，提供其真正需要的服务，以真正发自内心的笑去面对顾客）；价格策略（高价、低价灵活掌握，高价是高品质、有身份的象征，低价则代表着实惠、物美价廉）；品牌策略（建立使消费者认可的品牌）。

企业或产品在刚刚进入市场的时候，开发新客户是很困难的，如果能够多下点功夫，为顾客最初的体验创造一个难忘的经历，那么就很容易获得顾客的认可，而且还有可能由于"口碑效应"将他的亲友介绍来（这也有利于品牌的建立），以后企业就只需要较少的花费来维系这种关系了；而如果经历了一次不愉快的体验，那么面对相同的产品或服务，顾客可能宁愿多花费一些钱去你的竞争对手那里，更重要的是，这种不满情绪会造成负面的"口碑效应"，使企业失去更多的潜在客户，将他们赶向了竞争对手那里。

在这里并没有提到传统4P营销组合中的渠道策略与促销策略，因为渠道（或者说营销地点）的选择也要以顾客的需求为导向，是为体验服务的，而且渠道的选择还涉及到企业成本控制的问题；对于促销策略，由于体验营销针对的是消费者专门化、个性化的需求，或者说是大规模定制，那么促销活动并不一定会有明显的营销效果，相比来说，品牌建设，或者品牌宣传推广更重要。在品牌建设中切忌急功近利的功利性行为，要更多地注意社会公益性，即公共关系的重要性，从而树立良好的公共形象。王老吉就是在汶川大地震中积极参与抗震救灾而在广大的消费者心目中树立了一个良好的品牌形象。

第六节　体验营销效果评价与反馈

对体验营销效果的评价与反馈是消费者在整个体验活动中所能感受到的最后一步，全面来看，可以将之看作是体验营销组合策略的一部分，也因为在时间上，体验营销效果的评价与反馈是对前期的营销活动的总结，也是未来营销活动改进与提升的源泉。

要评价体验营销的效果，就需要了解消费者对这一系列的体验过程中获得的感知与印象，可以通过消费者在体验过程中或者体验后的调查获得，调查形式可以是现场访问、现场问卷调查，也可以利用网络、报刊等工具进行。调查的内容包括影响体验效果的各种因素，如消费者在参与体验过程中的感受与知觉，参与体验活动以后对活动中的哪些部分的记忆最深刻，对所设计的体验活动的想象是不是与设计者当初所预想的相一致。将这些因素与消费者的性别、年龄、文化程度、兴趣爱好等个性特征相结合，分析体验活动是否达到了预期效果，消费者参与体验活动后的满意程度，企业在未来的体验营销中应如何吸取经验教训，并对以后的营销方案进行改进与调整。要重视收集消费者的意见与建议，建立通畅的意见表达机制，由专人负责收集与分析处理消费者的意见。

收集到以上相关信息之后，要及时反馈到企业营销策划部门对其进行分析，从而及时改进或调整体验营销策略；若有必要还要告知消费者，并真诚邀请消费者参与以后的体验营销活动，这样才能提升消费者的满意度与忠诚度，最终实现企业与顾客的双赢。

小结案例：苹果公司的体验营销组合

自 iPhone4S 于 2012 年 1 月 13 日在中国内地上市以来，苹果公司已登陆世界 90 多个国家和地区。

1977 年，苹果公司推出 Apple II，成为人类历史上第一台个人电脑。苹果公司 Apple II 引发了个人电脑革命，20 世纪 80 年代，苹果公司又推出了 Macintosh，彻底改造了个人计算机。苹果公司通过不断的创新生产出了屡获大奖的台式机、笔记本电脑、Mac OS X 操作系统、iLife 数字生活方式软件以及专业应用软件，被用户们广为认知。此外，苹果公司还通过 iPod 系列便携式数字音乐播放器和 iTunes 在线音乐商店引发了数字音乐的革命。

虽说苹果公司在今天受到了全世界的关注和欢迎。但是，它一路走来还是历经了数次潮起潮落，甚至一度走到了危险的边缘。但苹果公司并没有垮掉，而是开创了一个又一个新局面。

2007 年夏季，苹果公司推出了 iPhone 手机，这部手机提供互联网接入、音乐和视频播放、电子邮件收发、拍照等多种功能，并且开发了完善的应用程序，提供多样的办公软件和游戏。此后，任何关于 iPhone 的消息都成为大家关注的焦点。直至如今，苹果公司已经开发到了 iPhone 4S，iPhone 手机成为全球关注度最高的一款手机。

2010 年 4 月 3 日，苹果公司又推出了 iPad 系列产品，苹果 iPad 的问世再次引发了全球的关注。iPad 不仅将平板电脑制造及应用推向了高潮，也让众多二、三线厂商以及山寨电子设备制造商垂涎三尺……

在过去的十年里，苹果公司推出了大量明星产品，比如 iPod，它掀起了全球性的音乐播放器革命；比如 iPhone，它重新定义了智能手机的概念；又如 iPad，它让平板电脑成为一种时尚潮流。可以说，苹果的每个产品都具有革命性意义。2010 年 5 月 26 日，苹果公司的市值正式超越了微软，成为全球市值最高的高科技企业，同时也成为美国仅次于美孚的第二大公司。那么，苹果是如何取得这样巨大成功的呢？

iPhone 的火爆让我们重新审视苹果的重磅武器——“体验式营销”！

轻松愉快的体验环境设计

苹果公司在全球范围开设专门体验店，它的店铺都是由光亮、透明的亚克力和磨砂白两种颜色组成，上端是有磨砂白带有苹果店专用明显图标，更好地为顾客在苹果体验店桌面上起到指示作用。体验店中一切以消费者为中心的体验环境设计，使消费者更加轻松、愉快、全面地了解认识产品并激起购买欲望，使成交变得简单有效，使直销也变得更轻松。这都是“感官营销”的体现。

创新的产品设计和丰富的产品体验

正如前文所说，无论苹果公司的哪一件产品，去掉了那个被啃了一口的苹果LOGO之后，消费者还是能够一眼认出，这就是苹果的产品。创新的产品设计依然符合“感官营销”的特点。另外，苹果公司开设的体验店里涵盖了苹果公司全系列的产品，包括苹果台式电脑、苹果笔记本电脑、iPad平板电脑、iPhone手机、iTouch、iPod音乐播放器，另外还有一些周边产品，比如电脑配件、手机壳、耳机，等等。让顾客能够直接接触、使用产品，了解产品的功能和特性，使他们能够更加容易接受苹果的产品。

高素质的服务人员

在苹果体验店内，没有嘈杂的环境，没有蜂拥式的或冷漠式的介绍，服务人员不会刻意向顾客推销产品，不会赶走只玩游戏不买产品的顾客。相反，他们会根据顾客的需求，向顾客介绍产品的使用方法，如果消费者有需求，他们会详细讲解产品的功能、配件、整机外观、手感，等等，当然还有价格和售后。通过体验和服务人员的讲解，顾客能够快速掌握和了解产品的第一手资料。值得一提的是，苹果体验店还有针对“菜鸟”们的一对一的培训，以及与产品有关的诸如数码摄影、音乐和影片制作的免费讲座，还有孩子们向往的Apple

夏令营和为提高办公效率所开展的商务咨询，等等。这种温馨的、高素质的服务体现了“情感营销”和“关联营销”的优势。

丰富的 APP 应用软件开发和流行

现在网络上兴起各种 iPhone 客户端和 iPad 客户端，从微博流行以来，微博的 iPhone 客户端就被广为应用，明星、名人都会用这款软件随心所欲、随时随地发微博。不得不说，这是一个一箭三雕的事情，既方便了网名，发展了微博，又给 iPhone 等产品做了广告，刺激了苹果产品的销售。另外，从 APP STORE 开始兴起的“愤怒的小鸟”、“会说话的汤姆猫”等热门 iPhone 应用，刺激了苹果产品的火爆销售。这种模式应该是“思考营销”和“行动营销”的良好运用。

从苹果公司的“体验式营销”中，我们看到了体验式营销有利于消费者对产品的了解，有利于提高顾客的忠诚度，有利于提高企业经济效益。但是，我们应当意识到“体验式营销”并不仅仅是让消费者感受产品和服务，千方百计地改进企业的产品和服务，加强终端展示。根据苹果公司的经验，我们可以得出以下结论。

首先，“体验式营销”应当以顾客需求为导向，站在顾客的立场上看待自己的产品或者服务，以此来了解顾客需求，力求感动顾客。企业应当从消费者的真正需求出发，按照他们能够接受的方式、所需要的产品来进行合理沟通，根据顾客体验，开发丰富的、多样化的新产品。从过去的“拉”转为现在的“推”，可以大大增加企业的主动性，增强与消费者之间的联系。

其次，“体验式营销”应当以顾客沟通为手段，关注顾客个性。现在的人们都在希望拥有个性化的产品和服务，单独一种体验情景已经远远无法满足他们多样化、娱乐性的需求。企业应当满足顾客的需要，尤其是个性的需要，建立起与顾客双向沟通的体系，收集信息，及时反映顾客需求，这样才能有效地推动消费者的购买。“体验式营销”注重顾客在购买的环境、气氛、氛围、商品和服务品牌、价格等各个方面得到满足的程度，而不是仅仅停留在产品表面特征和基础功能上。

最后，“体验式营销”应当以顾客满足为目标，注重顾客的主动参与。现在的消费者已经不满足于单纯地购买产品，而更看重和享受在购买产品的过程中所产生的满足。因此，应该突出消费者的主动参与，它是体验式营销最大的亮点和特色，是区别于其他营销方式的根本。企业除了要努力提高产品本身的使用价值，更应该开展各种沟通活动，了解顾客体验需求，使顾客从物质和精神上得到双重的满足。

（资料来源：改编自 http://blog.sina.com.cn/s/blog_4a6f5dea0100yndx.html）

本章小结

一个体验营销项目只有建立在扎实的市场分析的基础上，才能减少失误，提高决策的科学性和正确性，从而将经营风险降到最低限度。

营销主题的选择是建立在详细、科学的市场分析的基础之上的。

体验营销通过围绕一个主题，给顾客深刻的心灵震撼，满足顾客的心理需要，从而赋予品牌独特的体验内涵，能更好地建设企业的品牌。

由于消费者有感官、情感、思考、行动、关联这五方面的体验，体验产品的设计也要从这五个方面进行考虑。

4R 营销组合策略和 4C 营销组合策略能够为我们提供一种建立体验营销组合策略的思路。

对体验营销效果的评价与反馈是消费者在整个体验活动中所能感受到的最后一步，体验营销效果的评价与反馈是对前期的营销活动的总结，也是未来营销活动改进与提升的源泉。

第四章 体验营销的基本策略

案例故事:换一种表达方式

在美国纽约曼哈顿街头,一个盲人乞丐坐在路边乞讨,他的旁边放着一张纸板,上面写着:“I’m blind, please help.”(我是个瞎子,请帮帮我。)路上来来往往的人很多,然而肯给予施舍的却很少。一个女作家从他面前经过又退回来,拿过了他的纸板在另一面写了一些字,然后把纸板在他旁边放好后离开了。奇怪的是,从此以后肯施舍的人多起来了,几乎每个人经过都要投一些钱币给他。几天后,作家又经过时他从脚步声听出了是她,就问她做了什么使人们对他慷慨起来,作家说我只不过是写了一句话而已。作家在纸板上面写的是:“It’s a beautiful day and I can’t see it.”(这是美好的一天,可是我却看不到。)

“这是美好的一大”能够引起人们内心的情感上的共鸣,而后一句就能够深深地打动别人,激发同情心,同样的意思用另一种方式表达出来所取得的效果竟会有这么大的不同。体验营销就是要使客户通过感官、娱乐、情感、文化等方面的体验,引起共鸣,得到认同。

第一节 感官体验策略

感官体验策略就是在体验营销中,综合利用色彩、造型、声音、气味、材质等手段,充分调动人的视觉、听觉、味觉、嗅觉、触觉等感官体验,使消费者积极参与其中,达到调动消费者兴趣和购买欲望,实现产品的品牌宣传和销售的目的。感官式营销可以区分企业和产品的识别,引发消费者购买动机和增加产品的附加值等。如宝洁公司的汰渍洗衣粉,其广告突出“山野清新”的感觉:新型山泉汰渍带给你野外的清爽幽香。宝洁公司为创造这种清新的感觉做了大量工作,后来取得了很好的效果。

人们认识某一事物最初都是通过感官感受的,可以说感官体验是体验营销进行的基础。很常见的一种现象就是商店尤其是比较大型的商店货物摆放一般都很整齐,店内还会播放一些舒缓、悦耳的音乐;餐饮企业在环境上则突出干净卫生,会展示一些诱人的美味图片;理发店会在店内张贴一些明星图片,放置一些时尚杂志,播放流行歌曲等。这些都是运用人的感官体验,营造一种令人愉悦的氛围,使人乐在其中。

1. 视觉

色彩和造型是视觉的感应对象,不同的色彩和造型能够带来不同的视觉效果体验,不同的人群可能也会有不同的偏好,可以利用图片、文字及其他形式营造一种赏心悦目的环境。一般来说,红、橙等暖色调会使人产生温暖、热烈、危险等感觉;蓝、蓝紫、蓝绿等冷色调易使人产生寒冷、理智、平静等感觉。绿色象征生命、青春、和平、安详、新鲜等,最适应人眼的注视,有消除疲劳、调节视力等功能;黄绿色带给人们春天的气息,颇受儿童及年轻人的欢迎;含灰的绿,如土绿、橄榄绿、墨绿等色彩,给人以成熟、老练、深沉的感觉;浅蓝色系明朗而富有青春朝气,为年轻人所钟爱,但也有不够成熟的感觉;深蓝色系沉着、稳定,为中年人普遍喜爱的色彩;藏青则给人以大度、庄重的印象等。

关于物品的造型,也要根据目标对象的特点与偏好而有所不同。粗略来说就是,如果面对的是青少年,要突出可爱、时尚等因素;如果是以商务人士为目标人群,就需要在品质和品位上下功夫;而那些有一定身份、地位的中老年人则要求的是庄重典雅。

2. 听觉

听觉和视觉是人们感知周围事物最重要的感官体验，听觉的感应对象是声音。声音有乐音和噪音之分，人们总是喜欢听那些令人愉悦的优美动听的声音，包括轻音乐、流行歌曲、传统戏曲、愉快的语言交流等，具体如何选择要与产品及品牌形象相适应。

此外还有触觉、嗅觉、味觉等。感官体验策略就是综合考虑人的各种感官感受，营造出一个令人愉悦的环境，使人乐于在其中享受、乐于参与其中，能够给人留下一种美好的、难忘的经历和感受。

星巴克咖啡的体验营销很重要的一个方面就是感官体验：它那内部精心设计的装潢，那烹制咖啡的工艺过程，那优美的音乐，那勺子搅拌过程中与杯子碰撞发出的声响，那浓浓的咖啡香……所有这一切所形成的整体环境给身处其中的顾客带来一种深刻的感官体验，人们也心甘情愿为此付出较高的代价。

第二节　娱乐体验策略

娱乐体验策略是以消费者的娱乐体验为诉求，在体验营销中注入娱乐因素，用影视、舞蹈、音乐、游戏、色彩、形状及其他形式的娱乐活动给消费者带来多种体验，吸引消费者的注意力，从而达到刺激消费者消费的目的。

现在随着生活节奏的加快，人们的工作、生活压力正变得越来越大，休闲时间越来越宝贵，人们在这有限的时间里对娱乐的要求逐渐提高，对娱乐的投入也不断加大。企业如果能够清醒地认识到这种趋势，从中抓住机会，将之与企业开展的体验活动相结合，会取得意想不到的效果。

娱乐体验策略实施的形式比较常见的有：赞助或举办娱乐节目、赞助影视剧（通过植入广告、贴片广告、新片发布等）、明星代言活动、广告股本化等。无论是活动的规模，还是就其产生的效果和影响来说，最成功的莫过于2005年蒙牛乳业集团与湖南卫视联合举办的"2005蒙牛酸酸乳超级女声"赛事活动。通过"超级女声"这个具有轰动效应和广泛影响力的大众娱乐活动平台，蒙牛集团不仅成功地将酸酸乳这一新产品推向了市场，并且为酸酸乳树立了以"真实、快乐、勇敢"为鲜明特性的品牌形象。

在体验营销策略的使用上要注意：首先要把握住娱乐体验营销的发展趋势，认识到娱乐体验在未来营销活动中的重要性；其次要有明确的定位，在内容上深入挖掘娱乐体验活动与产品内在的关联性，确保娱乐体验活动的开展对品牌有直接的促进作用，不能只是为娱乐而娱乐，娱乐体验营销的目标还是为了营销；还有就是根据自身企业和产品的特点以及资金预算情况，选择合适的媒体环境和活动方式，在娱乐体验营销活动中如果有效把握传播渠道，就会产生事半功倍的效果。

体验营销的一个突出特点，就是在营销过程中重视消费者的参与，从而给消费者带来娱乐的体验和难忘的记忆，娱乐体验营销尤其要注意与广大消费者的互动，提高其参与热情，只有在互动的活动中，消费者才能更好地、更深入地了解品牌与产品。娱乐体验营销尤其是要组织大型的娱乐活动，会有不同的参与主体，企业要合理有效地整合各种资源，这样能够有效地分担成本，扩大影响力，营销活动也能够取得更大的效果，最终达到参与主体多赢的局面。2005年的"超级女声"娱乐体验活动就是达到了多赢的效果，在整个活动过程中，参赛者和广大电视观众拥有了一种新的娱乐参与方式，从中感受到了快乐；赞助商在整个活动中获得了良好的广告效果，品牌知名度和美誉度大大提高；电信运营商通过提供短信支持观众参与投票获得了信息分成；电视台赢得了收视率和利润率，等等。

第三节　情感体验策略

情感体验策略是在体验营销的过程中，将情感要素引入营销活动中，以此满足顾客的心理需求，为其提供一种美好的体验过程。这里的“情感”包含三方面的含义：一是企业在活动中投入的情感是真诚的，是真正从消费者的需求来考虑问题；二是以人们某一个美好的情感（如亲情、爱情、友情等）为主题或诉求点展开相关活动，激发人们的共鸣；三是获得消费者的认可，使其对企业或者产品产生认同，给其留下美好的情感体验。简言之，情感体验策略就是以各种情感要素为手段，付出自己真诚的情感换取消费者的认同与消费的情感过程。

情感体验策略旨在触动消费者的内心情感，创造情感体验，其范围可以是一个温和、柔情的正面心情，如欢乐、自豪，甚至是强烈的激动情绪。情感体验策略需要真正了解什么样的刺激可以引起某种情绪，以及能使消费者自然地受到感染，并融入到这种情景中来。

中国移动很早就很重视有关亲情的广告，推出了不少亲情广告，其中有一则广告中有这么一段，妈妈对女儿说“你就那么离不开手机啊”，女儿的那句“不是离不开手机，是我离不开你”，让不少离家的儿女思念起远方的父母，而且看了之后应该有不少老人理解儿女的心情，愿意带上儿女给他们买的手机吧。字幕“手机接通的，不只是牵挂”更使整个广告意犹未尽。虽然这则广告有不少争议，但是移动主打亲情这　主题无疑是很正确的，而且与移动的品牌和业务很贴切。

很多商品以爱情为主题，比如为情侣专门设计的巧克力品牌“吉百利”、“德芙”、“金帝”等，要么包装盒上有一朵“红玫瑰”，要么包装盒本身就是“心”型的，如果不是前两种，也会有一句“送给最爱的人”等字样。“水晶之恋”果冻，不仅名字很浪漫，而且包装盒呈“心”型，上面有一对缠绵的情侣，很受情侣的欢迎。于是，该商品成为年轻人表达爱情的首选。

麦氏咖啡进入台湾市场推出的广告语是“麦氏咖啡：好东西要与好朋友分享”，麦氏咖啡从情感入手，把咖啡与友情结合起来，深得台湾消费者的认同，当人们一看见麦氏咖啡，就想起与朋友分享的感觉，于是得以顺利进入台湾咖啡市场。还有很多白酒广告也是大打友情牌的，因为朋友久别重逢当然是需要用白酒来助兴，而白酒用“友情”也很容易打动顾客，获得认同。

此外还有爱国热情、民族感情等，如 2008 年北京奥运会期间，很多企业利用全国人民高昂的爱国热情和民族自豪感展开营销大战，其中有一些取得了不小的成绩，王老吉开展的“祝福北京 · 王老吉 56 个民族祝福之旅”活动，通过在全国发起 56 个民族祝福北京使者寻找和评选活动，在 100 多个城市举行 300 多场以民族体育为主题的全民健身大型活动，并征集百万民众祝福北京签名等活动，是奥运营销的一个成功案例。

在情感体验营销的实施中一定要注意这情感是真情实感，能够真正地与企业和产品、品牌融合，而且要选择合适的表达形式，才能够被消费者认可和接受。只有真情才能打动别人，如果想要传达一种情感来感动别人，你只有先被它真正的感动才可能实现；虚情假意的体验，即使设计得再巧妙也会给人一种不真实感，无法激起共鸣，甚至会弄巧成拙。对目标市场的特点的研究也很重要，在情感体验营销策略中，要与消费者的习俗、文化等相适应，否则很容易失败。2003 年丰田在中国推出的一则广告是，路边的一只狮子向行驶在路上的丰田车敬礼，广告的文案为“霸道，你不得不尊敬”。这则广告一出激起了很多国人的愤怒：中国有“东亚雄狮”之称，该广告明显是辱华广告，为此丰田撤销了该广告并且做出道歉。所以在营销设计中要充分重视目标群体的文化背景、习俗习惯等，否则很可能会产生相反的效果。

第四节 文化体验策略

文化体验策略就是在体验营销中使融入其中的相关文化因素得以突出，为消费者营造一种深刻的文化体验。文化体验策略在体验营销活动中的作用主要有：使产品超越物质意义，与某种精神相联系，从精神层面充实和丰富产品价值，增加品牌文化价值；提升企业形象地位，消费者能够找到与企业无形的联系，对其产生信赖或依恋，增加消费者对企业产品及服务的忠诚度；在一定程度上弥补不同地区的语言、风俗等方面的文化差异，提高产品文化适应能力；使产品在同类产品中凸显个性，形成差别化，等等。

我国是一个历史悠久、文化底蕴深厚的国家，形成了以儒家文化为核心的中华民族优良的传统文化。具体来说，有诸子百家学说、琴棋书画艺术、传统文学、传统节庆文化、诗词戏曲文化、建筑艺术文化、饮食文化、酒文化、茶文化、地域民俗、衣冠服饰、武术等文化。改革开放以后国外的文化艺术传入国内，像欧美影视、韩剧、时装等在我国也引起了很大的影响。因此，企业在进行体验营销的过程中有丰富的文化内涵可以用来挖掘，只要与企业、产品、品牌相结合，有利于营销的开展都可以以合适的形式拿来利用。

在白酒文化体验策略中，舍得酒是很成功的例子。舍得酒是四川沱牌集团旗下定位高端的白酒品牌，品牌内涵为古朴庄重、神秘玄妙、博大精深。“舍得”的品牌名称源于中国传统文化中的“舍得”哲学，“舍得”者，实无所舍，亦无所得，是谓“舍得”，源于在舍得之间寻求平衡。舍得哲学意味着一种人生知行理念和方法论或人文精神境界。舍得标识：选用中国传统书法米格大写“智”“尊”“舍”“得”，把舍得的酒瓶和酒盒巧妙地运用进去。色调运用是成熟沉稳的米、褐二色对立分割。品牌主题理念为人生舍得道，乾坤珍酿中，舍得酒在任何一个新的地区，从上市到推广到走向成熟，在不同的时期根据目标消费群对舍得品牌的接受和了解程度以及不同时期的主要推广任务,品牌宣传推广思路上是各不相同的。上市期及初期(开发期)是舍与得对立概念的传达,个性及表现上略侧重于“古朴庄重”;成长期是舍得在对立中的和谐统一,个性及表现上略侧重于“神秘玄妙”;成熟期为舍得概念的深度挖掘、舍得于人生艺术万物等各个层面的联系,表现上略侧重于“博大精深”。舍得酒的这种文化内涵与营销迎合了高端人士的品位,受到了消费者的青睐。

文化是抽象的,在文化体验营销中要将文化具体化,使消费者易于感受、易于接受;我国的文化又是复杂的、多元的,要从中选择与企业、产品、品牌本身最切合的元素进行挖掘与提炼。

以旅游活动为例,旅游是一项体验性很强的活动,而乡村旅游对生活在城市中的人们来说具有极大的吸引力,如何在乡村旅游体验中融入当地的文化元素吸引游客参与体验对于旅游地来说具有重要的意义。浙江乌镇以“千年古城镇”为主题,打造“小桥流水人家”的江南水乡形象,乌镇街道上清代的民居建筑保存完好,梁、柱、门、窗上的木雕和石雕工艺精湛,当地居民就生活在古民居中,游客在这里能感受到浓郁的历史文化气息。黄山市也依托本地区古老的徽州文化,提炼出“当一回徽州人”、“做一天民居人”、“我爱古民居”等体验主题,努力打造本地区的特色品牌。

在文化体验营销中要注意保持文化的原真性,在很多景点景区存在着一个普遍现象就是,开发一些具有当地特色的民俗活动让游客参与,而这些活动,尤其是民族节庆活动本来流传下来时是在特定时间举行的,很多是一年一度,现在为了吸引游客,几乎每天都有表演,这样就没有保持这些活动的真实性。从长远来看,这样的行为无论是对当地居民或者游客,甚至是当地的文化保护都是不利的。

小结案例：上海华普营造全感官体验

“中国民族汽车业已经由机械科学上升到心理科学，驾乘者的感观体验和生活态度，将成为中国民族汽车品牌的核心诉求。”上海华普汽车董事长徐刚就是这样一位现代汽车艺术的迷恋者。当国产汽车技术性能成熟之后，汽车的艺术性渐渐成为影响驾乘者对生活体验的重要元素。因此，上海华普汽车将艺术和环保，视为华普汽车发展的延展点。

华普在国内汽车业界率先提出视觉、听觉、嗅觉三大感官体验的概念，“一看、二听、三闻”，令消费者在驾乘过程中感受平凡生活中的不平凡。2005 年 4 月 22 日的上海车展上，华普汽车尽情展示了感官体验的全方位魅力。

一看

上海华普汽车的研发过程，也是艺术创作的过程。“海域 303”的造型设计追求动感，楔型车头配以晶钻卤素炮筒头灯，佐以水平线型镀铬散热器护罩，凸显大气与动感。整车腰身的流畅线条、尾部设计的端庄、组合尾灯的棱角感，使整车个性十足。值得一提的是，上海华普汽车外观和内饰样板是由多位海派青年画家及服装设计师设计的，富有灵气的设计使得上海华普的产品外观卓尔不群。

二听

上海华普“营造积极的生活态度”的设计构思，同样也融汇在华普汽车驾乘者的听觉上。

每一辆上海华普汽车都进行过隔热降噪处理。车身前后地板上、前围下挡板和车顶棚处均贴有热熔性和磁性阻尼片，有效减少了因车身金属冲压件震动产生的噪音。另外，上海华普汽车的音响系统的主机带有 45 秒超长电子防震系统，声音质量经声学专家精心微调，而且具备强抗震性，随时随地令美妙的音乐与车随行，轻松愉悦自然不期而至。穿梭在现代都市噪杂的大街小巷间，宁静的车舱与出众的影音效果让乘客几乎忘记身在何方。

三闻

据中国装饰协会室内空气监测中心检测的结果表明，参照室内空气质量标准，有近九成的汽车都存在车内空气甲醛或苯含量超标的问题。虽然新房装修污染已经得到广泛重视，然而由汽车内饰和二次装潢所带来的车内空气污染却很少被人提及。

为了让驾乘者远离污染，上海华普汽车参照欧洲环保机构与汽车制造公司协调制订的车内环境标准，采用高功率冷暖环保空调、气弹簧辅助支撑、可四方位调节的四幅方向盘、包覆式人机功能座椅，这些内饰配件都采用无有害气体和刺激性气味挥发的新型环保内饰材料。每一样用料都为驾乘者健康着想，让驾乘者在车内能够毫不设防地进行深呼吸。

（资料来源：改编自 http://old.jfdaily.com/gb/node2/node17/node167/node57273/node57286/userobject1ai884362.html）

本章小结

体验营销的基本策略有感官体验策略、娱乐体验策略、情感体验策略、文化体验策略等。

感官体验策略就是在体验营销中，综合利用色彩、造型、声音、气味、材质等手段，充分调动人的视觉、听觉、味觉、嗅觉、触觉等感官体验，使消费者积极参与其中，达到调动消费者兴趣和购买欲望，实现产品的品牌宣传和销售的目的。

娱乐体验策略是以消费者的娱乐体验为诉求，在体验营销中注入娱乐因素，用影视、舞蹈、音乐、游戏、色彩、形状及其他形式的娱乐活动给消费者带来多种体验，吸引消费者的注意力，从而达到刺激消费者消费的目的。

情感体验策略是在体验营销的过程中，将情感要素引入营销活动中，以此满足顾客的心理需求，为其提供一种美好的体验过程。

文化体验策略就是在体验营销中使融入其中的相关文化因素得以突出，为消费者营造一种深刻的文化体验。

第五章　体验营销的市场培育

案例故事：转变思维观念

有一个推销员，他以能够卖出任何东西而出名。他已经让牙医买过牙刷，让面包师买过面包，让瞎子买过电视机。但其朋友说："只有将防毒面具卖给森林里的人，你才算是一名优秀的推销员。"于是，这位推销员不远千里来到了原始森林，那里是一片只有少数人居住的森林。"您好！"他对遇到的第一位老人说，"您一定需要一个防毒面具。"

"这里的空气这样清新，我要它干什么！"老人说。"现在每个人都有一个防毒面具。"推销员非常坚持。"真遗憾，可我并不需要。""您稍候，"推销员说，"您肯定需要一个了。"几个月之后，他便开始在这片林地中央建造了一座工厂。"你真是发疯了！"他的朋友说。"不然，我只是想卖给他们防毒面具。"当工厂投产后，许多有毒的废气从大烟囱中滚滚而出，不久老人便来到推销员处对他说："现在我需要一个防毒面具了。""这正是我想的。"推销员说着便卖给了老人一个。"真是个好东西啊！"推销员兴奋地说。"别的人现在也需要防毒面具，你还有吗？""你真走运，我还有成千上万个。""可是你的工厂里生产什么呢？"老人好奇地问。"防毒面具。"推销员简洁地回答。

其实很多看似不可能的事情，如果转换一个角度去仔细思考，那么就能够想出解决的办法来。很多需求是需要营销人员仔细挖掘的。比如，将冰箱卖给爱斯基摩人在很多人看来是不可能的事情，然而这的确已经成为事实。大家都知道，爱斯基摩人生活在北极，那地方长年都有冰雪，怎么可能将冰箱卖得出去呢？其实冰箱除了保鲜功能外，其最主要的功能就是恒温。冷冻了的食品其新鲜程度就大打折扣，因此有的厂家就向爱斯基摩人推销其恒温冰箱，可以将鱼肉制品保持较高的鲜度。

综上所述，市场从来都是从无到有，从小到大的，需求是可以创造的，市场需要精心地培育，关键在于转变思维观念。

第一节　观念层面的体验市场培育

1998年，美国人派恩和吉尔摩指出，体验经济已成为继产品经济、商品经济和服务经济之后的第四个经济发展阶段。体验经济是一种以服务为舞台，以商品为道具，以体验作为主要经济提供物的经济形态。体验是当一个人到达情绪、体力、智力甚至精神的某一特定水平时，在他意识中所产生的美好感觉。体验营销是伴随着体验经济产生而产生的。体验营销是指企业根据消费者情感需求的特点，结合产品和服务的属性，策划有特定氛围的营销活动，让消费者参与并获得美好而深刻的体验，满足其情感需求，以扩大产品和服务销售的一种新型营销活动。它主要是研究如何根据消费者的状况，利用传统文化、现代科技、艺术和大自然等手段来增大产品体验内涵，更好地满足人们的情感体验、审美体验、教育体验等多种体验，在给人们心灵带来强烈的震撼时达到促进产品销售的目的。

体验营销的市场环境在我国已初步形成，尤其在大城市，随着人们生活水平和生活质量不断提高，当物质生活水准达到一定程度以后，人们购买商品的目的不再是出于生活必需，而是出于满足一种情感上的渴求，或者是追求某种特定产品与理想的自我概念的吻合。人们更关注产品与自己关系的密切程度，偏好那些能与自我心理需求引起共鸣的商品，更加注重情感的愉悦和满足，即所谓体验消费。

目前我国越来越多的企业开始应用体验营销，如海尔电器、化妆品市场新兴力量的“佰草集”、动感地带的 M－ZONE 体验等，这些成功企业一致性的发展战略使我们认识到，体验营销的环境在我国已初步形成。但从宏观上看，体验营销的到来是因为社会高度富裕、文明、发达而产生的。在我国大范围实施体验营销的条件尚不具备。目前由于多种复杂因素的影响，在我国企业体验营销的实践水平不高、层次较低，亟待进行专门的市场培育。

体验营销作为一种全新的理念，被不少企业所接受并成功应用。企业在体验营销的过程中承担了重要的责任，企业应该引导顾客进入设定好的体验情境当中，使顾客得到满足，从而达到销售商品的目的。观念层面的体验营销市场培育包括如下内容。

1. 立足于顾客的需求

体验到的东西使得我们感到真实、现实，并在大脑记忆中留下深刻印象，使我们可以随时回想起曾经亲身感受过的生命历程，也因此对未来有所预感。体验包含心理学和行为学两方面的含义：从心理学上来理解，体验是一种心理活动，是由主体身体活动与直接经验而产生的感情和意识；从行为学来看，体验是一种实践活动。派恩和吉尔摩认为：只有当企业以商品为道具，以服务为舞台引来顾客的时候，体验才得以产生，并且只有当顾客愿意为这类体验付费时，体验本身才可以看成是某种经济上的给予。他们将体验定义为：人们以个人化的方式来度过一段时间，并从中获得一系列可回忆的事件。在此基础上，他们将体验划分为娱乐体验、教育体验、审美体验和逃避现实体验等。

可见，体验营销的“体验”具有双重涵义，体验是指顾客“消费”某个事件后的“美好感觉”。体验既可以作为一种独立的经济提供物，又可以作为产品或服务的附加。两者的本质区别在于体验的提供者是否就提供的体验向顾客收费。企业如果以提供的体验为主要价值载体，体验则是指一种能满足顾客情感需求的产品、服务和氛围的综合体。如果体验只是附加在提供的产品或服务中，作为吸引顾客购买的手段，那么这种“体验”早在产品经济时代已经存在。可见，体验是一种有别于产品和服务的价值载体。从形态上看，产品是有实体的，服务是无形的，而体验是难忘的；从功能上讲，产品和服务主要用于满足顾客物质方面的需求，体验则重在顾客情感需求和个性需求的满足。产品、服务、体验分别是产品经济、服务经济、体验经济的主要经济提供品，标志着经济发展的不同阶段。因此，体验营销是指企业通过战略管理和运营管理、创造、提供和出售体验，让顾客在消费过程中有所感受、留下印象、精神需求得到最大程度满足的一种营销模式，其最终目的是把顾客满意转化为企业价值。

有的企业认为，体验营销是一种营销方式，即企业通过采用让目标顾客观摩、聆听、尝试、试用等方式体验产品或服务，以便感知产品或服务的品质和性能，促使顾客认知、偏好并购买这种产品或服务，最终创造满意交换，实现双方目标的一种营销方式。显然这种“体验”只能算是一种推销产品的手段，在营销活动中很早就出现了。

体验营销的出现有其必然性。在运作时也需要必备条件，体验营销有其自身的广度、深度、幅度，即什么样的产品、服务更适合让消费者去体验，什么层次的体验能够满足消费者，什么样的消费者愿意为体验付费。这是企业开展体验营销首先要确立的观念。

2. 树立全员参与的体验营销观念

由于体验的设计、制造、提供和销售涉及企业的全体员工，全员参与理应成为体验营销组合必不可少的关键要素。体验营销参与必须是“全员”，而不仅仅是营销人员。如果把整个体验营销过程比作一场剧场演出，那么企业相关人员在剧中扮演着不同的角色。成功的体验营销主题要能吸引“观众”（消费者）、打动“观众”，最重要的是要形成“演员”与“观众”的共鸣，“演员”必须具有鲜明的角色感、强烈的参与意识、高超的表演技巧，极好地显示出主题。

3. 系统规划体验营销过程

有的企业只能设计对产品或服务的某一环节的体验，而缺乏系统的规划。体验营销的最终目标不是单纯的某一类体验，而是为顾客创造一种无懈可击而又难忘的整体体验。因此，企业一方面要根据内、外环境恰当地选择和运用相应的体验营销策略，另一方面要注重让顾客在意企业或企业的产品、服务的每一个接触点上，都能够得到完美的体验。不断引导顾客关注体验，挖掘顾客的体验需求。通过系统规划体验营销过程，实现体验营销的立体化、整体化，应在顾客消费前、消费中、消费后的全过程充分体现尊重人、爱护人、关心人的以人为本的思想，科学设计体验主题，提供完善的体验产品和服务，让顾客感觉到自己的情感需求得到了满足。

很多企业为了实现在短期内提高知名度，提高产品的市场占有率，增加销售量的目标，把体验营销作为一种暂时性的策略，而没有把它作为企业长期发展的战略来运用，更没有把它贯穿到产品的设计、制造和销售，甚至是售后的整个过程。

4. 打牢体验营销的基础

产品质量是传统营销的核心，体验营销的产品大多数情况下只是作为体验的载体而存在。在体验的高级阶段，体验甚至可以脱离产品独立存在，但这并不代表可以忽视产品本身的质量。没有坚实的质量做后盾，体验是不可能成功的。体验营销的兴起是由于企业对产品及服务在质量、功能上已做的相当出色，以至于顾客对特色和利益已经淡化，而追求更高层次的“特色和利益”，即体验。由于我国目前的体验营销还处在产品体验的起步阶段，有的企业由于产品的质量、服务等原因，实施体验营销不但不能给消费者带来好的体验，反而会导致消费者的厌恶。

5. 充分利用资源使体验营销立体化

应该在企业现有资源的基础上整合各种手段，充分为消费者创造体验的机会和氛围，特别是传播媒介的选择、促销策略的运用和终端体验场景的建设，使消费者的体验最大化。

6. 深入研究体验营销及其实施，不断总结成功企业的经验，并进行创新

顾客体验本质上是一个持续性的过程，企业着力塑造的顾客体验应是经过精心设计和规划的，应具有稳定性。企业要注重对体验的管理，体验不是一次性的，在顾客对某种体验有了非常好的印象后，企业要不断地对体验进行创新，不断强化顾客的体验感受，从而建立起体验忠诚，就像管理品牌一样来管理体验。体验对于企业品牌的塑造来说具有非常积极的作用，可以将其与企业品牌建设结合起来，在品牌体验的基础上进一步强化品牌的体验价值，并使之保持动态创新，从而构建一个以体验为核心价值和象征符号的品牌。

第二节　策略层面的体验市场培育

一个高绩效的企业应具有明确的目标、一致的信念、和谐的文化、高瞻远瞩且务实高效的领导和一群能适应不同角色的营销队员。一支能征善战的营销团队是以营销为使命而组建的团队，能保证营销系统良性运转和营销职能的发挥，并有效地开展体验营销活动。策略层面的体验市场培育包括如下内容。

1. 深刻了解和把握消费者的体验需求

在通过信息收集与心理调查确定自己的客户群之后，体验营销的第一步是发现客户的体验过程。一般的体验过程应与客户的心理活动、情感变化、消费行为、交易过程相联系，包括心理体验、意向体验、行为体验、情感实现体验四个部分，这四个部分又有各自的关联接触点。有时体验交错影响或序列轮换可能形成体验的环状结构。当然，不同类型的企业有其自身的客户体验过程。因此，企业应通过多种途径，比如试用、购买设想、CMS(客户终端系统)、建立客户体验数据库等方式挖掘客户的体验性资料，发现客户的体验需求偏好。

2. 营造体验营销氛围

体验营销的核心是从生活与情境出发，塑造感官体验及思维认同，以此抓住消费者的注意力，改变消费行为，并为产品找到新的生存价值和空间。因此，企业通过新颖、形象的创意思路，运用丰富多彩、生动有趣的执行手段，在不同的场合、不同的时段，针对不同的顾客群，营造一种互动的、有情趣的、被理解和被尊重的氛围，营造一种生活和文化氛围。企业不仅要提供给消费者一种独特难忘的消费体验，更重要的是帮助消费者找出潜在的心理需求，激发消费者的购买欲望。

3. 开发独特的体验产品

体验具有多重存在形态，它既可以依附于产品和服务而存在，也可以作为单独的出售物而存在。因此，作为营销组合策略组成要素的体验产品，必须具备满足顾客情感需求这样一个核心功能。然后根据具体的产品或服务来设计体验事件或情境，体验营销的设计应贯穿于产品、服务或体验的设计、生产、销售、售后服务的全过程中。它既可以像其他组成要素那样可分离为单独的市场营销手段和方法（如价格策略），也可以和其他组合要素结合，即把体验思想贯穿于营销组合策略的各个要素中来发挥作用。

4. 制定顾客导向的体验产品价格

对提供的“体验”进行收费是体验经济区别于传统经济的基本特征。在体验营销下，体验是构成提供品价格的重要组成部分。更重要的是，体验是以顾客价值为定价导向，而不局限于企业提供体验所付出的成本，所以企业定价的弹性较大，定价的空间十分灵活。这与传统的根据利润和成本的产品定价模式截然不同。

5. 建设扁平化的体验产品渠道

扁平化的渠道结构是适应体验营销的渠道结构，这种结构的销售渠道是以人员直销和网络分销为主，直接而真实地将企业的体验很好地提供给顾客，同时也有助于企业直接发现导致消费者情感变化的因素，把握消费者需求，与客户建立长期联系。

6. 运用沟通吸引消费者参与

由于体验是企业和顾客交流感官刺激、信息和情感的要点集合，因此沟通构成体验营销的关键元素之一。沟通贯穿于体验营销的全过程和各个方面。通过及时有效的沟通，首先能够挖掘出消费者潜在的心理需求，发现客户的体验过程，有针对性地进行体验营销设计；其次，可以站在客户的角度及时地倾听客户的希望和要求，并迅速做出反应；再次，可以与客户建立联系，及时了解客户需求的变化，形成一种互助、互求、互需的关系。沟通可采用多种方式，其中最重要的方式是吸引消费者参与。

第三节　顾客对体验市场的响应

顾客对体验市场的响应受到诸多因素影响，有些要素是顾客看得见或感受得到的，比如体验过程中的设施、人员服务，等等。但是，还有很多因素顾客看不见，就如戏剧演出，很多幕后的工作，观众是看不到的。体验需要各个环节的协调和配合、共同完成，包括企业的生产部门、销售部门、终端销售员、卖场设施，等等。

顾客对体验市场的响应通常表现为一个持续的过程，且包含一系列先后有序的活动。顾客通过与营销人员的互动和沟通获得满足。其一般程序为：发现、评价、获得三个阶段。

1. 发现

凡是购买都有其起点，购买的冲动使顾客将想法付诸行动。而冲动的刺激有不同的类型，不管消费行为怎样开始，顾客都在发现阶段，通过收集信息，寻找获得这些产品服务的可能来源，以区分不同的产品服务，来满足不同的需求。

传统企业认为，这个过程中最重要的是通过说服、诱导甚至哄骗等宣传和推销手段，来让顾客做出购买选择。其实，与华丽的画面和老套的广告词相比，一次美妙的体验经历更能打动顾客的心，这样的营销才是最有效的。

例如，许多人都希望能够上网，但复杂的网络技术对于一些特定的人群来说就是一块禁区，令人望而生畏，止步不前，但是苹果电脑的出现改变了这一切。最早的苹果电脑采用了“用户不畏惧技术”这一宣传策略。苹果电脑清楚地演示了它像1、2、3一样简单易学，父母不再因为不知道如何为孩子购买电脑而发愁。苹果电脑还设计出针对老年人的手写电脑，真正使人们享受到了互联网带来的便捷。

2. 评价

当下，顾客几乎可以收集到任何有关他们想知道的企业、产品或服务的信息。利用诸如互联网、商品说明、顾客口碑、文章报道，甚至广告等手段，人们仔细地观察、比较、研究，在做决定之前权衡再三，这就是评价的目的所在。顾客需要通过说明书、打电话或写信进行咨询，向家人、朋友或同事征求意见，或者到商场亲自做比较。

3. 获得

无论任何人在何处购物，都要经过获得阶段，即产品和服务被购买的阶段。这看似简单，但事实并非如此。实际上，购买牵涉到很多事情，如寻找供应商、停车、订购、支付等，使“获得”成为消费流程中最复杂、最易出错的环节之一。

与商品有关的任何人或事情，对顾客来说，都与顾客个人息息相关。因此，为了降低顾客成本所做的任何事情都会产生巨大的影响。

小结案例：张裕用心良苦做市场

烟台张裕集团有限公司的前身烟台张裕葡萄酿酒公司创办于1892年，至今已有100多年历史。她是中国第一个工业化生产葡萄酒的厂家，也是目前中国乃至亚洲最大的葡萄酒生产经营企业。主要产品有白兰地、葡萄酒、香槟酒、保健酒、中成药酒和粮食白酒六大系列，数十个品种。年生产能力 8 万余吨，产品畅销全国并远销世界 20 多个国家和地区。

精心培育，用心良苦做市场

1998 年底，张裕营销公司的市场调研部在分析全国各地反馈回来的市场信息时发现，沿海地区和中西部城市的葡萄酒的终端消费者结构存在较大差异。沿海地区葡萄酒个人消费比例很高，市场销量比较稳定；内地城市主要为公款消费(占 70%以上)，市场销量起伏也较大。同时对终端消费者的心理调查表明：沿海地区消费者看重的是葡萄酒的保健功能及文化品位；而内地消费者则看重的是身份标志和时尚。这表明沿海地区的葡萄酒进入理性消费阶段，步入速度减缓的市场成熟期；而内地城市则处在感性消费阶段，处在市场上升期。但因为我国葡萄酒的主要消费区域在沿海地区，故而可以推测，1999 年的葡萄酒市场增长速度将放慢，张裕公司必须相应调整营销的策略，加大市场培育和开发的力度。

张裕公司很清楚，与啤酒、白酒比，葡萄酒的市场规模实在太小，整个产业的市场规模充其量不到 100 亿元。现在平均每个中国人葡萄酒年消费量只有 0.3 升，是世界平均水平的 1/20，而中国人以白酒为主的酒类消费习惯是历史发展中逐渐形成的，是中国饮食业的一大特色，短期内很难改变，引导消费须下大功夫。假如每个中国人每年消费两瓶葡萄酒(1.5 升)，那么就需要 195 万吨葡萄酒，市场规模即可达到 780 亿元。这表明中国葡萄酒市场还存在着巨大的发展空间，关键在于市场的培育和开拓。

为了培养消费者，张裕公司着力于“沟通”。受价格因素限制，经常性的葡萄酒消费者主要是中高收入阶层，行政管理层人士也是不可忽视的主流消费群，偶尔性消费者则以年轻人为主。张裕公司沟通的主要对象就是这些人，即将经常性消费者巩固下来，让偶尔性消费者逐渐转向经常性消费者，同时开拓新的大量新生性消费者，针对不同的消费层次，它们采用了不同的沟通方式。

对经常性消费者而言，张裕公司通过一系列目标明确的整合传播，主要展示葡萄酒的健康、自然及其文化内涵——葡萄酒的品味和格调。它们通过对经常性消费者主要的信息来源，如高品位杂志、体育节目、酒店等进行“润物细无声”的文化渗透，提高葡萄酒在这些消费者心目中的亲和力，同时通过一系列品牌策略，树立起张裕公司东方红酒的经典形象，以“传奇品质，百年张裕”作为主题，对葡萄酒的系统传播得到了较好的效果。

对偶尔性消费者而言，张裕公司则侧重于诉展葡萄酒本身的时尚色彩，通过对大众传媒的控制性传播，传达各种葡萄酒的时尚资讯，营造出一种氛围，即把葡萄酒作为一种身份的象征进行推广，使其成为时尚潮流中一部分。如在报纸上开辟醒目的葡萄酒消费专栏，在电视台黄金时间插播葡萄酒的各类专题，举办各种葡萄酒知识讲座等。通过日积月累的渗透式传播，让消费者开始树立这么一种心态：选择葡萄酒就是在选择一种更好的生活方式。事后的调查表明，很多消费者都受到了这种传播的影响，并逐渐喜欢上了葡萄酒。

从 1998 年起，张裕公司通过一个声势巨大的全国性活动，为其找到了很多新生性消费者。百年张裕有着深厚的文化底蕴，中西合璧的张裕公司在市场开拓中越来越强调一种文化认同，即强调自己的东方个性。基于中国传统文化的“中国葡萄酒文化展”，利用大量的图片和史实，详细介绍了中国葡萄酒 2 000 多年的悠久历史。

张裕公司卡斯特酒庄——体验世界葡萄酒文化

从烟台市区出发，不到 1 个小时就可以到达位于烟台经济技术开发区的卡斯特酒庄，卡斯特酒庄就处在烟台至蓬莱的黄金旅游线上。酒庄占地 2 100 亩，其中酿酒葡萄园 500 亩，主体建筑 50 亩，葡萄长廊、道路 20 亩。卡斯特酒庄集旅游、观光、休闲为一体，成为烟台市又一旅游景点，同时它又是张裕公司高档葡萄酒的酿造基地，而且还是引进、选育国内外优良葡萄新品种，进行相关栽培技术研究的重要场所。透过酒庄的欧式大铁门可以望见西洋式的主体建筑，白色的墙面、黑色的线条异常醒目。走进大门，一条被葡萄所遮蔽的长廊贯穿葡萄品种园。而酒庄的葡萄园主要种植 5 种酿酒葡萄品种，包括蛇龙珠 45 公顷、赤霞珠 45 公顷、美乐 15 公顷、烟七三 15 公顷。

这是一个集葡萄酒酿造、旅游观光、休闲娱乐于一体的现代化酒庄，其整体设计采用欧式庄园风格，兼纳中欧建筑的精华。据说，其中广场及室内装饰、专业品酒室均出自法国顶级建筑设计师、法国建筑协会会员 Marcel Mirande 之手。整个酒庄由 8 300m^2 的主体建筑、5 公顷的广场及葡萄品种园及 135 公顷的酿酒葡萄园组成，气势恢宏。

庄园的葡萄经过采收、破皮去梗、浸皮与发酵、榨汁的酿造过程后，将送到酒庄地下四五米深、总面积约 2 700m^2 的地下大酒窖储藏。酒窖总体划分为三个贮藏区：瓶式发酵起泡酒贮区、葡萄酒（干红、干白）贮区、特种酒（特级甜葡萄酒、高级冰酒）贮区，并全部采用芝麻灰花岗岩吊顶、大青石铺地，常年温度 12℃～16℃，湿度 75%～85%，保证了所贮藏的各种酒的充分酝酿和缓慢成熟。

置身于卡斯特酒庄，品味张裕公司葡萄酒的浓香，体验世界葡萄酒文化，感受港城风情！

烟台张裕葡萄酒博物馆——张裕葡萄酒的历史

在烟台，黄渤海交汇的海岸线上，有一座占地 4 公顷、客家人围屋形状、中西建筑风格交融的院落，这就是张裕老厂，中国葡萄酒工业便始于此。如今，生产厂房早已搬迁，这里已建起张裕酒文化博物馆，曾轰动世界的神奇建筑——张裕地下大酒窖就在博物馆的下面，数以百万的游人慕名而来感受酒文化的神奇。

该馆主要由百年地下酒窖和展厅两部分组成。大酒窖深七米，建于 1894 年，1903 年完工，历时 11 年，为当时亚洲唯一地下大酒窖。展厅通过历史厅、酒文化厅、荣誉厅、书画厅四大部分，比较系统地展示了张裕酒文化的百年历史，展厅还陈列了许多名人墨迹及藏品。数年来，张裕酒文化博物馆，作为张裕对外宣传的一个重要窗口，先后接待了大量的中外来宾和知名人士，并被山东省政府和烟台市政府定为爱国主义教育基地，极大地扩大了张裕公司在国内外的知名度。馆内分上下两层，由综合大厅、历史厅、影视厅、现代厅、珍品厅及百年地下大酒窖等部分组成。百年地下大酒窖号称远东第一，窖内冬暖夏凉，拱洞交错，犹如迷宫，包括亚洲桶王在内的上千只橡木桶整齐排列，蔚为壮观。

张裕酒文化博物馆展厅里，陈列着珍贵的老照片、古老的制酒工具、泥人演示的早期酿酒场景，无声地诉说着悠远的历史。张弼士三易酒师，几经波折才聘得来自奥匈帝国酿酒世家的拔保为第一任酿酒师；张裕第一任总经理张成卿为建张裕耗尽心力，英年早逝；李鸿章亲批准照，翁同和题厂名只收每字 50 两白银润笔费；1915 年的太平洋万国博览会上，张裕的可雅白兰地、红玫瑰葡萄酒、琼瑶浆、雷司令白葡萄酒一举获得 4 项金质奖章和最优等奖状……悠悠往事在这里流动、弥漫，让人感叹、给人震撼、引人遐想。

博物馆展厅里还珍藏着来访的政要、名家留下的墨宝。孙中山先生为张裕题词“品重醴泉”，据说是其一生中唯一一次为企业题词；康有为 1917 年和 1927 年两次来访赋诗抒怀，留下了珠联璧合的姊妹诗；张学良借古喻今题词“圭顿贻谋”；刘海粟 88 岁高龄留墨宝“醇厚芳香，朝晖光灿”；黎元洪题“酝酿太和”；袁世凯题“瀛洲玉醴”；宋子文题“芳洌驰誉”等，都不失文雅。1992 年，张裕百年大庆前夕，中共中央总书记江泽民，亲临张裕视察并题词“沧浪欲有诗味，酝酿才能芬芳”……众多的政要名流在这片酝酿芬芳的地方留下了手泽足迹，数量之多，品位之高，令人叹为观止，为张裕悠远灿烂的文化增添了诸多神韵。

博物馆之旅，在神秘幽深的百年地下大酒窖走上一遭，是让人终生难忘的体验。沿着螺旋阶梯向下，一缕缕馥郁芬芳的酒香扑鼻而来，令人不禁贪婪地深深呼吸。窖内别有天地，八个拱洞纵横交错，犹如迷宫，一排排陈酿葡萄酒或白兰地的橡木桶静静沉睡，而酒窖中弥漫的香气犹如它们甜美的梦。在百年老桶群中，有3只被称为亚洲“桶王”，每只可贮酒15吨，一个人即使每天喝1斤，80年也喝不完。很多游客在“桶王”的身上系上鲜艳的红绸带，然后写上自己的名字，再默默地许个心愿，据说这样可以给人带来好运和祝福……。

（本案例是依据相关资料改编而成）

本章小结

体验营销的市场培育，必须是一个充满艰辛和富有挑战性的工作。

从观念层面来看，企业应立足于顾客的需求，树立全员参与的体验营销观念，系统规划体验营销过程，打牢体验营销的基础，充分利用资源使体验营销立体化，并深入研究体验营销及其实施，不断总结成功企业的经验，并进行创新。

从策略层面来看，企业应深刻了解和把握消费者的体验需求，营造体验营销氛围，开发独特的体验产品，制定顾客导向的体验产品价格，建设扁平化的体验产品渠道，并运用沟通吸引消费者参与。

顾客对体验市场的响应受到诸多因素影响，其一般程序包括：发现、评价和获得三个阶段。

第二篇　新模式与整合

开篇案例：整合营销时代正在到来

电信市场的竞争日趋白热化，各大运营商备受价格战困扰，但忍痛降价之后，却发现用户增长已经明显放缓，而且原有的利润空间正逐步被侵蚀，所有运营商都面临增量不增收的难题。更为严重的是，这些表面问题的背后，有更多的实质问题困扰着运营商：

◆ 电信业存在泡沫吗？电信业的发展方向在哪里？用户的需求会如何变化？

◆ 运营商接受了用户导向的概念，但是如何在日常经营管理中贯彻用户导向？

◆ 传统上电信一直是根据技术能力设计产品，如何能转变成根据用户需求设计产品？

◆ 电信的增值业务平台如何搭建，究竟是开放还是封闭好？

◆ 电信市场营销、销售、渠道、客户服务应该向哪些行业学习，如何才能达到最优？

◆ 如何从用户角度出发评价运营商的市场和服务水平？

同时，电信市场自身也正经历着深刻的变化：不仅从一个垄断的、同质化的统一大市场逐渐演变成以客户方便性和娱乐性为主的小应用市场的总和，而且价值链的复杂性增加，市场弹性增加，市场前景的不确定性增加，看起来相似属性的业务由于具体的营销操作体系存在细微差异，导致市场反馈及用户接受程度的巨大差异。

认真分析产生上述问题的原因，会发现其中存在不少共性：对于电信行业发展方向的把握来源于对用户需求的深入挖掘；由于缺乏对用户的深刻理解，不仅难以预计未来的市场走向，而且无法实现从技术导向到用户导向进行电信产品设计的转变；设计出的产品不能真正符合用户的需求，在实际的营销操作中难以贯彻真正意义的用户导向，进而无法从用户的角度去评价运营商的市场和服务水平。此外，如何从用户需求出发筛选合作伙伴、构建增值业务平台、移植泛行业的成功经验也就缺乏了科学有效的标准。上述分析揭示了这样一个问题：对于用户需求的满足贯穿了整个电信市场营销的全过程，而且各环节之间密切相关，协同配合。因此，若想向用户提供满足其需求的全程体验，就需要构建完整的体系进行支持——基于用户终生体验的电信整合营销体系将应运而生。

建立完善的、标准化的体系框架是构建基于用户终生体验的电信整合营销体系的基础

运营商的现状是自身缺乏系统性的理论体系框架，而基于传统营销理论或从其他行业借鉴的营销操作体系又不符合电信行业特点，缺乏可实施性。以往中国运营商习惯于向国际上主流运营商借鉴成功经验和模式，更多地处于跟随者的地位。但是，一方面由于中国运营商本身已处于世界的领先地位；另一方面，中国电信市场的规模性与复杂性远非其他区域市场所能比拟，所以照搬现有国际上的电信营销体系和模式是不可行的。更何况完善的基于用户终生体验的电信营销体系在世界整个电信运营领域都是盲点，就连电信运营的权威标准化工具 eTOM 都缺失了以用户为导向的营销体系的相关模块和流程。这样，中国的运营商们似乎陷入了一个悖论：一方面，竞争激烈的市场环境迫使运营商不得不开展以用户为导向的日常营销操作，这就要求有完善的营销体系进行指导，否则必然造成大量的资源浪费，错失发展的良机；另一方面，国际上缺乏基于用户终生体验的营销指导体系，尤其是适用于中国市场复杂情况的、可操作的体系，运营商们没有成功的“样板”或模式可参照。

对于这一难题的解决方案是：首先提出基于用户终生体验的基本框架，而后结合电信运营的标准化工具 eTOM 将体系中的各个功

能模块进行标准化和完善化，最后根据中国市场的具体情况及电信业未来发展的最佳实践，对部分功能模块进行补充和调整，从而得到完整的、标准化的符合中国国情的电信整合营销体系框架。

关于多层次、多角度丰富基于用户终生体验的电信整合营销体系的内涵

一般来说，整合营销是一种通过对各种营销工具和手段的系统化结合，根据环境进行即时性动态修正，以使交换双方在交互中实现价值增值的营销理论与营销方法。整合营销以市场为调节方式，以价值为联系方式，以互动为行为方式，是现代企业面对动态复杂环境的有效选择。目前，对于整合营销的理解更多地停留在操作层面，只着眼于如何将各种营销沟通方式进行有效整合，通过传递一致、清晰的信息而达到最大的传播效果。

其实，除了营销沟通方式的整合，电信的整合营销还体现在以下三个层次。

针对完整的电信营销体系，整合营销的含义是以客户为导向，通过产品设计、销售促进、客户服务等各环节构成电信整合营销完整体系，从而构建面向目标客户的完整体验环境。这里涉及电信运营企业从前台到后台的资源、功能的协调运转，因此可以说实现电信行业的整合营销是一项系统工程，需要整个营销体系中的各功能环节共同配合完成，任何一个环节的缺失或功能不完善都将影响电信整合营销的最终实现效果。

针对体系中的具体环节，需要将支持其运转的各种工具和方法进行整合。如营销沟通与促销环节，需要将各种不同的促销方式和沟通工具组合应用，从而实现与位于典型体验环境的目标用户的多点接触。

针对其他行业的现有资源与成功经验，需要整合至电信营销体系中相应的功能模块，进行操作工具和方法论的支持，从而实现电信

整合营销体系的不断更新与完善，更加符合电信市场在未来发展过程中不断变化的需求。其中建立完整的电信营销体系，实现的是电信整合营销的框架基础；而后整合各种工具和方法对于相应环节进行支持，详细剖析其可行性及适用条件，实现电信整合营销的操作基础；与此同时，将其他行业的现有资源与成功经验，整合至电信营销体系中相应的功能模块，进行操作工具和方法论的支持，实现电信整合营销的资源基础。上述三大基础互相关联、协同配合，构成了电信整合营销的完整内涵，可为实际操作提供系统、有效、可实施的指导。

基于电信整合营销体系为实际问题提供解决方案

体系的完整性可以确保向目标用户提供完整的终生体验，从而实现真正意义的用户导向；通过多层面、不同角度的整合，构成体系的丰富内涵，从而解决下列实际问题。

1. 用户研究

电信业未来的发展就是用户体验的全面满足，运营商需要深入研究用户需求，建立标准化模型，深入发掘潜在需求，从而指导电信营销。正因为运营商缺失用户研究模块，因此难以锁定目标用户和深入了解其内在需求。电信整合营销体系中新增了用户研究模块，整合其他行业用户研究的方法工具与电信产品特点，并对整个营销操作过程进行有效的整合，可以确保运营商的市场收益。

2. Killer Cocktail(杀手级应用组合)

对用户的理解越深刻，越发现用户并不关注现有的电信产品或业务基于何种技术平台，他们关注的是这些产品可以满足自身的何种需求。因此，要想实现以用户需求为导向进行产品设计，重新整合跨不同技术平台的产品，形成满足目标用户需求链的产品包是必不可少的。同时增值业务市场没有蓬勃发展，而话音业务增长陷入瓶颈，也需要基础业务与增值业务根据用户需求进行深度整合，推出包含基础业务和增值业务的产品包，实现二者的相互促进。电信整合营销体系中的产品开发模块不仅考虑了产品设计，也考虑了对于产品组合的设计，确保这一环节输出的产品包向用户提供其希望得到的体验。随着更多符合用户需求的产品包的出现，可以预见，无论会不会再次出现 Killer Application（杀手级应用），未来都将是 Killer Cocktail（杀手级应用组合）盛行的年代。

3. 主动客户服务

从用户角度出发评价运营商的服务，必要条件是弥补主动客户服务环节的空白，到用户的体验环境中去提供服务，倾听意见，才能有效改善服务质量，提升服务水平。在电信整合营销体系中，主动客户服务模块通过用户激励、强化体验、用户跟踪三个子模块的共同配合，为运营商向用户体验环境的主动渗透提供操作方法和工具，从而不断增强运营商的核心能力——对于用户最为深刻的理解与把握。

4. 业务平台管理

电信增值业务的创新力不够，缺乏保障具有创新性的产品源源不断产生的机制，就需要内外资源与管理机制的整合。电信增值业务平台的构建与管理，可以借鉴汽车行业中的福特模式，建立运营商与服务提供商（SP）合作研发产品的保障机制，这是电信增值业务平台保持创新能力和可持续发展能力的重中之重。

此外，电信市场营销、销售、渠道、客户服务是完整电信整合营销体系的有机组成部分，通过这些环节与相应的泛行业资源间的整合，协同配合，从而达到整个体系的最优。

总之，基于用户终生体验的电信整合营销体系可提供完善的营销框架——弥补运营商所缺失的重要功能模块，如用户研究、产品设计等；实用的营销操作工具——帮助运营商在纷繁芜杂的方法与工具中选择适合电信行业特点、日常操作可行的工具；有效的资源整合——充分借鉴其他行业的资源和成功经验，为电信与其他行业间的互相渗透奠定基础。

对于产业链的其他环节，通过深刻理解体系的内涵与具体操作，充分把握市场的发展趋势及电信营销体系，使自身的发展战略和具体策略与之吻合；为运营商提供符合其本质需求的资源、产品和服务，从越来越趋于同质化的竞争中脱颖而出，占据领先地位。其他行业还可以通过理解完整的电信整合营销体系向电信行业渗透，与运营商结成长期的战略合作关系，实现聚合效应。

电信整合营销时代已经来临，运营商们如果能够尽快构建基于用户终生体验的完整的电信整合营销体系，就能确保在未来激烈的市场竞争中立于不败之地，甚至达到世界一流的水平。等到 3G 甚至 4G 真正增值业务为王的时代到来，运营商可以源源不断地向用户提供符合其需求的电信产品，成为体验经济时代的不败英雄。

（资料来源：改编自 http://www.cnii.com.cn/20040423/ca259355.htm）

第六章　服务营销中的体验

案例故事：营造服务中的体验

有位先生孤身去外地旅游。有天中午，他进餐厅吃饭，发现服务员端上来的汤没有热气，冷冰冰的。他很生气，挑衅地看着服务员，似乎在问："难道你们餐厅给客人上的汤都是冷的吗？还是你们给我上的是昨天剩下来的汤？"

服务员立即明白这位客人非本地人，于是微笑着示意他拿起勺子在汤里搅拌一下。客人不解，但还是照做，随即一股热气迅速从汤里发散出来，并伴着浓郁的香味，旅游中的劳累顿时烟消云散，口味大开。

服务员这才解释道："先生很有眼光，您点的是本地的一道名菜，叫'外冷内热'，它的最大特点正如您刚刚体验过的，外冷内热，请您慢慢享用。"

游客回忆起临行前朋友们极力推荐的当地美食，就包括这道菜，原来这道汤的绝妙之处就在于边搅拌边喝汤，慢慢体会味觉和嗅觉上的美好感受。

第一节　服务营销的关键要素

服务营销观念就是以服务为宗旨来指导企业的营销活动，企业所实施的各项营销措施都应该给顾客带来利益，在为顾客服务中获得企业利益，其核心理念是顾客满意和顾客忠诚。

在传统的营销方式下，消费者购买了产品意味着一桩买卖的完成，虽然它也有产品的售后服务，但那只是一种主要解决产品售后维修的职能。而从服务营销观念理解，消费者购买了产品仅仅意味着销售工作的开始而不是结束，企业关心的不仅是产品的成功售出，更注重的是消费者在享受企业通过产品所提供的服务的全过程的感受。随着社会的进步，人们收入的提高，消费者需要的不仅仅是一个产品，更需要的是这种产品带来的特定或个性化的服务，从而有一种被尊重和自我价值实现的感觉，而这种感觉所带来的就是顾客的忠诚度。服务营销不仅仅是营销行业发展的一种新趋势，更是社会进步的一种必然产物。

任何服务营销都由六个要素构成：实体产品、服务员工、服务设施、服务顾客、服务的接触和服务体验。尽管各种服务营销都包括这六种要素，但这六要素对服务营销的贡献程度却因服务而异。

1. 实体产品——服务工具

以服务营销的观念理解，顾客购买产品并不是为了产品本身，而是为了满足某种需求和欲望，是为了解决某个问题，也就是说顾客购买产品，主要不是为了拥有他们，而在于得到他们所提供的服务。所以说实质上，实体产品是向顾客传送服务的工具。

2. 服务员工——服务载体

服务员工既包括那些与顾客直接接触的人，也包括那些虽在顾客的视线之外，但同样为服务的提供做出贡献的组织成员。顾客对服务组织的感知或反映，受到服务员工的极大影响。与顾客发生接触的员工，是顾客所购买的整体服务中不可分割的一部分，且会极大地影响顾客对服务的评价。但是并非服务组织内的所有员工都同等重要，从顾客的角度来看，那些与顾客发生直接接触的员工，对顾客的服务感知影响最大。然而，服务表现同样依赖那些幕后员工的活动，他们虽在顾客的视线之外，但同等重要。也就是说，一线服务员工的业务技能和社交技巧直接作用于顾客的服务感知，而幕后服务员工的技能直接影响一线员工甚至服务组织的运作，从而间接作用于顾客的服务质量感知。

3. 服务设施——有形展示

服务设施包括服务发生其中的物理环境的各个方面。物理环境从组成部分来说有设施的背景、设施的配置、设施的装饰风格等，而从构成要素来说包括周围环境的色彩与照明、音响的音量与音高、气味、空气清新度与温度、空间利用、家具的风格与舒适度、外观的设计与清洁度等一系列的大气特征。服务工具包括服务员工与顾客的互动活动在其内部进行。服务设施对服务提供过程与顾客的服务感觉有显著的影响。设施能极大地影响服务在顾客头脑中的“真实反映”，促使或阻碍消费者购买。

4. 服务顾客——服务受众

传统的市场营销学认为，顾客是产品或服务的接受者或使用者。美国管理学家彼得德鲁克曾指出：营销的目的在于充分了解顾客，以使产品或服务能适合顾客需要。对每一家企业及其产品而言，“顾客”就是指那些会登门购买的人们。服务营销学认为顾客是服务的重要构成部分，而不仅仅是商品买卖行为的承担者。

5. 服务的接触——服务过程

索普伦南特和索罗蒙把服务的接触定义为“顾客与提供服务者之间的互动”。萧斯塔克则将定义扩大为“消费者直接与服务互动的那个时间段”。服务的接触是改善服务质量的关键因素。服务的接触由三个部分组成，第一部分是主体部分——“真实的时刻”。“真实的时刻”是消费者与服务的生产机构接触的过程，是顾客评估服务特点的焦点，所有“真实的时刻”加在一起就形成了顾客对服务的总体感受。确定并评估服务的接触的要素包括顾客的感受和与顾客接触的工作人员的态度；第二部分是第三方接触，这也是形成顾客满意与不满意的决定性因素；第三方包括竞争者、合作者、供应商等；第三部分是服务的机制和惯例。

6. 服务体验——服务主旨

服务是人或组织的活动，或者是对一种可触知产品的临时可支配性。也就是说，服务就是给顾客带来愉快美好的、难以忘怀的体验，服务体验就是让顾客感受到与众不同。

第二节 服务营销的体验策略

1. 服务体验策略

在体验经济时代，服务竞争越来越激烈。人们在消费产品的过程中也在同时享受着消费者服务，服务体验表现由许多细节融合而成。显性的表现主要是服务人员的情绪状态、服务态度、对商品的看法、对企业的态度，会潜移默化地影响着客户、市场对品牌和商品的观点，影响消费者的购买信心和行动；隐性的表现为服务体验的设计，其中服务流程的设计最为重要，完善而到位的服务流程能使人们感到全程的美好体验。另外，相对于有形产品，服务产品的稳定质量更难保持，而严格、标准、优质的服务流程是保证服务质量一贯性和稳定性的重要手段。服务是体验营销的 T 形台，是体验产品的载体，只有服务到位，让顾客感到贴心、放心，才能让顾客真正领会“体验”的奥妙，体验营销实质上是服务营销的最高层次。有专家说：“最简单但最难模仿的就是服务”。因此服务更易于建立顾客的独特体验，更易于建立企业的独特竞争力，从而建立顾客忠诚度。如联想集团通过不断推出新的服务策略，以增强体验，满足消费者的个性化需求。其服务体验策略包括：打造金牌服务体系，即以更快速的响应（全天候响应、2～8 小时快速上门）、更专业的支持（软件/系统支持、扩展与升级支持）、更多的服务内容（4～5 年延保服务产品、技术培训）为客户提供个性化、定制化的特色服务，满足大客户高级别服务需求；成立企业技术支持中心，即通过对高端产品和方案提供现场安装和配置服务，通过对 VIP 客户的专家团队现场支持和一对一的贴身服务，提高对高端产品和方案的系统支持能力；发挥联想应用方案中心价值，即提供更多面向客户应用的增值解决方案，为客户创建良好的体验环境。

2. 感官体验策略

通过感官刺激，让顾客感受到服务给自己带来的利益。人原本是从五觉——视觉、听觉、触觉、味觉与嗅觉来构建对世界的感知。服务过程的一个潜在作用是给市场营销策略带来乐趣和优势，努力在顾客的消费经历中注入新颖的、令人激动的、娱乐性的因素，从而改善顾客的厌倦情绪。感官体验营销的诉求目标是创造知觉体验的感觉，它是通过视觉、听觉、触觉、味觉与嗅觉建立感官上的体验。感官体验营销策略在产品的营销过程中融入了人的感官成分，以此来引发顾客的美感或兴奋点。感官体验的基本要素源于五种感官。就听觉而言，音量、音调和韵律则最有代表性；就嗅觉而言，气味是第一位的；就味觉而言，滋味、味道是可以感受的；就触觉而言，物体的原料和质地是可以触摸的。如星巴克咖啡就是通过为消费者提供的丰富的视觉和味觉体验获得了巨大成功。希尔顿连锁饭店在浴室放置一只造型可爱的小鸭子，令客人爱不释手，也为希尔顿饭店赢得了良好的口碑，这便是视觉和触觉体验策略的成功运用。

3. 情境体验策略

情景体验通过对体验现场空间的组织来创造一种作用于消费者的影响力。情境就是企业为顾客创建的“表演舞台”，是体验产生的外部环境。它既可以被设计成现实的场景，比如杭州宋城集团投资的大型歌舞宋城千古情《美丽的西子，美丽的传说》之白娘子(水漫金山寺)，为了让游客与白娘子一起感受水漫金山，用灯光、烟雾、音乐、旁白、瓢泼的雨、雷声和阴险的笑声等制造成水漫金山的真实情境，让游客身临其境，感同身受，流连忘返；也可以被设计成虚拟的世界，比如一些网站经营者设计的虚拟社区、网络游戏等。情境要有一个鲜明的主题，这个主题要紧紧围绕体验营销的主题，为体验的实施提供必要的硬件支持，或是氛围的创造，利于体验营销的顺利实施。情境策略对体验的生成有极大的促进作用，同时又是事件展开的必要条件，因此必须重视情境策略在体验营销中的运用。如法国巴黎有一家餐厅，店名就叫“黑暗餐厅”，其特色就是里面一丝光亮都没有，侍应生全是盲人，餐厅生意非常火爆，就餐必须提前 3 天预订。在情境的设计过程中，可以借鉴戏曲理论、心理学、社会学等方面的知识。但必须强调的是，情境策略必须服从和服务于体验策略，否则就发挥不出整合的效果，甚至有可能取得相反的效果。

4. 行动体验策略

行动体验营销的目标是影响身体的有形体验、生活形态与互动，行动体验营销通过增加人们的身体体验，指出做事的替代方法、替代的生活形态与互动，丰富顾客的生活。而顾客生活形态的改变是激发的，且也有可能是由偶像角色引起的。行动体验策略就是为消费者创造各种各样的体验机会，包括身体体验、长期行为模式体验、生活方式体验以及人与人互动的体验，等等。行动体验旨在影响人们的身体感觉和行为方式，鼓舞人们去积极参与行动。行动体验策略可以通过引导顾客参与企业承诺的确立过程、参与产品创意过程、参与产品制造过程、参与价格制定和参与销售促进等方面来实施。如中国金融认证中心曾联合 14 家银行推出“网银大赢家”的网络游戏，通过为期 3 个月的“网银 e 体验”活动，让公众认识到，只要掌握了正确的网上银行操作方法，并采取有效的安全保障措施——使用数字证书，就能放心安全地享受网银的种种便利。

5. 文化体验策略

文化包括一个群体所生产的产品和服务以及它所重视的抽象的价值观，是一个组织或社会成员共有的意义、仪式、规范及传统的累积。将文化含义寓于服务当中，无疑使服务如虎添翼。首先是将文化融入服务当中，挖掘文化中的美，挖掘文化中消费者的关注，然后应用于服务当中，促进服务增值，同时让消费者在日常的消费活动中感受来自不同区域、不同国家、不同地方的文化；另一方面是用文化规范服务，制定服务行为规范，让顾客享受的服务更加文明、健康。如汰渍洗衣粉突出“山野清新”的广告宣传，突出产品的清新文化；金六福曾在春节期间推出“春节回家·金六福”大型传播营销活动，在全国各大中城市的繁华路段、车站、机场、码头、城市广场，金六福“春节回家”为主题的户外广告触目可及，充分契合了中国人心中的春节情结，其所使用的就是典型的文化体验策略。

小结案例：花旗银行引导客户体验

银行服务营销理念的诞生，源于1977年花旗银行副总裁列尼·休斯坦克的一篇名为“从产品营销中解脱出来”的文章。因此花旗银行可以说是银行服务营销的创始者，同时也是银行服务营销的领头羊，花旗的骄人业绩也得益于其服务营销战略的成功实施。

花旗银行能成为银行界的先锋，关键在于花旗独特的金融服务能让顾客感受并接受这种服务，进而使花旗成为金融受众的首选。多年以来，银行家们很少关注银行服务的实质，强调的只是银行产品的盈利性与安全性。随着银行业竞争的加剧，银行家们开始将注意力转移到银行服务与顾客需求的统一性上来。银行服务营销也逐渐成为银行家们考虑的重要因素。

金融产品的可复制性，使银行很难凭借某种金融产品获得长久竞争优势，但金融服务的个性化却能为银行获得长久的客户。花旗银行深刻理解并以自身行动完美地诠释了“以客户为中心，服务客户”的银行服务营销理念。在营销技术和手段上不断推陈出新，引领客户深入体验花旗银行的全方位服务。

感官体验

花旗通过变无形服务为有形服务，提高服务的可感知性，将花旗服务派送到每一位客户手中。花旗银行在实施银行服务营销的过程中，以客户可感知的服务硬件为依托，向客户传输花旗的现代化服务理念。花旗以其幽雅的服务环境、和谐的服务氛围、便利的服务流程、人性化的设施、快捷的网络速度以及积极健康的员工形象等传达着它的服务特色，传递着它的服务信息。

服务体验

花旗在银行服务营销策略中，鼓励员工充分与顾客接触，经常提供上门服务，以使顾客充分参与到服务生产系统中来。通过提升服务质量，银行服务营销赋予花旗服务以新的形象。同时，花旗还赋予员工充分的自主服务权，在互动过程中为客户更好地提供全方位的服务。花旗在引导客户预期方面决不允许作过高或过多的承诺，一旦传递给客户的允诺就必须保质保量地完成。如承诺“花旗永远不睡觉”，其实质就是花旗服务客户价值理念的直接体现。花旗银行规定并做到了电话铃响 10 秒之内必须有人接，客户来信必须在 2 天内做出答复。这些细节就是客户满意的重要因素。同时，花旗还围绕着构建同顾客的长期稳定关系，提升针对性的银行服务质量。

营销启示

花旗银行服务营销的成功实施，拓展了服务领域，强化了服务质量，从而使得花旗品牌深入人心，客户纷纷而至。在当今信息技术引发的金融创新浪潮中，各个银行之间试图通过网点优势、人缘优势、技术优势、产品优势拉开与竞争对手差距的时代已成为过去。银行服务营销开展的优劣将成为银行竞争成败的关键。

在当前我国积极实施国有商业银行市场化改革的进程中，花旗银行的营销给我国国有商业银行的市场改革进程带来了许多重大的启示。诚然，银行大楼是越盖越高，装修越来越好，服务项目也越来越多，但人们总能发现某个储蓄网点不是ATM机不好用，就是POS机出了问题；不是大堂经理不在，就是窗口暂停服务。由此可见，缺乏现代银行服务内涵的金融产品竞争已失去了先前的魅力。因此，在推进国有商业银行市场化体制建设的同时，要给宛如希腊神庙般的银行建筑、深色凝重的银行摆设、冰冷的面容、单调的语言等，注入现代银行的服务内涵，这也将成为国有商业银行能否真正与市场接轨的关键问题。

（资料来源：改编自邓明新．体验营销技能案例训练手册[M]．北京：北京工业大学出版社，2008）

本章小结

服务营销的关键要素包括：实体产品、服务员工、服务设施、服务顾客、服务的接触和服务体验。

人们在消费产品的过程中同时也在享受着消费者服务，服务营销中的体验由许多细节融合而成。服务营销的体验策略包括服务体验策略、感官体验策略、情境体验策略、行动体验策略和文化体验策略。

感官体验策略通过感官刺激，让顾客感受到服务给自己带来的利益；情境体验策略要求企业为顾客创建“表演舞台”，即体验产生的外部环境；行动体验策略就是为消费者创造各种各样的体验机会，包括身体体验、长期行为模式体验、生活方式体验以及人与人互动的体验等，旨在影响人们的身体感觉和行为方式，鼓舞人们去积极参与行动；文化体验策略则强调将文化融入服务当中，挖掘文化中的美，挖掘文化中消费者的关注，促进服务增值，并建立文化服务规范。

第七章　关系营销中的体验

案例故事：儿童要不要购票

家门口有一条汽车线路，是从小港口开往火车站的。不知是因为线路短，还是沿途人少的缘故，客运公司仅安排两辆中巴来回对开，并分别承包给了2对夫妇。

坐车的大多是一些船民，由于他们长期在水上生活，因此一进城往往是一家老少。101号的女主人很少让船民给孩子买票，即使一对夫妇带着几个孩子，她也熟视无睹，只要求成人购票。有的船民过意不去，执意要给大点的孩子买票。她就笑着对船民的孩子说："下次给带个小河蚌来，好吗？这次就让你免费坐车。"102号的女主人恰恰相反，只要有带孩子的，大一点的要全票，小一点的也得买半票，她总是说，车是承包的，每月要向客运公司交多少钱，哪个月不交足，马上就干不下去了。船员们也理解，几个人就掏几张票的钱。因此，每次也都相安无事。

3个月后，门口的102号不见了，据说停开了。它应验了102号女主人话：马上就干不下去了。因为搭乘她的车的人很少。

第一节　关系营销的关键要素

关系营销是把营销活动看成一个企业与消费者、供应商、分销商、竞争者、政府机构及其他公众发生互动作用的过程，其核心是建立和发展与这些公众的良好关系，通过互利交换及共同履行诺言，使有关各方实现各自目的，从而谋求共同发展。关系营销不仅将注意力集中于发展和维持与顾客的关系，而且扩大了营销的视野，它涉及的关系包含了企业与其所有利益相关者间所发生的所有关系。

在关系营销中，只有广泛的信息交流和信息共享，才可能使企业赢得各个利益相关者的支持与合作。一般而言，关系有两种基本状态，即对立和合作。只有通过合作才能实现协同，因此合作是“双赢”的基础。关系营销旨在通过合作增加关系各方的利益，而不是通过损害其中一方或多方的利益来增加其他各方的利益。关系能否得到稳定和发展，情感因素也起着重要作用。因此关系营销不只要实现物质利益的互惠，还必须让参与各方能从关系中获得情感的需求满足。关系营销要求建立专门的部门，用以跟踪顾客、分销商、供应商及营销系统中其他参与者的态度，由此了解关系的动态变化，及时采取措施消除关系中的不稳定因素和不利于关系各方利益共同增长的因素。此外，通过有效的信息反馈，也有利于企业及时改进产品和服务，更好地满足市场的需求。

关系营销成功的关键要素包括以下几种。

1. 关系营销主体与利益相关者

关系营销中主体即关系营销中的核心企业，关系营销客体是关系营销的对象，除了传统意义上的终端顾客，还包括与供应商、内部顾客、社会事业机构、中间商的合作；包括与社区、公众、媒体、政府、消费者组织、环境保护团体等在经济、技术、社会方面的纽带关系，企业应该通过与所有的利益相关者来开发维系和发展相对长期的关系。

2. 关系驱动要素

约翰·伊根认为关系营销决策的驱动因素包括：风险、重要性和情感、信任与忠诚、认识到对亲密关系的重要性、顾客满意。风险、重要性和情感是在每一次交易过程中，在某种程度上所涉及的所有心理因素。其中风险是消费者的机会成本，并且假定交易中的消费者某些方面处于弱势;重要性是交易对消费者的重要性和特殊性;情感指交易所产生的一系列复杂的人类反应;信任与忠诚是衡量关系营销是否具有潜在价值的尺度,是关系营销成功的关键。信任包括商家的声誉和对商家的理解、双方之间相互的期望、信赖与满意等。影响信任与忠诚的因素包括关系终止成本、关系利益、共享价值、沟通、机会主义行为等;认识到密切关系的必要性,并要通过双向的沟通来开发和维护这种亲密关系;顾客满意已经被证实与投资回报及市场价值正相关,影响顾客满意的因素包括核心产品或服务、支持服务与系统、技术的执行、与顾客互相影响的力量以及服务的情感维度。

3. 关系维系要素

风险、重要性和情感是关系营销的基础,是企业与利益相关者之间产生关联的动因,是关系营销的前提,而要维系这种关联,还需要交易驱动因素,企业与利益相关者之间需要不断的双向沟通、合作与控制。只有广泛的信息交流和信息共享,才可能使企业赢得各利益相关者的支持和合作;只有通过合作才能实现协同和共赢;控制就是要建立专门的部门,跟踪利益相关者的态度,了解关系的动态变化,及时反馈信息并采取措施消除关系中的不稳定因素和不利因素。

4. 关系体验

关系营销的目的是把利益相关者与某品牌所体现出的广泛的社会和文化背景相联系。关系营销给顾客的体验是重要性、正直、公平、信任、满足和双赢。关系营销中的体验所涵盖的范围很广：从相对直接的相关群体的认同，到高度复杂的品牌统一性的形成。由于社会文化意义的相互影响和顾客对社会的需求，关系营销为人们带来了丰富的经历和体验。关系营销理念所面临的最大挑战，就是如何选择最恰当的相关群体，采用最恰当的方法，为顾客设立不同的社会身份，让每一位顾客都隶属于一个特定的群体、一种特有的文化。

第二节　关系营销的体验策略

1. 品牌体验策略

品牌体验在关系营销中既是关系驱动要素，又是关系维系要素。品牌体验策略旨在通过品牌的声誉、名称、包装等带给消费者某种体验感受。品牌的名称带有体验性，虽然只是一个字、词或短语，但人们每次看到、听到、谈到该品牌时，就会产生一种联想感觉，因此品牌名称是值得记忆的美好体验产生的感官、情感和认知的丰富源泉，能给顾客亲密和信赖的感受。伟大的品牌总是在名称上能够与顾客建立起情感上的纽带，如被咬了一口的苹果作为苹果公司的标志，受到全球苹果粉丝的热捧。从体验营销的角度来看，品牌首先是体验的提供者，驱动品牌与消费者之间关系的产生。成功企业的品牌必定带给消费者以清楚的、深刻的体验，让消费者过目不忘，铭刻在心，否则只能被淹没在品牌的海洋里，成为过眼烟云。

2. 关联体验策略

关联体验策略在关系营销中不可或缺，它包含感官、情感、思考与行动体验营销等层面。关联体验策略超越私人感情、人格、个性，加上“个人体验”，而且与个人对理想自我、他人或是文化产生关联。如联想集团的品牌“联想”，借助双关语，契合了其“人类失去联想，世界将会怎样”的宣传。关联活动方案的追求是为自我改进，让人和一个较广泛的社会系统产生关联，从而见证个人对某种品牌的偏好，同时让使用该品牌的人们进而形成一个群体。关联体验策略不是简单的品牌多样化战略，而是通过品牌多样化创造一种生活形态、一种生活态度，让拥有这种生活形态和生活态度的人自发地形成一个群体，他们拥有相似的社会地位和经历，甚至相似的信仰。

3. 情感体验策略

实行关系营销的企业通过不断地与顾客交流和直接掌握顾客数据来检测顾客满意度。人类是富有情感的生物，在内心深处有与周围的人和世界联系的需求，因此情感的存在于我们的内心深处的需求与日常行动的缺口上架设了一座桥梁，为我们的生活带来了深度和意义。情感体验不是五种感觉器官的单独活动，而是复合了复杂感官信息的东西和记忆，在情感中的大脑发挥着记忆和学习、比较和判断等作用。如劲牌公司塑造的"劲酒虽好，可不要贪杯啊"的感人广告，力波啤酒捐助希望工程的促销活动，各银行大堂提供的免费糖果情感体验，都是情感体验策略的有效运用。企业运用情感体验策略，根据消费者情感需求的特点和变化趋势，策划充满浓浓人情味的体验营销氛围与活动，激发消费者产生积极的情感，推动产品、服务的销售。情感营销事实上是关系营销的体验经济的表述形式，致力于极大提升客户对企业的满意度和忠诚度，情感营销的广泛运用，意味着消费者与企业之间的关系不再仅仅是一种简单的买和卖的关系，而逐步演变为一种长期的新型伙伴关系。

4. 内部体验策略

关系营销非常重要的一点就是让非营销人员明白营销，让所有员工都为营销服务，企业内部涉及营销的人越多，对积极关系营销网络的构建越有利。因此内部体验策略是关系营销中很重要的组成部分。员工是企业组织核心的基本单元，每位员工要从学习、生活、技术或业务培训、职业生涯设计等方面来体验生命的过程，使自身的利益与企业的发展紧密结合，充分发挥自身的积极性和创造性。当你走进玫琳凯公司在美国达拉斯的总部大厅时，迎面而来的不是油画、雕塑或产品，而是一幅幅比真人还大的首席美容顾问的写真照，令人真切地感受到玫琳凯是一家以人为本的公司。通过内部体验营销策略，玫琳凯让员工充分理解和接受企业的价值理念、管理方式及发展策略，以鼓舞员工士气，协调内部关系，从而为顾客创造更大价值。

5. 主题体验策略

主题是指那些能够表达出企业或是品牌内涵和意义的信息。主题是一个企业或是品牌的精神支柱、参考点和顾客记忆的感官线索。它通常以企业或品牌名称、视觉象征物、宣传口号、富有韵律或配有音乐的广告语、总体理念，或上述这些主题要素的混合体形式表现出来，从而唤起观众的印象。如耐克公司用于展销运动鞋的芝加哥耐克城，处处显示了运动的主题。日本资生堂公司的4S专卖店，则处处以女性的美为主题。主题体验策略通常都会围绕一个事件的发生大做文章，比如一个历史故事、一个历史人物、一个节事的发生、一位名人的造访等，一方面使营销具有一定的社会效应，另一方面产生与顾客的关联，引起消费者的注意，引导消费，刺激信任和重要性，取得企业和顾客的双赢。

小结案例：灿坤集团遭遇“滑铁卢”

灿坤跨国集团成立于1978年，作为台湾最大的3C零售连锁企业以及世界上最大的小家电生产基地，其产品畅销世界100多个国家和地区。灿坤集团拥有遍布全球的国际化研发和治理团队，其股票先后在大陆、台湾、美国三地上市。然而就是这样一家大名鼎鼎的跨国公司，2004年以来却在中国大陆遭遇了该公司发展历史上前所未有的“滑铁卢”之败。

2003年6月，灿坤集团在厦门、上海、漳州的5家3C零售连锁店同日开张，宣布灿坤正式进军大陆3C（3C是computer电脑产品、communication通讯产品和consumer传统家电产品的简称）流通领域，并雄心勃勃地计划在此后6年时间里在大陆开设1 000家3C连锁店，实现1 000亿新台币的营业收入。2003年下半年，灿坤在华南和华东地区以每月4家的速度开设新的连锁店，2003年底在中国大陆的连锁店数量达到了51家。但是，从2004年9月开始，灿坤3C

店关店的速度超过了开店速度。2005 年 7 月，灿坤公布将其在内地的所有门店的固定资产、存货，以 1.438 亿元人民币的价格整体转让给了永乐家电，这标志着灿坤在大陆的 3C 零售业务的最终失败。

对于灿坤失败的原因，灿坤的治理层认为是连锁店在大陆的过快扩张引起了“水土不服”，业界人士则将其归结于灿坤不了解大陆市场、扩张速度过快、店面选址多有不当，以及在运营和销售方面“水土不服”。而从关系营销的视角看，灿坤 3C 零售业务在大陆失败的原因主要有以下几点。

关系驱动要素应用水平低

在关系营销理论中，买卖双方的关系被分为三个层次：经济层次的关系、社会层次的关系和结构层次的关系。经济层次的关系是最不稳固的一种关系，顾客之所以会进入这种关系完全是出自经济利益上的考虑，无法给关系营销的企业带来任何竞争优势，同企业处在经济层次关系上的顾客很轻易在企业竞争对手的促销攻势下流失。灿坤给会员承诺的最大利益便是“省钱”，通过这一口号，灿坤从一开始就把会员的注重力锁定在了对价格的关注上，而众所周知，金钱关系最容易伤害人与人之间的信任和情感，这无疑是阻碍了灿坤与顾客发展更深层次的关系。这使得灿坤虽然投入了大量资金建立与顾客的关系，却没有从这种关系中获得应有的回报。会员数量一度超过了 40 万人，灿坤却将其与价格比拼这样的交易营销手段结合起来，这使得灿坤最终失去与顾客的信任和情感。

关系维系力度低

关系营销的成败在很大程度上取决于能否建立、维护与利用好顾客数据库。在灿坤推行的会员制营销模式下，灿坤的绝大部分销售是通过持卡消费的会员实现的，这种销售方式使灿坤可以搜集到大量会员顾客消费行为的数据，但灿坤对这些数据的利用却仅仅局限在安排进货方面，从来没有利用这些数据开展有针对性的深度销售和交叉销售，白白放弃了扩大销售和提高利润率的大好机会。

对品牌治理不够重视

在大陆拓展 3C 零售业务时，灿坤巨大的品牌价值没有得到很好的利用，其面临两大品牌治理问题：一是全球品牌问题，二是品牌延伸问题。前者是指将台湾 3C 零售的第一品牌灿坤介绍到大陆，后者是指将大陆消费者熟悉的小家电品牌灿坤延伸到零售服务领域。灿坤在主观上希望能采取全球品牌战略，将其在台湾的 3C 零售模式复制到大陆乃至整个世界，但是，由于大陆和台湾的交流还非常有限，广大的大陆消费者对灿坤在台湾的 3C 零售连锁业务并不了解，所以大陆消费者更轻易把灿坤 3C 连锁零售店同自己熟悉的灿坤小家电联系起来，这使品牌延伸成了灿坤无法回避的客观事实。实际上，灿坤在大陆是一个比较有威望的品牌，灿坤的小家电产品在大陆有着庞大的用户群，这为灿坤实施品牌延伸战略提供了条件。但是，因为小家电产品与零售服务间的相关性较低，而灿坤品牌的价值主要表现在产品的感受质量而不是社会心理含义上，这又给灿坤的品牌延伸带来了一定困难。

忽视内部体验营销

灿坤在大力扩张门店的时候，忽视了内部营销的重要性，员工培训的严重滞后致使顾客服务质量一直无法提高，影响了关系营销的顺利开展。与交易营销不同，在关系营销中，优质的服务比低廉的价格更为重要，提高服务质量可以增进顾客的满足度，进而增进顾客的忠诚度，最终提高企业的利润水平，所以顾客服务也是关系营销能否成功的一个关键。灿坤 3C 经营的品种大部分属于消费者眼中的高科技产品，顾客在购买决策、安装调试、使用维护以及废弃处置阶段都希望得到专业人士的优质服务。在灿坤开设门市的地区，企业对人才的争夺十分激烈，灿坤很难迅速招募到所需要的3C领域的合格技术和服务人才。在灿坤招募到的新员工中，有许多人对3C产品并不是非常了解，在这种情况下，灿坤不对新员工进行必要的岗前培训就让他们仓促上岗，使得大量员工没有向顾客提供满足服务的热情和能力。因此，在灿坤3C零售业务经营的过程中，顾客对服务质量的投诉从没间断过，这对灿坤关系营销的成功是一个致命的问题。

反思灿坤的教训能加深我们对关系营销的理解，也能对我国流通行业的企业更好地开展关系营销有所启发，使这些企业少走弯路，提高关系营销的成功率。

（资料来源：改编自 http://www.study365.cn/Article/scyx/200904/9bd804b58e0b8c56.html）

本章小结

关系营销是把营销活动看成一个企业与消费者、供应商、分销商、竞争者、政府机构及其他公众发生互动作用的过程，其核心是建立和发展与这些公众的良好关系，通过互利交换及共同履行诺言，使有关各方实现各自目的，从而谋求共同发展。

关系营销成功的关键要素包括关系营销主体与利益相关者、关系驱动要素、关系维系要素和关系体验。

关系营销的体验策略包括品牌体验策略、关联体验策略、情感体验策略、内部体验策略和主题体验策略等。

第八章　直复营销中的体验

案例故事:想知道自己做的有多好

一个替人割草打工的男孩给陈太太打电话:

"您需不需要割草工?"

"不需要了,我已经有了割草工。"

"割完草,我还会帮您拔掉花丛中的杂草。"

"我的割草工也是这样做的。"

"我还会帮您把草与走道的四周割齐。"

"我请的那人也已做了,谢谢你,我不需要新的割草工。"

男孩便挂了电话,男孩的室友问他:"你不是正在陈太太家打工吗? 为什么还要打这个电话?"

男孩说:"我只是想知道自己做的有多好!"

第一节　直复营销的关键要素

直复营销是一种互动的营销系统,运用一种或多种广告媒介在任意地点产生可衡量的反应或交易。它是以盈利为目标,通过个性化的沟通媒介向目标市场成员发布发盘信息,以寻求对方直接回应的社会和管理过程。直复营销强调买卖双方之间直接、双向的沟通,它与传统营销的不同之处在于:以媒体为销售场所、为消费者定制个人化的服务、沟通效果可以准确评估、注重信息的互联性等。

直复营销的指导思想是一种新型的市场营销观念。其指导思想是坚持以消费者需要为导向，强调以比竞争者更有效的方式传递目标市场所期待的产品与服务。直复营销活动是互动性的，营销者和顾客之间可以进行双向的沟通，营销者通过某些或特定的媒介向目标顾客或准顾客传递产品或者服务信息，顾客通过邮件、电话、在线等方式对企业的发盘进行回应。直复营销的效果更易于衡量，目标市场成员对直复营销活动项目的回应与否，都与每一个目录邮件、每次直接反应电视广告、每次广播或每个直邮直接相关，效果是立竿见影的。直复营销活动可以发生在任何地点，只要是直复营销者所选择的沟通媒介可以到达的地方都可以展开直复营销。

学术界一般认为直复营销有五个关键要素：交易条件、媒介、时机顺序、创意、提供的服务。

1. 交易条件

交易条件是指营销人员向目标顾客提供的与产品有关的一系列有形和无形的东西，包括产品和服务本身、产品的价格、价格的调整，以及产品的定位策略中的一些要素。

2. 媒介

直复营销中的媒介包括营销者传递产品或服务信息的媒介和消费者回应的媒介。营销者传递产品或服务信息的媒介主要包括电视、产品目录、邮件、印刷媒介、广播、电话和互联网等；消费者回应的媒介包括邮件、电话和互联网，等等。

3. 时机顺序

在直复营销活动中，选择什么样的时机，以什么方式将信息传达给目标顾客是一个十分重要的问题。进行这方面决策时，与传统的广告一样，必须考虑该信息仅仅是即时性的信息，还是与公司的长远利益密切相关的重大决策；是想以断断续续的方式将消息传递给消费者，还是以连续的方式传达。同时还要考虑季节性的影响因素以及信息的到达率为何值时才有效果。

4. 创意

创意是指制作直复营销广告的创造性的思维活动，也就是如何将所要传达的信息，与选择出的媒体以什么表现方式结合起来，以便更好地刺激接受者产生直接反应。直复营销的创意还涉及到许多方面，不仅包括广告文稿的创作、图案的设计，而且还包括电话营销中的话语、语调，目录营销中目录的设置，甚至还包括产品本身的造型设计。

在直复营销活动中，建立一个正确的顾客名单，对于整个活动的成败起着最重要的作用。居于其后的是时机（顺序）和交易条件，而选择有效的媒体和成功的创意之重要性则相对显得弱些。为什么各个要素的重要程度不一样呢？原因很简单：如果信息没有传达给正确的目标顾客，那么其他一切都是枉然！如果提供的交易条件并不是目标顾客所需要的，或者信息传递到消费者那里的时机不适宜，那么交易者对直复营销活动产生直接反应的可能性也就大大降低了。

5. 提供的服务

服务是直复营销最后的一个决策变量，直复营销的关键就是将产品变成一种服务。过去很长时间内，直复营销人员对其重要性认识不足。直到近年，它才越来越受到人们的重视。直复营销服务包括免费电话、免费查询、接受客户的信用卡、物流配送，等等，提供这些服务可以大大降低顾客对直复营销的反抗程度。

就提供的服务来说，对顾客而言重要的是服务水平的高低。例如，能否及时、准确地订货、送货；能否热情地接待顾客的咨询和抱怨，有无退货制度等。有调查表明，顾客满意程度不仅取决于产品的质量，而且还取决于顾客享受到的相关服务。服务的水平越高，顾客就越注意，满意程度的高低还能决定顾客是否再次购买。良好的服务应当既包括防止问题发生，也包括问题的解决。许多市场营销专家认为，为顾客提供服务所需的费用不仅不会使利润减少，相反会增加盈利，因为良好的服务会使顾客建立对企业品牌的忠诚，这对于维持与顾客的良好关系是十分重要的。

第二节　直复营销的体验策略

1. 产品体验策略

产品和服务本身是直复营销的交易条件，发挥交易条件的体验作用，即赋予产品生命，让产品活起来的活动。在市场营销学中，我们了解了产品的整体概念，现代市场营销理论认为，产品整体概念包含核心产品、有形产品、附加产品和心理产品四个层次，那么我们应从这四个层次来挖掘直复营销的体验含义。注重产品质量，同时增加产品的灵性，强化产品的特征，提高产品品质的认知度和品牌知名度、美誉度；同时在免费交付、负责安装、信贷、承诺等，尤其是交付、安装、维修护理等售后服务和咨询、引导、介绍、停车、预定等售前服务方面加以定制化、差异化、安全化、诚信化，等等，提高顾客的满意程度，优化顾客的体验感受。

2. 感官体验策略

直复营销是一种无店铺的媒体营销，因此应从顾客的感官入手，打造独具感官体验的直复营销媒体。直复营销带给顾客的体验是高可信任度，通过影响顾客的情绪，引起消费者的注意等。人原本是从五觉——视觉、听觉、触觉、味觉与嗅觉来构建对世界的感知的，感官体验营销的诉求目标是创造知觉体验的感觉，它是通过视觉、听觉、触觉、味觉与嗅觉建立感官上的体验，以此来引发顾客的美感或兴奋点。而感官体验的基本要素源于五种感官。电话营销的音量、音调和韵律，邮件营销和目录营销中的色彩、风格和主题，网络和电视营销中的色彩、音乐、风格、主题以及整体形象，甚至面对面服务过程中服务人员的服装、语气、口音等都是值得我们注意的。

3. 服务体验策略

直复营销是以媒体为销售场所的营销，相对于媒体无形性，服务对顾客来说显得更容易感受到企业和产品的品质，更有利于建立顾客数据库，精确的顾客细分，从而建立顾客忠诚度。尤其是在顾客通过电视和互联网购买产品之后，经常遇到“卖后不管”的现象。建立服务网点是头等大事，其次要及时对购买的顾客回访进行信息反馈工作，进一步了解顾客需求，让顾客感受重要性和被尊重。服务是体验营销的 T 形台，是体验产品的载体，只有服务到位，让顾客感到贴心、放心，才能让顾客真正领会“体验”的奥妙，体验营销实质上是服务营销的最高层次。

4. 沟通体验策略

一个成功的直复营销计划往往整合了电话、传真、电子邮件、网络、信件、面对面等多种服务沟通渠道，沟通是人与人之间、人与群体之间思想与感情的传递和反馈的过程，以求思想达成一致和感情的通畅。在直复营销计划中，企业选择的沟通渠道、沟通频率和传递的沟通内容都会对顾客的满意度产生至关重要的影响，因而要以合理的频率与顾客之间建立关怀和沟通，有效促进客户和顾客忠诚之间的情感联系及信任的建立。另外，建立顾客之间的沟通渠道，利用最原始的营销方式——口碑传播，不需花费一分成本，却能带来如同滚雪球般的收益。

小结案例：商业信函在直复营销中的运用

直邮广告成为商业信函的主体，经过了缓慢的发展过程。直到今天，人们才真正认识到，商业信函成为邮政不被其他通讯手段颠覆的盾牌，是邮政函件业务增长的基础。商业信函从仅具有告知功能的直邮广告演变成为具有账单、调查、广告等多种不同功能的沟通介质。当我们为商业信函所带来的巨大利好而欣喜的时候，却不能不思考：客户会从商业信函中得到应有的利益吗？他们会厌倦这种单调无奇的直邮方式吗？商业信函的市场会被挖掘殆尽吗？直复营销给出了明确的答案。

商业信函的优劣势

邮政商函广告公司提供直复营销服务的优劣势很明显。优势有三点：一是媒体优势，邮政拥有商业信函、邮送广告、邮资广告明信片、企业邮资封等多种直复营销媒体，具有其他广告公司所没有的独特优势；二是邮政品牌优势，在推行直复营销方面品牌优势尤为突出；三是邮政网络传递优势，充分发挥邮政的优势，对邮政媒体进行整合，可较好地形成直复营销的产品链和供应链。劣势主要为：邮政商函广告公司的策划、设计、文案人才严重不足，不能很好地适应直复营销个性化的需求，目前大力引进急需的各类人才是当务之急。

商函广告将不再是邮政专营业务，众多的广告公司将逐步看好商函广告，和邮政分享这块蛋糕。邮政体制改革后，邮务类业务的经营重点将侧重抓商业信函的发展及名址库建设。

推行直复营销的关键是直复营销理念的推广和直复营销相关媒体提供的服务。具体推广直复营销的措施如下。

1. 沟通体验策略

加强与客户的沟通、对话。直复营销中心是面向客户宣传直复营销理念的窗口，一是介绍直复营销的理念、流程、案例；二是展示直复营销媒体及其应用；三是为客户提供直复营销咨询。建立多种渠道和客户进行对话，除直复营销中心提供咨询服务外，应在 11185 等热线和邮政商函专业网站提供直复营销语音和网页介绍，有条件的可在 11185 热线提供人工应答，在邮政商函专业网站建立论坛和客户进行讨论或双向交流。除建立固定的宣传窗口外，还可以通过举办巡回展览和咨询活动的方式进行宣传。

2. 个性化服务策略

帮助客户设计、制作商函广告：一是帮助商函广告客户建立其客户档案，如通过会员制、VIP 客户制、购物积分制等建立详细的客户资料库；二是充分利用邮政现有的名址库资源，如高考学生名址库、报刊名址库、高收入者名址库等；三是通过购买工商管理局或技术监督局的企业信息建立企事业单位负责人名址库，购买车管所私家车主信息建立高收入者名址库等。为客户建立个性化名址库，要采用项目带动的形式，根据市场需求，进行项目策划和项目管理。在具体设计制作商函广告时，要站在客户的立场，认真倾听客户对投放广告的具体想法，了解广告需求的重点，使策划、文案、图解充分贴切地表达客户愿望，设计的商函广告应简明、色彩明快、表达清晰，给人留下深刻印象。

3. 注重服务质量

为确保商函广告的投递质量，应对全部投递名址进行调查摸底，明确哪些名址应插箱投递，并明确这些信箱是否是常用信箱。部分小区信报是投放在传达室摆放的格子间里，应争取物业管理人员的配合，防止他们随意丢弃商函广告。帮助客户进行信息反馈，信息反馈的方法多种多样，可以将邮资广告明信片作为信息反馈的载体，同时充分考虑如何对直复营销效果进行测评，并具有较好的可测定性，进一步提高商函广告媒体对客户的吸引力。

4. 培训客户，不断总结推广直复营销经验

在一定数量的客户接受直复营销理念后，可进一步扩大影响，举办有更多客户参加的直复营销讲座或培训班，也可请老客户现身说法。不断加强直复营销理论研究和发展战略研究，不断加大直复营销推广的深度和广度。条件成熟时，可采取举办直复营销论坛或在公共媒体（包括报刊、杂志、网络、广播电台等），广泛宣传直复营销理念和直复营销成功案例，扩大影响，让更多客户和商家了解和关注直复营销。

（资料来源：改编自曹玉芹. 直复营销的优劣势和推广策略. 中国邮政报，2009－06－16）

本章小结

直复营销是一种互动的营销系统，运用一种或多种广告媒介在任意地点产生可衡量的反应或交易。一般认为直复营销有五个关键要素：交易条件、媒介、时机顺序、创意、提供的服务。

交易条件是指营销人员向目标顾客提供的与产品有关的一系列有形和无形的东西；媒介包括营销者传递产品或服务信息的媒介和消费者回应的媒介，在直复营销活动中，选择什么样的时机，以什么方式将信息传达给目标顾客是一个十分重要的问题；创意是指制作直复营销广告的创造性的思维活动，也就是如何将所要传达的信息，与选择出的媒体以什么表现方式结合起来，以便更好地刺激接受者产生直接反应；服务是直复营销的最后的一个决策变量，直复营销的关键就是将产品变成一种服务。

直复营销的体验策略包括产品体验策略、感官体验策略、服务体验策略和沟通体验策略。

产品和服务本身是直复营销的交易条件，发挥交易条件的体验作用，即赋予产品生命，让产品“活”起来的活动。

直复营销是一种无店铺的媒体营销，因此应从顾客的感官入手，打造独具感官体验的直复营销媒体。

直复营销是以媒体为销售场所的营销，相对于媒体无形性，服务对顾客来说显得更容易感受到企业和产品的品质，更有利于建立顾客数据库，精确的顾客细分，从而建立顾客忠诚度。

一个成功的直复营销计划往往整合了多种服务沟通渠道，企业选择的沟通渠道、沟通频率和传递的沟通内容都会对顾客的满意度产生至关重要的影响。

第九章　生态营销中的体验

案例故事:500 尾小金鱼

商人到小镇去推销鱼缸,尽管鱼缸工艺精细,造型精巧,但问津者寥寥。于是,商人在花鸟市场找了一个卖金鱼的老头,以很低的价格向他订了 500 尾小鱼。老头儿很高兴——他在小镇卖金鱼多年,生意一直惨淡,商人让担着金鱼的老头儿和他一起来到穿镇而过的水渠上游,"把这 500 尾小金鱼全都投进去,你只管放,买鱼的钱我一分不少给你。"

刚过半天,一条消息传遍小镇,水渠里,不可思议地有了一尾尾漂亮活泼的小金鱼!镇上的人们争先恐后涌到水渠边,许多人跳到渠里,小心翼翼地寻找和捕捉小金鱼。捕到小金鱼的人,立刻兴高采烈地去买鱼缸,那些还没有捕到小金鱼的人,也纷纷涌上街头抢购鱼缸。大家都兴奋地想:"既然渠里有了金鱼,虽然自己今天没有捕到,但总有一天会捕到的,那么买鱼缸早晚能派上用场。"卖鱼缸的商人把售价抬了又抬,但他的几千个鱼缸很快就被人们抢购一空。

第一节　生态营销的关键要素

生态营销是一种社会的进步,既是在可持续发展的战略思想指导下的一种市场营销观念的新发展,又是企业为应对全球环境恶化而发展起来的一种营销重点和技术操作,其焦点是如何使市场能更加顾及环境保护以及社会经济发展的可持续性。一般来说，生态营销是指企业通过市场交换以满足人们的生态消费需求，履行环保的责任和义务，实现自身盈利的一系列活动。生态营销的前提是经营者(包括营销者)和消费者都具有内在的采取环境友好行为的道德动机。关心生态的消费使用者受过良好的教育并受政府和营销组织的激励，他们也知道其行为的长期影响，并且主张承担消费使用中的环境或社会责任。生态营销要求企业树立可持续发展观念、社会责任观念等。生态营销的关键要素包括以下几个方面。

1. 生态消费者

消费者的需求是企业营销活动的起点。在生态营销中，消费者的绿色消费是生态营销的起点，生态产品和服务的消费需求是生态营销的原动力，而愿意为绿色消费、生态产品和服务付费的消费者是生态营销的对象。生态消费者关心生态环境，具有绿色意识，并已经或可能将绿色意识转化为绿色消费行为。

研究发现，生态消费者有亲环境的意识，追求生活质量，倾向于具有较高的社会责任感。我们可以把消费者在“认为自己能在多大程度上有效减少污染”这个问题上的态度，作为识别生态消费者的一个标准。生态消费者相信自己的行动能有效减少污染，相信其他人也会做出同样的行为。换句话说，消费者越相信自身的力量，对别人做出相似行为的认定程度越高，或越相信自己的生态消费行为可以带动别人的生态消费行为，就越会购买、使用更多的生态营销产品。

2. 生态营销观念

生态营销观念是生态营销的指导思想，是生态营销战略制定到具体实施过程中都应当始终贯彻的生态理念。生态营销观念要求企业在营销中，以可持续发展为目标，注重经济与生态的协同发展，注重可再生资源的开发利用，减少资源浪费，防止环境污染。生态环境的保护，是在传统的社会营销观念——强调消费者利益、企业利益和社会利益这三者有机结合的基础上，进一步强调生态环境利益，将生态环境利益的保证看作是前三者利益持久地得以保证的关键所在。社会作为一个有机整体，也是一个生态系统，也需要和谐健康的发展，社会生态就是在这样的环境生态的研究中被推向前台，生态研究开始把自然生态和社会生态有机结合起来。因此，生态营销观念也强调消费者利益、企业利益、社会利益和生态环境保护这四者能够有机统一。

生态营销观念，包括注重自然环境保护的自然生态营销观(又称绿色营销观)，以及注重社会环境自身以及与自然环境之间和谐发展的社会生态营销观。自 20 世纪 70 年代开始，国外的企业和营销理论研究者就开始反思其传统的营销活动，并意识到企业经营应负有一定的社会责任，由此出现了“生态营销观”，也称为“社会营销观”或“道德营销观”的新营销学说。

生态营销观念要求企业家要有全局、长远的发展意识。企业在制定企业发展规划和进行生产、营销的决策和管理时，必须时刻注意生态意识的渗透，从“末端治理”这种被动的、高代价的对付环境问题的途径转向积极的、主动的、精细的环境治理。在可持续发展目标下，调整自身行为，从单纯追求短期最优化目标转向追求长期持续最优化目标，将可持续性目标作为企业的基本目标。

企业在进行营销管理时，不但要考虑消费者的需要和实现公司的目标，更要考虑社会发展的长期利益。企业的广告、价格策略、分销活动、售后服务等都要兼顾社会利益。如果做不到这一点，就可能受到整个社会的谴责，甚至有被社会所抛弃的可能。因为消费者有时是无知的，营销不应该仅仅利用人的弱点，如企业说服消费者抽一个品牌的香烟，或使用某一品牌的香皂或看某部刺激的电视片，这可能都对社会的生态取向不利。

企业的营销活动大多鼓励消费者大量消费，而大量消费只能造成社会资源越来越枯竭。化妆品或洗涤用品的使用，继续对江河生物或环境造成破坏，需要购进先进设备降低排放物的化学成分，快餐业要考虑其产品对人体的不利方面，娱乐业要提供好的精神产品。科特勒曾经指出，以环境资源之有限而论，使消费者的选择和满意度实现最大化的目标是不合时代潮流的。为此，科特勒认为，“旨在产生最大顾客满意的顾客导向与长期消费者福利两者都实现是公司实现组织目标的关键”。生态营销观念包含着对市场营销自然生态与社会福利的双重思考，而这些思想已经变成很多国外企业的基本经营哲学。

3. 生态营销管制

生态营销日益被政府和社会各界所拥护和支持，“和谐社会”、“两型社会”、“低碳社会”等这类与生态社会相关的新名词的呼声在社会各界的呼声越来越高。这是因为一方面政府通过制定生态政策、生态立法、生态标准对企业的营销活动施加影响进行调控；另一方面通过加大宣传力度、生态产品采购和使用等方式引导消费者的生态消费。

为了更好地推行生态消费，培育生态需求，一些国家特别是发达国家已经制定和颁布了相关法规，来规范和推行生态需求，实现生态消费。乌拉圭国会的《贸易壁垒协议》中规定：“不得阻碍任何国家采取措施来保护人类、动物或植物的生命健康、保护环境。”这实际上就为国际间进出口的“产品绿化”提供了法制基础。

企业在对外推行生态营销观念的过程中，也要将生态营销观念融入企业的生产经营管理活动中。目前，国际比较通行的做法是“5R”原则：研究(Research)，就是把环保纳入企业的管理决策中来，重视对于环保的研究及相关的环境对策；减消(Reduce)，通过采用新技术、新工艺、新材料，减少或消除有害废弃物的排放；再开发(Rediscover)，积极进行科研活动，变普通产品为生态产品，积极创造绿色品牌；循环(Recycle)，对废旧产品进行回收处理，循环利用；保护(Reserver)，积极参与环境整治活动，培养员工环保意识，树立企业绿色、生态的形象。

企业通过生态管理原则，建立生态发展战略，实施生态经营管理策略，制定生态营销方案，才能加快企业生态企业文化的形成，推动企业生态技术，绿色生产，生产出满足公众生态需求的产品，实现社会和企业经济的可持续发展。

4. 生态营销合作伙伴

合作伙伴是能够通过合资合作或其他方式，给企业带来资金、先进技术、管理经验，提升企业技术进步的核心竞争力和拓展国内外市场的能力，推动企业技术进步和产业升级的国内外先进组织。生态营销只靠企业自身的努力，不但加大成本耗费，而且使得营销效果适得其反。企业应加强与对环境具有重要影响的组织的合作伙伴关系，如供应商、绿色环保组织、环境公司等的合作，这对营销的输入端和输出端生态化、绿色化具有决定性意义。

合作伙伴关系是一种基于高度信任，伙伴成员间共享竞争优势和利益的长期性、战略性的协同发展关系，它能对外界产生独立和重大的影响，并为合作各方带来深远的意义。

随着经济全球化的加快，21 世纪的市场竞争已不再是企业与企业之间的竞争，而是利益群与利益群之间以及价值链与价值链之间的竞争。竞争优势已不能在单个企业产生，而只能通过各伙伴联合做出贡献才能创造。战略合作伙伴关系正是顺应经济全球化的发展趋势，打破了合作的地域界限、行业界限，不再区分国内与国外。其应变能力、抗风险能力已提升至国际水平。其结果是，战略合作关系产生出的竞争能力，比单独运营的企业所能达到的努力更强大。积极参与战略合作，在今天就是参与竞争。

资源是有限的，又是分散的。有限的、分散的资源必须进行有效整合与充分利用，其产生的效益才会大于各自单独使用时所获得的效益总和。建立战略合作伙伴关系，最重要的价值标准是，各伙伴方具有自己的优势资源并能够做出贡献，即伙伴间将各自特有的资源带入合作关系，与其他伙伴的资源组合起来，便会产生一种协同效应，使组合起来的资源比组合之前更有价值、更加稀有和更难以仿效。

第二节　生态营销的体验策略

1. 生态主题体验策略

主题是指那些能够表达出企业或是品牌内涵和意义的信息。主题是一个企业或是品牌的精神支柱、参考点和顾客记忆的感官线索。它通常以企业或品牌名称、视觉象征物、宣传口号、富有韵律或配有音乐的广告语、总体理念，或上述这些主题要素的混合体形式表现出来，从而唤起观众的印象。生态主题体验策略通常都会围绕绿色、生态、环保、低碳等大做文章，使这些新名词贯穿于企业营销活动的始终，并深入企业产品和服务之中，其主旨是通过对生态这个主题词面向消费者反复的灌输，给消费者留下难忘的回忆，这就是主题体验营销策略的魅力所在。

2. 生态文化体验策略

文化包括一个群体所生产的产品和服务以及它所重视的抽象的价值观，是一个组织或社会成员共有的意义、仪式、规范及传统的累积。生态文化是新的文化，是人与自然和谐的文化，这是人的价值观念根本的转变，这种转变解决了人类中心主义价值取向过渡到人与自然和谐发展的价值取向。生态文化体验超越了个人体验范畴，让个体与更广阔的生态文化、人类文化背景联系起来。文化体验是与价值观紧密相连的。每种文化都有一套传达给成员的价值观。生态文化作为当今社会意识形态、价值信念、伦理道德的重要组成部分，在塑造消费者良好生态体验的过程中，扮演着举足轻重的角色。它首先通过使人们回归自然、回归人性来满足人们最原始质朴的情感需求；其次，文化作为一种习得行为，给予生产者通过生态文化生产系统创造新概念，并把品牌与其象征意义相联系的空间，从而为消费者创造独特的生态价值意义和体验。

3. 生态情境体验策略

情境就是企业为顾客创建的"表演舞台"，是体验产生的外部环境。它既可以被设计成现实的场景（这就需要借助一系列的硬件），也可以被设计成虚拟的世界（需要一系列的画面、声音等），比如一些网站经营者设计的虚拟社区。在情境的设计过程中，可以借鉴戏曲理论、心理学、社会学等方面的知识。生态情境体验营销策略主要围绕"环保"、"低碳"、"绿色"这样的主题，为体验的实施提供必要的硬件支持，或是氛围的创造，有利于体验营销的顺利实施。

小结案例：公益环保·沃尔玛步行稳健

2009 年上半年，沃尔玛通过对顾客和市场调查的数据了解到，顾客在消费时更理性、务实并更加关注价格，尤其是对民生商品。对此沃尔玛采取了一系列积极的营销方式，把促销重点放在顾客最关注的每日所需的民生商品上，推出了一系列民生商品的品类、品牌折扣、疯狂低价等，把真正的实惠带给顾客，为顾客带来真正的"省钱，省心，好生活"。

同时，沃尔玛致力于为顾客带来实惠的环保商品，让顾客不需要在环保和价格之间做出取舍。2009 年 4 月，"沃尔玛中国"在全国范围内启动以"绿色商品，省钱直降"为主题的"地球月"活动，积极响应总部在全球范围内发起的活动号召。为配合此次"地球月"活动，沃尔玛与宝洁公司（P&G）及中国绿色基金会（CGF）携手，顾客每购买一个指定的 P&G 大包装产品，其中的 1 毛钱就会捐给中国绿化基金会，用于在北京和甘肃植树造林。

"沃尔玛中国"与供应商一起在各商场开展许多环保商品的推广促销活动，倡导"低价也能环保"的消费观念。2010 年 1 月，为了响应全球对气候变暖的关注,“沃尔玛中国”的商场同时开展题为“关注气候变暖,让地球更健康”的丰富多彩的社区公益活动,并于当月 11 日在北京望京环保旗舰店举行了活动启动仪式。沃尔玛在中国 90 多个城市的 175 家商场开展了同一主题的各种教育性活动,超过 100 个社区参与到活动中来。

除此之外,沃尔玛还在部分城市启动了价格促销策略,主动和顾客沟通,通过查价机制,保证提供给顾客的价格是有竞争力的,并推出“低价保证”方案和“降价”方案,采用彩页、报纸等多种方式积极和顾客沟通。从目前的市场调查数据来看,消费者对沃尔玛低价环保的认可度显著提高,同时带动了相关城市的销售。

沃尔玛的品牌主张始终坚持“为顾客节省开支,以使他们的生活变得更美好”,同时自 2009 年以来更加注重绿色环保、生态平衡与地球健康。这也是公司的愿景和每个公司成员的工作目标。

(资料来源:改编自 http://news.iresearch.cn/0200/20100312/110861.shtml)

本章小结

生态营销是指企业通过市场交换以满足人们的生态消费需求,履行环保的责任和义务,实现自身盈利的一系列活动。它是在可持续发展的战略思想指导下的一种市场营销观念的新发展,其焦点是如何使市场能更加顾及环境保护以及社会经济发展的可持续性。

生态营销的关键要素包括生态消费者、生态营销观念、生态营销管制和生态营销合作伙伴等几个方面。

生态营销的体验策略包括生态主题体验策略、生态文化体验策略和生态情境体验策略。

生态主题体验策略通过对生态这个主题词面向消费者反复的灌输,给消费者留下难忘的回忆;生态文化作为当今社会意识形态、价值信念、伦理道德的重要组成部分，在塑造消费者良好生态体验的过程中，扮演着举足轻重的角色；生态情境体验策略主要围绕“环保”、“低碳”、“绿色”这样的主题，为体验的实施提供必要的硬件支持或氛围的创造，有利于体验营销的顺利实施。

第十章　博弈营销中的体验

案例故事：卖报中的博弈

某地区有两个报童在卖同一份报纸，他们是竞争对手。

第一个报童很勤奋，每天沿街叫卖，嗓门也响亮，可每天卖出的报纸并不多，而且还有减少的趋势。

第二个报童除了沿街叫卖外，他还每天坚持去一些固定场合，去后就给大家分发报纸，过一会再来收钱。随着地方越跑越熟，卖出的报纸也就越来越多。当然损耗也有，但很小。

渐渐地，第二个报童的报纸卖得越来越多，第一个报童能卖出去的就越少了，不得不另谋生路。

第二个报童很巧妙地在卖报博弈中获胜，原因在于：首先，在一个固定地区，一份报纸的读者群是有限的。买了我的，就不会买他的，我先将报纸发出去，这些拿到报纸的人是肯定不会再去买别人的报纸。等于我先占领了市场，我发得越多，他的市场就越小。这对竞争对手的利润和信心都构成打击。其次，报纸这东西不像别的消费品有复杂的决策过程，随机性购买居多，一般也不会因质量问题退货，而且价钱不高，大家也不会赖账。即使当时没零钱，改天也会一并付款。读报的大多是文化人，一般不会为难小孩子。最后，即使有少数人看完报纸又退货不给钱，损失并不大，毕竟报纸每天都会有些积压的，而且他们既已看过报纸，自然是不会再找竞争对手购买了。

第一节　博弈营销的关键要素

博弈营销是指营销主体通过对市场行情、政府部门、竞争对手、合作伙伴以及顾客等的博弈分析，探索适合于企业生存发展并行之有效的营销策略、方针和政策，以使得营销主体洞悉市场格局，有效降低营销主体非理性以及营销环境不确定性的营销方式。

市场决策应该构建在市场博弈分析的基础之上，市场管理的创新也应该根植于博弈思维的土壤里。市场博弈分析作为一种思维和决策方法，对于企业而言，将会像空气和自由对于生命一样不可缺少。

营销博弈有助于发现和加强核心竞争能力，并据以确定和调整经营特色。商场如战场，博弈分析有助于看清市场竞争与合作格局，而营销博弈为营销战场提供了全新概念的武器。博弈观念和方法是企业在激烈的市场竞争中立于不败之地的法宝。博弈思维的全面导入，由于其对营销世界有实在的指导意义，将在营销世界中产生一股强烈的理论旋风，并将对市场营销的理论与实践产生深刻的影响。

从本质上来说，博弈营销就是博弈论和市场营销两种理论的结合，共同作用于企业市场营销活动及管理中。它包括以下几个关键要素。

1. 博弈营销利益主体

市场博弈的利益主体包括生产者、顾客、经销商、供应商、替代者、互补者、同行业竞争者。在当今经济社会，由于人类需求、欲望的不断变化，企业已经无法脱离利益主体而满足消费者的需求。利益主体的营销博弈存在于生产者之间、经销商之间、消费者之间、供应商之间、替代者之间、互补者之间、同行业竞争者之间，更重要的是博弈存在于不同性质的利益主体之间，如生产者与经销商之间。其中企业与顾客之间的博弈是最重要、最基本的博弈。

2. 博弈营销内容

博弈营销内容即博弈营销参与者的行动。博弈营销的目的是要充分认识和了解顾客，并使产品和服务能够适合顾客，并自行销售他自己。企业与顾客之间的博弈主要源自产品、服务信息的不对称，顾客对产品、服务质量和价格信息的不完全知晓，企业对顾客的需求偏好不完全知晓；企业与供应商、分销商之间的博弈主要是控制与反控制的博弈；企业与竞争者之间的博弈是最激烈、最常见的博弈，主要包括产品博弈、价格博弈、促销博弈和公共关系博弈，等等。

3. 信息

信息是博弈营销的重要组成要素，其意义和作用至关重要，整个博弈的分析都是建立在一定量的信息基础上的，掌握信息的多少直接影响决策的准确性，从而关系到整个博弈营销的结局和成败。博弈营销的利益主体应该尽可能多地收集博弈营销信息，从而在决策时掌握主动，甚至左右博弈营销的进程。

4. 附加值

附加值是博弈营销参与者能给博弈带来的价值，是一个营销参与者相对其他参与者的独特优势，是决定博弈营销参与者获得的支付多少的重要因素。企业营销的附加值取决于企业的产品质量、产品价格、服务、品牌、体验，等等。

5. 博弈营销规则

博弈营销规则不仅指博弈营销参与者在给定约束条件下的行动规则，还包括行动的次序。在企业营销过程中，没有一条通用的规则，规则可以来自法律、制度、标准或合同，这是通常说的约束力规则，而博弈营销参与者在这一约束条件下的行动规则就是通常说的营销策略，营销策略通过影响营销参与者看待博弈营销的方式进而影响博弈营销的过程和结果，行动的次序不同也会改变博弈营销的结果，因此策略应注重柔性化原则，伺机而动，这也是博弈的最佳境界。

第二节 博弈营销的体验策略

1. 产品体验策略

提高自身的附加值是博弈营销中最重要的策略之一，附加值不仅表现为企业营销时为顾客提供的实体的赠送，即附加产品，更重要的是顾客购买产品时心理上的价值附加和满足。首先，附加产品是对产品实施体验营销的绝好工具，特别是其中的销售服务最能体现以顾客为中心的思想，企业可以通过为顾客提供定制化的服务，对顾客实施一对一的营销，给顾客留下难忘的整体体验。附加产品包括按时交付、负责安装、信贷、承诺等，其中最重要的是交付、安装、维修护理等售后服务和咨询、引导、介绍、停车、预定等售前服务，以及顾客所要求的其他特别服务。其次是将良好的体验附加到产品中，能对产品起到“画龙点睛”的作用，增加产品的灵性，强化产品的特征，提高产品品质的认知度和品牌知名度、美誉度，使顾客感受到物超所值。最后是在实践中还可以提供定制化产品和服务、直接提供产品 DIY 的场所和原料、产品限量发行，等等，使顾客感到独特。

2. 价格体验策略

在博弈营销过程中，博弈活动频繁的、最具研究意义的当属企业与顾客之间的博弈，而企业与顾客之间的博弈最敏感、最活跃的因子就是价格。在价格体验策略中，消费者在进行购买时表现出来的是等效用交换而非等价值交换，且影响消费者对价格接受的因素与传统营销有很大的区别。价格体验策略包括隐性化价格策略，即在与顾客的博弈中更加突出价值而淡化价格，价格隐性化策略同样适用于企业与供应商和经销商之间的博弈。价格体验策略还包括溢价策略、价格柔性策略、递增式定价策略、理解价值定价策略，等等。价格体验策略的本质就是让顾客更专注于产品的价值。

3. 文化体验策略

文化是重要的博弈营销规则。文化包括一个群体所生产的产品和服务以及它所重视的抽象的价值观，是一个组织或社会成员共有的意义、仪式、规范及传统的累积。文化体验超越了个人体验范畴，让个体与更广阔的社会文化背景联系起来。文化的核心是价值观，因此，文化体验是与价值观紧密相连的。每种文化都有一套传达给成员的价值观，文化作为一个社会意识形态、价值信念、伦理道德、风俗习惯等的总和，在塑造消费者良好体验的过程中，扮演着举足轻重的角色。文化体验营销一方面通过适应规则，利用规则在博弈中取胜，通过使人们回归一些最安全、最持久的信仰来满足人们最原始、质朴的情感需求；另一方面通过增加自身的附加值使博弈结果向着对自身有利的方向发展。文化作为一种习惯行为，给予生产者通过文化生产系统创造新概念，并把品牌与其象征意义相联系的空间结合起来，从而为消费者创造独特的价值意义和体验。

4. 促销体验策略

促销体验是一种满足心理需求的产品的营销活动，它通常是和营造一种氛围、制造一种环境、设计一种场景、完成一个过程、做出一项承诺紧密结合在一起的，而且还要求顾客积极主动地参与。促销体验营销就是体验营销者与顾客之间的博弈。广义的促销体验营销策略包括体验营销广告、体验式销售促进、体验式事件营销、体验式人员推广，等等。促销本身是对体验的一种描述，其所表征的现实可以是“超真实的”。这样，体验促销就以极大的弹性构筑了一个“体验的现实”，这个体验的现实在勾起欲望、潜意识和想象时特别有效，利用消费者的信息对称和信息不对称，提高顾客体验价值。

小结案例：联想的"快乐"博弈

2004年，湖南卫视一档名为"超级女声"(2009年更名为"快乐女声")的栏目掀起了中国草根选秀的热潮。2005年，一群默默无名的小女生在"超级女声"的舞台上一夜走红，"玉米"、"笔迷"、"凉粉"等名词也成为对这些草根明星们粉丝群的特定称呼，粉丝群体展现出的强大力量被人们所认可。他们所带来的，已然不是即兴狂欢或零星喧哗，而是一种引领潮流和文化的力量的崛起。

对于营销人来讲，在粉丝狂热的精神投入中，往往伴随着一系列同样狂热的消费行为，他们代表的是现今的一种消费者潮流——参与化、情感化和圈子化的消费者群体。要想让品牌拥有自己的信仰，让产品拥有广大的粉丝市场，就必须理解品牌所面对的这一消费群体。

"快乐女声"的粉丝群主要是85后、90后的年轻群体，与联想乐Pad的消费群有很大一部分的重合。更为重要的是，平板电脑作为一种新的产品品类，消费群还是一个"蓝海市场"，因此，这部分消费者市场是值得开拓的。这就为联想与"快乐女声"合作提供了契机。"粉丝的力量是我们在这一项目中非常看重的一个点"，联想集团品牌沟通部高级经理门继鹏说。

在与粉丝沟通方面，联想乐Pad作为"爱的容器"，成为连接"快女"和粉丝的桥梁。这就使无论"快女"还是粉丝，都与联想建立起了深厚的感情。"在与'快女'和粉丝沟通的过程中，我们也是投入感情，真正从他们的角度去思考问题的"，项目策划人牛诚感慨道。作为跑在一线的项目执行者，他和丰禾千久团队深入"快乐城堡"，与"快女"们接触，与很多选手都成为了朋友。相应地，良好的关系使"快女们"更愿意主动配合联想项目的实施。

植入的最高境界

在此次联想《2011 快乐女声》的项目团队中，有很多员工对选秀类比赛以及粉丝活动发自内心的喜欢，他们愿意拿出更多精力投入到联想与《2011 快乐女声》的合作项目中去。

团队成员自发的心力、智力与体力的投入，是该项目最终达成目标的充分必要条件。借助强势卫视全国热播节目露出产品和品牌，这样的简单植入不是联想所追求的。在立项之初，门继鹏就给团队立下了标准——“这次的植入，要建立起品牌与消费者的情感纽带”。

每一个品牌都希望建立自己的品牌信仰，好让忠诚的消费者永远对自己的产品感兴趣并只为自己买单。这个世界上，存在于企业之外已有许多大大小小的知名“品牌”：明星、动漫、电影、游戏，它们周围都拥有一批狂热的粉丝。因此，企业不妨借势搭个顺风车，巧妙借势。

不论是亲耕粉丝俱乐部、品牌论坛，还是借势其他知名“品牌”的粉丝，对于广大的粉丝来说，情感的共鸣是最为重要的因素。不计成本，不计报酬，粉丝们高效地在网络上帮助品牌传播宣传，根本原因就在于：他们乐意为自己热爱的人或物效劳。只要企业理解了维系粉丝的纽带，为其量身定制营销策略，回报必定是巨大的。

联想乐 Pad“乐自由我”的品牌精神与“快乐女声”宣扬的精神有一个非常巧妙的结合点。在这一项目中，联想将乐 Pad 植入到“快乐女声”节目的台前幕后，通过为 10 强“快女”配备乐 Pad，将品牌渗透到“快女”在“快乐城堡”中的生活以及比赛现场的各个角落。

乐 Pad 是一个娱乐工具，可以听音乐、看视频、上网、玩微博等，而“快女”们在“快乐城堡”的训练几乎是封闭式的，对乐 Pad 的接触，让她们慢慢将其当成一个离不开的“玩伴”。这就使得“快女”与品牌建立了深厚的感情。

此外，在增强“快女”与粉丝的联系上，联想将“快女”用乐 Pad

拍的自拍照，以及她们在“快乐城堡”内的影像记录等独家资源与粉丝分享，也将粉丝的祝福通过乐 Pad 传达给“快女”，于是乐 Pad 作为“爱的容器”的价值体现，为“快女”和粉丝搭建起了一座沟通的桥梁。无论是在“快乐城堡”内与“快女”们的“亲密接触”，还是比赛现场的产品曝光，都为联想通过网络平台以及其他媒体进行二次传播提供了充足的资源。

正是因为这样的深度植入方式，极大地增进了消费者的品牌好感度，也促进了联想乐 Pad 的销售。据了解，这一项目执行以来，以联想在淘宝的官方网上商城为例，在项目期间，乐 Pad 的购买转化率达到 0.47%，而行业平均水平只有 0.04%～0.06%。

空中支持　扩大影响

网络营销也是这一项目中必不可少的部分。作为当下最火热的社交媒体平台，微博成为必然的选择。

在洞察“快乐女声”的受众特点后，团队成员认识到，只有当下火热的新浪微博是不够的，腾讯微博用户基数大、更年轻、对“快女”的接受度更高，因此也成为联想此次项目的重要平台。此外，项目网络传播负责人孙健发现，百度贴吧对于“快女”的支持量已达 8 000 万之多。“这一数据是非常惊人的”，孙健坦言。在此基础上，联想确定了“两大种类，三大平台”的网络宣传策略。

微博在信息扩散方面具有很大优势，因此承担起了活动告知与产生品牌拉力的责任。在活动启动阶段，联想充分利用内部员工的力量，找出员工中粉丝数在 300 以上的微博，并呼吁大家为活动造势。“这也成为我们在微博的第一轮扩散”，门继鹏的灵光一现，快速为项目打开了局面。

之后，联想在微博建立活动平台，同时配合活动信息的发布、“快女”独家照片等稀缺信息的分享，充分展开了网络的传播攻势，大大提高了联想的品牌影响力。这一点，从联想官方微博粉丝数的增长速度可以看出。以湖南区域的官方微博为例,“乐自由我,我要乐Pad”活动举行15天后,“联想湖南”新浪微博粉丝量从最初的89增加到1.4万,活动平均转发量超过2万。

在百度贴吧的利用上,联想主要通过这一平台诠释“乐自由我”的品牌主张。“在微博上,正向为‘快女’加油是一种乐,通过贴吧‘盖楼’对离开舞台的‘快女’送出关怀,也是一种乐”,孙健如此说。联想将粉丝在百度贴吧的祝福放到乐Pad送给“快女”,“快女”也将自己用过的乐Pad作为礼物回馈粉丝。这就又在“快女”和粉丝之间建立起了一座沟通的桥梁,加强了双方与品牌的情感联系。

区域落地　近距离体验

作为项目区域营销总负责人,回想起从策划到执行的这两个月,马铁风印象最深刻的是7月20日,“那是星期三,我清清楚楚记得”。

那一天,联想“2011快乐女声”项目正式立项。当天下午2点,团队会议结束后,马铁风向孙健传达指令:“放下一切工作,支持这一项目。”说完,马铁风前往为联想服务的公关公司,与相关成员开“头脑风暴”会议。夜里2点,确定方案初步思路。在经过门继鹏和马铁风的肯定后,孙健开始方案的写作。7月22日下班前便交出了方案。24日开会,门继鹏下达了8月5日出周报的指令,这就意味着1周之内要开始前期的网络炒作。“整个项目的决策非常快,留给方案策划的时间也只有1周。”

高效、快速反应,这是团队在整个项目中表现出的明显特质,而这需要机制的支持和保障。在落地执行中一个非常重要的尝试就是,根据“快乐女声”全国重点赛区的分布进行总部和区域联动。这一联动模式与以往的项目执行有很大不同。

据马铁风介绍,联想以前的区域性项目都采取“总部统一策划,区域在此基础上进行二次策划”的方式。而这一次,联想则放手让区域独立自主策划,让各个分区根据当地业务情况以及“快女”影响力展开营销，真正做到具体问题具体分析。

“有的放矢，定点爆破，全国辐射”，这是联想在区域营销中采取的战略措施。“快乐女声”并不是在全国各区域都足够火爆，因此在全国铺开推广的方式对这一项目来说显然不合适。从往年的“快乐女声”以及今年的实际情况看，长沙、成都、广州三大赛区的比赛影响力最大，粉丝辐射度最高，也是产生“快女”最多的赛区。基于以上考虑，联想将这三大区域作为重要突破口，展开了以“体验式”为核心的落地推广和促销活动。从团队本身考虑，选择几个重点区域也有利于调动这些区域团队中成员的积极性，进而达到“定点爆破”的效果。

配合“快乐女声”的进展节奏，从 9 进 8 的比赛开始，联想开始在三大区域轮番制造话题热点，同时开展促销活动。这样的策略带来的实效是非常明显的：首先，品牌关注度不断提升，这些从官方微博粉丝的增长以及线下销售都可以看出；其次，渠道业务得到了推动。“我们在店面做‘快女’的相关活动时，进店的人数会明显增加”，在马铁风看来，正是这些活动有效地促进了产品销售的增长，也使消费者对品牌有了更多接触。据统计，四川分区“快乐女声”活动举办前，联想乐 Pad 每周的销量是 60 台，活动后提升到 80 台；8 月 1 日到 8 月 15 日，联想乐 Pad 的销量是 400 多台；从 9 月 1 日到 15 日，销量达到 500 多台，同比增长 30%。

“在区域推广中，我们是完全当成‘事件营销’来做的”，孙健说：“我们的活动就是纯粹的体验。”以店面促销活动为例，包括“走出去”和“走进来”两种方式。“走出去”可能是区域团队成员拿着乐 Pad 去核心商业区邀请路人为“快女”投票赢取独家签名照等；“走进来”主要是指店员在门店展台为消费者讲解，通过“快女”相关的店面布置，加强与消费者的沟通。据孙健介绍，以往销售人员需要沟通 40 分钟左右，才能卖出一台 Pad，而“快女”项目开展以来，通过给“快女”投票等活动，双方的情感更贴近，沟通更容易，产品销量和消费者对品牌的认知也得到了极大促进。

由于比赛的不可预料性，每一个环节的突发状况都有可能需要改变营销策略，这对团队的应变能力提出了很大要求。联想强大的区域推广能力也是这一项目取得良好成绩的关键因素。

在团队看来，这次区域性的推广有很多值得借鉴推广的经验：首先，这次项目通过几个分区做引爆点，力量容易集中，能够把事情炒火；其次是分区授权，不跟某一项业务或者某一个产品绑定，只是根据当地情况策划，独立运行，但保证全国一盘棋。

（资料来源：改编自 http://finance.stockstar.com/SS2011101100002416.shtml）

本章小结

博弈营销是指营销主体通过对市场行情、政府部门、竞争对手、合作伙伴以及顾客等的博弈分析，探索适合于企业生存发展并行之有效的营销策略、方针和政策，以使得营销主体洞悉市场格局，有效降低营销主体非理性以及营销环境不确定性的营销方式。

从本质来说，博弈营销就是博弈论和市场营销两种理论的结合，共同作用于企业市场营销活动及管理中。它包括博弈营销利益主体、博弈营销内容、信息、附加值和博弈营销规则等几个关键要素。

博弈营销的体验策略包括产品体验策略、价格体验策略、文化体验策略和促销体验策略等。

第十一章　网络营销中的体验

案例故事：新年第一瓶可口可乐，你想与谁分享

2009年春节，可口可乐推出了“新年第一瓶可口可乐，你想与谁分享?”这个新年期间的整合营销概念，鼓励人们跨越过去，冀望未来，以感恩与分享的情愫，营造了2009年新年伊始的温情。

活动充分整合了目前国内年轻人热衷的大部分网络资源：社交型网站、视频网站以及每日都离不开的手机。通过社交型网站、视频等途径，让数以万计的消费者了解“新年第一瓶可口可乐”的特殊含义，并积极参加分享活动，分享自己的故事和自己想说的话。

利用年节时最广为应用的短信拜年方式，可口可乐公司向iCoke会员发出“新年第一瓶可口可乐”新年祝福短信，同时也在iCoke平台上提供国内首次应用的全新手机交互体验，让拥有智能手机的使用者，通过手机增强现实技术的科技，用户收到电子贺卡时，只要将手机的摄像头对准荧幕上的贺卡，就能看见一瓶三维立体的可口可乐于环绕的“新年第一瓶可口可乐，我想与你分享”的动态画面浮现在手机屏幕上，并伴随着活动主题音乐，新技术的大胆运用给年轻消费者与众不同的超前品牌体验。

自活动开始，参与人数随着时间呈几何级数增长。超过500万的用户上传了自己的分享故事及照片；超过300万的SNS用户安装了定制的API参与分享活动；近200万的用户，向自己心目中想分享的朋友发送了新年分享贺卡。同时，论坛、视频网站和博客上，一时间充满了“新年第一瓶可口可乐”的分享故事。除了惊人的数字

外，消费者故事的感人程度与照片视频制作的精致程度，均显示了该活动所创造的影响力及口碑，也证明了可口可乐在消费者情感诉求与网络趋势掌握方面的精准度。

第一节　网络营销的关键要素

网络营销比较严格的定义，就是用互联网络在更大程度上、更大利益上满足顾客需求的过程。它是依托网络工具和网上资源开展的市场营销活动，是将传统的营销原理和互联网络特有的互动能力相结合的营销方式，它既包括在网上针对网络虚拟市场开展的营销活动，也包括在网上开展的服务于传统有形市场的营销活动，还包括在网下以传统手段开展的服务于网络虚拟市场的营销活动。它主要包括以下几个关键要素。

1. 物理用户界面

广义的物理用户界面主要包括三个部分：其一是利用本公司的自有网站开设网上商务；其二是利用第三方网络购物的平台，如淘宝、易趣、阿里巴巴等；其三是搜索引擎，如百度、搜狗、GOOGLE 等。公司自建网站往往带有浓厚的品牌印记，更能让消费者信任和放心。但由于缺少专业性，绝大多数公司的网页点击率都很低，需借助搜索引擎将其进一步推广。第三方网上购物平台是专业的网上购物平台，拥有专业的维护人员，并且提供专业的网上购物服务，包括产品价格、功能、参数等。搜索引擎是网络营销平台的重要组成部分，它利用人们对搜索引擎的依赖和使用习惯，在人们检索信息的时候尽可能将营销信息传递给目标客户。公司自建网站和第三方购物平台都可通过搜索引擎平台发挥更大的作用。

2. 终端用户行为

终端用户行为包括用户信任、参与互动过程和在线用户购买行为。用户信任是网络营销能否成功的决定性因素之一。因为在线的客户更容易转向竞争者那里，用户的在线需求和实际所得之间的差距直接影响购买者的转换率和保持率。就长期效果而言，用户体验是建立稳定可靠的、在线竞争优势的关键组成部分，因为它会对客户关系的有效性产生直接影响，而参与互动过程是在线体验的主体部分，也是营销人员的主体工作部分，包括产品、价格、渠道、时间、物流、媒体等。价格，在任何商业活动中都是一个敏感的因素，而网上购物更是如此，这是因为网络的信息集中可以让消费者比较容易和集中地对各家店铺的同类商品价格进行比较，进而选择低价产品购买。物流服务价格、快捷程度、是否安全等直接影响顾客的购买意愿。

3. 反馈系统

网络营销的虚拟性决定了其反馈系统的重要性。网络营销的反馈系统不仅包括传统的售后服务系统，还包括售后评价系统、物流查询系统、客户信息系统等。售后服务的好坏是影响消费者是否继续购买你的产品的最直接的因素。由于网络购物的地点相隔通常很远，而在产品出现质量问题之后，如何为消费者解决就是卖家必须要考虑的问题；售后评价系统对提高客户回头率和吸引新顾客都有裨益；物流查询系统运用 GPS 定位，让顾客随时知晓购买的产品的位置；客户信息是在网络营销的过程中自动生成的，需要企业不断地维护更新。

4. 在线客户体验

为客户带来有价值的用户体验关乎网络营销的成败。网络营销带给在线客户的体验应该是安全、快捷、方便，也就是灵活的报价、快速的定价及交易能力、安全便捷的在线支付能力。

第二节　网络营销的体验策略

1. 思考体验策略

思考体验策略的本质就是要鼓励消费者创造性地思考某公司及其品牌。鼓励和引导消费者用心思考，使思维更具创意，从而重新认识公司及其产品，这就是思考营销的目标。体验营销者则可以从中捕捉在线用户的体验期望，优先考虑大部分顾客的体验期望，有助于在体验营销设计初期减少选择数量，从而确保该用户体验能够满足目标受众，再加上客户以往的知识和定量数据，便可以设计准确的体验营销模型，提供恰当的用户体验经历。思考体验营销策略有助于完善企业的体验营销模式甚至产品设计和制造，而在网络营销中，能使企业的网络营销渠道更加通畅和完善，它集网络营销的物理用户界面、终端用户行为、反馈系统和在线用户体验于一身，融会贯通，赋予网络效用概念更大的价值。

2. 行动体验策略

行动体验策略的目标是影响身体的有形体验、生活形态与互动，行动体验营销通过增加他们的身体体验，指出做事的替代方法、替代的生活形态与互动，丰富顾客的生活。行动体验营销中，体验营销者首先一定要清楚地了解客户在现实的活动中所表现出来的愿望和行为，通过观察客户日常生活中的行为来确定他们的愿望和任务。此外，网络是一种交互式的体验方式，实现虚拟世界与现实世界的对接，甚至最终回归网络世界，直接提供体验的企业不妨充分利用网络资源，做好品牌的宣传，不但要在网络上提供基本的资讯，如自助游路线、电影的预告片、DIY 的基本资料等，还要鼓励顾客在进行体验消费后的体验回忆，可以考虑设立有奖征文，鼓励顾客把体验过程拍摄下来或记录下来，发布在相关的网站上，并对其进行某种程度上的物质奖励或折扣优惠，让他们的个性化体验得到加深和宣传，既有助于他们自我价值的实现，也有利于企业形象的口碑传播。

3. 关联体验策略

关联体验策略超越私人感情、人格、个性，加上“个人体验”，而且与个人对理想、自我、他人或文化产生关联。关联活动方案的追求是为自我改进。让人和一个较广泛的社会系统产生关联，从而见证个人对某种品牌的偏好，同时让使用该品牌的人们进而形成一个群体。网络营销就是可以提供让买方相互沟通、更加了解产品与服务、品牌与承诺的平台，论坛、QQ 群、部落格、阿里旺旺等都是买卖双方、买方之间沟通的网络平台，使之成为具有使用共同品牌的社会群体，见证顾客共同的品牌偏好，交换体验心得和使用心得。

4. 娱乐体验策略

当今社会娱乐更是无处不在。娱乐体验，就是通过各种感官刺激使消费者产生兴奋、满足和审美享受。娱乐的体验不仅是一种最古老的体验之一，而且在当今是一种更高级的、最普遍的、最亲切的体验，它是通过感觉而被动地吸收。娱乐体验营销要求企业巧妙地寓销售于娱乐之中，通过为顾客创造独一无二的娱乐体验，来捕捉顾客的注意力，达到刺激顾客购买和消费的目的。娱乐体验营销相对于传统营销方式，它的最大特点是摒弃了传统营销活动中严肃、呆板、凝重的一面，使营销变得亲切、轻松和生动起来，因而比传统营销方式更能激发顾客的购买欲望。而网络游戏与营销的结合将更加天衣无缝。

小结案例：爱情公寓虚拟旗舰店

星巴克一直以来采用的都不是传统的营销手法，而是采取颇具创意的新媒体形式。星巴克联手 SNS 网站爱情公寓尝试虚拟营销，将星巴克徽标做成爱情公寓里“虚拟指路牌”广告，是星巴克首次尝试 SNS 营销。

iPart 爱情公寓(www. ipart. cn)为两岸三地唯一一个以白领女性跟大学女生为主轴设计的交友社区网站(Female Social Networking),尽全力帮网友打造一个女生喜爱的温馨交友网站。品牌形象中心思想关键词为:清新、幸福、温馨、恋爱、时尚、文艺、流行。

12 月 12 日是星巴克滨江店举办“璀璨星礼盒”活动的特别日子,因此从 12 月 1 日开始,星巴克不仅将滨江店封装到巨大的礼盒中,更在爱情公寓网站上做成了颇具创意的“虚拟指路牌”,并且还以倒计时的方式,等着你再好奇地在线上或者去线下看看 12 月 12 日星巴克的“open red day”到底是什么,不肯把第一次的神秘一下子都给曝光出来。

礼包展开前,采用神秘礼物与星巴克情缘分享的方式进行。

神秘礼包:线上活动结合了线下活动的概念,送给网友神秘礼物,便会出现在网友小屋当中,虚拟的神秘礼包与实体的上海星巴克滨江店同日开张,礼包和实体店面同样以大礼盒的形象出现。

星巴克情缘分享:网友上传自己生活当中与星巴克接触照片并写下感言,以口碑与体验的方式来塑造出星巴克式的生活态度是被大家认可、受欢迎的。

礼包展开后出现品牌旗舰店,打造一个品牌大街,与繁华的闹市区不同,Starbucks 小店另开崭新的公寓大街区域,提供具质感的品牌大街。虚拟的星巴克店家设计中,延续实体店家的温馨舒适感,店家周围环境设计以享受生活的感觉为主,不过度热闹繁华,以高品质的生活感受来凸显品牌的层次感。另外,结合爱情公寓内的产品来提升曝光度与网友参与、互动,让网友更加了解品牌个性与特色所在。

见面礼:设计专属礼品,来到虚拟店家就可领取或送好友。

活动专区、公布栏:Starbucks 线上及线下活动报道,大量的曝光让参与程度提升,分享关于 Starbucks 的信息及新闻,引起各种话题讨论和增加网友的互动。

咖啡小教室：咖啡达人教室，固定的咖啡文化或相关教室消息，让网友了解更多关于咖啡的文化。

星巴克在爱情公寓的虚拟店面植入性营销被众多业界人士称赞，甚至成为哈佛大学教授口中的案例。星巴克想让他们的消费者了解到他们的态度，因此他们做了一系列活动，包括从品牌形象到虚拟分店开幕、新产品推出，再到赠送消费者真实的优惠券，等等。这一系列营销非常符合星巴克的愿望——不让消费者觉得他们是在做广告。但是，如果星巴克每天发信息告诉你哪里有他们新开的店面，哪里有新出的产品，让你赶快来买他们的产品。短时间可能会起到销售的效果，但是这种不断地强迫行为会让消费者产生强烈的厌烦之感，反而会彻底毁灭星巴克在我们心中良好的形象。

（资料来源：改编自 http://www.vzton.com/Business/Info/JJGC/2010/1023/43031.html）

本章小结

网络营销是依托网络工具和网上资源开展的市场营销活动，是将传统的营销原理和互联网络特有的互动能力相结合的营销方式。

网络营销包括物理用户界面、终端用户行为、反馈系统、在线客户体验等几个关键要素。网络营销的体验策略包括思考体验策略、行动体验策略、关联体验策略和娱乐体验策略。

思考体验策略的本质就是要鼓励消费者创造性地思考某公司及其品牌，它有助于完善企业的体验营销模式甚至产品设计和制造；行动体验策略的目标是影响身体的有形体验、生活形态与互动，通过增加他们的身体体验，指出做事的替代方法、替代的生活形态与互动，丰富顾客的生活；关联体验策略超越私人感情、人格、个性，加上“个人体验”，而且与个人对理想、自我、他人或文化产生关联；娱乐体验策略通过各种感官刺激使消费者产生兴奋、满足和审美享受。

第三篇　新思维与实践

开篇案例：体验营销——新理论与新实践

在戴尔公司总部，差不多每间办公室都写着一句口号："顾客体验，把握它"。而且数千名员工的脖子上挂着嵌有照片的卡片，上面写着戴尔公司的使命：在我们服务的市场传递最佳顾客体验。汇源果汁每天通过广告向人们倾诉着：汇源果汁，橙的体验。英国航空公司的做法是：跨越业务工作的局限性，以提供体验作为竞争的基础。英国航空公司将基本服务（旅游本身）作为推广特色体验的舞台，提供了一种让客人从长途旅行之中不可避免的紧张和忧虑状态下舒缓出来的特色服务。

由此看来，体验无时不有，无处不在。它不仅成为了众多工商企业狂热追逐的目标和报纸杂志探讨的对象，更成功地吸引了营销理论工作者和营销实践者的大量实践。那么，什么是体验营销呢？所谓体验营销，就是企业以消费者为中心，通过对事件和情景的安排和特定体验过程的设计，让消费者在沉浸于体验过程中，引爆他们心中的欲望，产生美妙而深刻的印象，并获得最大程度上的精神满足的过程。这种全新概念上的体验营销在很多方面有别于传统营销。后者在很大程度上仅专注产品或服务的特色，以及给消费者带来物质利益；而体验营销则把焦点放在顾客的"体验"上，并让顾客在广泛的社会文化背景中检验消费体验。

体验式营销的基本思想仍然是"重视顾客"和"顾客角度"，认为消费者消费时是理性与感性兼具的，它们同样影响消费者的购买行为，是给消费者做出了一个更为完整的定义，注重研究消费者在购买、消费全程的体验，从而展开营销活动。在伯德·施密特的《体验式营销》一书中，体验式营销是"站在消费者的感觉（Sense）、情感

(Feel)、思考(Think)、行动(Act)、联想(Relate)五个方面,重新定义、设计营销的思考方式”。

比如,20 世纪 90 年代芝加哥最热门的旅游景点是什么?既不是艺术博物馆,也不是 1871 年大火后幸存的古老水塔,而是位于芝加哥城北密歇根街区的“耐克体验城”。这是 1992 年耐克公司开设的一家商店,“耐克城”销售空间有将近 7 万平方英尺,18 个独立的销售场,在这里展示了几乎所有的耐克产品。1996 年,“耐克城”首次超过艺术博物馆,成为芝加哥最热门的旅游点,年客流量超过 100 万人次,其年销售额也超过 2 500 万美元。在芝加哥的耐克城取得巨大成功之后,包括在纽约的更多的耐克城出现了。

可以说,体验营销模式已经成为众多商家摇起的一面大旗,似乎靠其纵横拓阖、攻城掠地,销售额、利润便胜利在望了。现实情况是,更多的商家的确是跟进“体验”了,结果却往往是中途折戟、铩羽而归,原因何在?在星巴克咖啡体验营销模式如日中天的市场氛围中,与星巴克咖啡经营内容相近的 85℃为何能异军突起?其缘由又在哪里?

人性化体验

与同样是展开式烘焙的新加坡品牌“面包新语”不同,85℃在顾客购买完产品后,为其提供了座椅服务。85℃名字的由来是因为创始人认为“咖啡在 85℃的时候味道最好”,座椅的添置让顾客可以悠闲地坐在店里享受刚好 85℃的咖啡和新鲜出炉的美味面包,也避免了不雅观地边走边吃和拿回家时已冷却而影响口味的弊端。

放心体验

85℃是一家以面包、咖啡、烘焙为主的专卖店,在台湾一举击败星巴克,成为台湾店数最多、营业额最大的咖啡蛋糕连锁领导品牌。与以往的面包房相比,它展开式烘焙、自助式选购的模式,让消费者亲眼目睹制作的全过程,原料、设备、卫生条件、制作工序等一览无遗,此外玻璃橱柜中每一个托盘、面包夹都经过紫外线高温消毒,真正做到让消费者安心、放心、称心。

环境体验

与富有"文化咖啡"之称的星巴克整体墨绿的欧式风格设计相比,走进 85℃,蛋糕和咖啡的香味扑鼻而来,整个环境的基调简约整洁,墙上挂有主厨的照片和简历,耳边环绕的是台湾年轻一代歌手的轻快音乐,面对街道的落地玻璃给整个店面增添了几分明亮度。让顾客在明亮的开放式空间里享受美食,这才是一家全方位满足你视觉、听觉、嗅觉、味觉的店。也许正是带给人们的这些氛围,才更让人觉得亲近、平和、随意,比起星巴克偶尔小资的享受,更像是一种生活态度:平凡、简单、有活力。

平价体验

85℃成立之初便是希望以五星级的产品、三星级的价格,普及世界各个角落,用高级的原料与技术,呈现出精美、平价的商品,让人人都能享有五星级的待遇与五星级的享受。让你只需花上十几元钱,就能在街头拐角处享受到和新锦江大酒店、希尔顿大酒店同级的产品,真正做到薄利多销,双赢面包!

便民体验

85℃营业时间是通宵营业,这样便为深夜下班、KTV、PUB 和紧急事件的消费者提供了便利,就算夜半时分也会出现许多拿着纸杯喝咖啡的年轻人,让顾客在深夜里仍能感受到温暖。85℃的面包全部会在凌晨 4 点销毁,提供质量的保障。就算早晨 5 点就要出门,也能吃上热腾腾新鲜可口的面包。做到真正的亲民、便民、利民。

从以上可知,首先,营销人必须意识到广告的意义:广告之中的欲望代码系统正在以日积月累的形式向人们提供一个巨大的白日梦。有的商家做广告还让我们的消费者亲身体验梦想，启发隐藏在我们内心的欲望，一方面让消费者从品牌表现及传播的信息中，建立独特的印象，使消费者产生想要追求、体验、拥有的动力及无限的想象空间；另一方面在销售渠道之上建立体验梦想的平台，可谓一举两得。因此，从某种意义上来讲，解密欲望代码的指令和路径就是：体验经济——这其中不乏成功者……

美国学者约瑟夫在《体验经济》(The Experience Economy)中明确指出：体验经济是继农业经济、工业经济、服务经济之后第四个经济发展阶段。体验(式)旅游关注个性，强调参与，注重顾客心理。体验式广告要从顾客心理出发，首先要研究市场前瞻性，适时培育市场；其次，要注重心理引导(解密其欲望代码)在广告中的作用，营造体验氛围，编织动人心魄的故事，精心导演活动；再次，要在充分了解顾客的心理特点和角色特征基础之上打造体验服务；最后，设计体验性纪念品，让顾客获得难忘体验。

顾客体验要求你对品牌的所有宣传是统一的，每一个环节都给顾客带来独一无二的体验，如果平面广告做得出色，但却有一个无聊透顶的网站，这是不行的。或者有一个超炫的网站，但是顾客拿起宣传册就出现呕吐感，也不行。

总结归纳来看，在今天品牌如果想在市场上成功，那么营销人员就再也不能只关注产品内部的问题了，而是要关注顾客的体验。品牌体验营销的过程，不仅要有顾客参与，也需要你的员工参与，他们也需要体验。

希望越来越多的新进品牌也通过创造品牌体验，谋求“体验经济”的突破。

(资料来源：改编自谭小芳. 体验营销实践. 总裁网，2010－11－09)

第十二章　典型产品的体验营销

第一节　餐　饮

一、产业内涵

餐饮的概念主要有两种：一是饮食，比如经营餐饮，提供餐饮；二是指提供餐饮的行业或者机构，餐饮行业主要是指从事该行业的组织（如餐厅、酒店、食品加工厂）或个人，通过对食品进行加工处理，满足食客的饮食需求，从而获取相应的服务收入。由于在不同的地区、不同的文化下，不同的人群饮食习惯、口味的不同，因此，世界各地的餐饮表现出多样化的特点。其行业特点如下：

1. 一次性

餐饮服务只能一次使用，当场享受。这就是说，只有当客人进入餐厅后服务才能进行，当客人离店时，服务也就自然终止。

2. 无形性

餐饮业在服务效用上具有无形性，它不同于水果、蔬菜等有形产品，从色泽、大小、形状等就能判别其质量好坏。餐饮服务只能通过就餐客人购买、消费、享受服务之后所得到的亲身感受来评价其好坏。

3. 差异性

餐饮服务的差异性，一方面是指餐饮服务是由餐饮部门工作人员通过手工劳动来完成的，而每位工作人员由于年龄、性别、性格、素质和文化程度等方面的不同,他们为客人提供的餐饮服务也不尽相同;另一方面,同一服务员在不同的场合、不同的时间,或面对不同的客人,其服务态度和服务方式也会有一定的差异。

4. 直接性

一般的工农业产品生产出来后,大都要经过多个流通环节,才能到达消费者手中。如果产品在出厂前质量检验不合格,可以返工,在商店里你认为不满意的商品可以不去问津。而餐饮产品则不同,它的生产、销售、消费几乎是同步进行的,因而生产者与消费者之间是当面服务,当面消费。

二、需求情况

近年来,我国的餐饮业发展非常迅速。据有关方面的统计,餐饮业的增长率要比其他行业高出 10 个百分点以上。可以说我国正迎来一个餐饮业大发展的时期,市场潜力巨大,前景非常广阔。但从另一个方面来看,餐饮需求又是复杂多变的,其消费口味和消费心理都可能随着社会环境的变化而变化。餐饮企业必须根据自身条件和环境条件的要求,看清餐饮市场的发展趋势,选择适当的营销方法,才有可能在激烈的市场竞争中获得成功。随着时代的发展,当今的餐饮市场需求发生了巨大变化。

1. 走优质高效的快餐需求

随着城市生活节奏的加快,居民收入水平的提高,社会上对快餐的需求量日趋增大,质优、价廉、高效率的快餐店必将受到广大居民的欢迎。事实上,我国各地已有许多饭店和各类餐饮企业,通过经营快餐业务而使自身获得了良好的经济效益。例如嘉兴五芳斋挑战洋快餐,从洋快餐的品牌意识、严格的工艺、经营管理中吸取"营养",并从传统的"前店后厂"经营方式中摆脱出来,已开始向日本等地出口。

2. 更加强调营销环境的情调和氛围

现代社会的消费者,在进行消费时往往带有许多感性的成分,容易受到环境氛围的影响。在饮食上他们注重食物的味道，也十分注重进食时的环境与氛围。要求进食的环境“场景化”、“情绪化”，从而能更好地满足他们的感性需求。因此，相当多的餐馆，在布置环境、营造氛围上下了很大的功夫，力图营造出各具特色的、吸引人的种种情调。或新奇别致，或温馨浪漫，或清静高雅，或热闹刺激，或富丽堂皇，或小巧玲珑。有的展现都市人物，有的炫示乡村风情。有中式风格，也有西式风情，更有中西合璧的。从美食环境到极富浪漫色彩的店名、菜名，使你能在大快朵颐之际，烘托起千古风流的雅兴和一派温馨的人和之情。因此，有着良好的环境氛围的快餐店和一些大酒店，受到了人们的欢迎。

近几年来，各地纷纷出现了诸如阿凡提风味餐厅、傣家大酒楼、苗族竹楼、水上渔村、民族餐厅、边疆风情园、民族歌舞美食城等以经营民族风味佳肴为主的企业。例如，北京建国饭店每当一个国家的节日到来之时，就在餐厅悬挂这个国家的小国旗，做这个国家的菜。并在装饰上突出这个国家的风土人情，收到了良好的效果。上海锦江饭店在餐厅的设计上力图突出自己的特色，摒弃那种靠模仿追潮流的做法，确定了巴蜀宴天府席的改造计划。在环境布置上力图突出巴蜀意境，同时身着四川民间蜡染布旗袍的服务员轻盈相迎，为宾客指点巴蜀风情、天府之路。宝瓶口、草堂、卧龙村、东坡亭、山城等餐厅各具特色，吸引了许多外国人来就餐。所有这些都说明了情调、氛围在餐饮营销中的重要性。

随着人们生活水平的提高，消费者对餐饮业提出了越来越高的要求，不仅要求吃饱吃好、价廉物美，而且还要求获得良好的精神享受。

3. 生态农业、绿色食品、保健环境将更为人们所重视

随着人们对环境污染、生态平衡、自身健康等问题的关心程度日益提高，无公害、无污染的绿色食品和保健食品，受到了消费者的欢迎，许多餐饮企业适应这种要求，纷纷推出了自己的保健绿色食谱，

并增加保健设施，营造保健环境。

近几年，国内外的许多有识之士，对健康的概念提出了全新的解释，许多餐饮企业据此推出了一系列的促销措施。例如，推销健康食谱，引进健康信息（如提供与健康、运动相关的杂志，或附设健康俱乐部、瑜珈教室，或放映外国运动影片，举办健康食谱讲习班等），提供健康设施（如设置“按摩器”、“健身器”、“氧气供应”等）、提供健康环境（如禁烟餐厅等）等，以此适应人们观念上的变化及其要求。

现在药膳的保健作用，已为越来越多的人所认识。药膳餐厅也越开越多。富含高纤维的蔬菜水果，没有污染且营养丰富的野菜，在餐馆菜肴中所占比例日渐扩大，而原来作为餐馆的主菜、大菜的高脂肪、高蛋白食品则退居次要的地位。据科学分析，高纤维食品能够起到降低胆固醇，减低癌症罹患率，控制血糖浓度的作用；而一向不为餐馆所重视的野菜，因其味美且没有污染，安全可靠，又兼富含胡罗卜素、抗坏血酸和核黄素等有利健康的微量元素，具有良好的药用价值。据分析，野菜中的荠菜具有和脾利水、止血明目的作用，枸杞具有滋肝补肾、益精壮阳的功用，马兰头具有清肺消炎、止血凉血的作用，菊花脑有疏风散热、平肝明目的作用。在南京地区，野菜已成为市民餐桌上的美味佳肴，而餐馆亦适应市民消费需求的变化，纷纷推出了各种精工细作的野菜时蔬。

4. 重视个性化、特色化、形象化的服务

随着人们生活水平的提高，消费需求将日趋个性化，这要求企业重视人们的具体要求，根据具体的消费场景、消费时间、消费对象，提供有针对性的服务，并据此塑造出符合顾客要求的企业形象。

如情人餐厅、球迷餐厅、小盏餐厅、离婚餐厅等。从现代消费者的心理来看，许多人在进行某种消费时，不仅消费商品本身，也消费商品的名气和通过商品体现出来的形象，因为形象具有一定的象征价值，能满足人们对身份地位等方面的追求，能让人产生自豪感，抑或给人们一种谈资、一种经历。

5. 重视人们的情感生活、社交活动等方面的需求

情感生活是人们的基本需要之一，近几年来社会上兴起了一股所谓“煽情”的营销方法，就是通过各种措施活动刺激和调动人们的情感，以达到促销的目的。许多餐饮企业也通过设立诸如情侣包厢、情侣茶座、情侣套餐、情侣烧烤等服务项目来促销。或以加强家人的团聚、朋友的聚会、父母子女情、兄弟姐妹情、乡亲情、同学情等来调动人们的消费欲望。在宣传上也强调情感服务的特色，尽力突出自身适合各类情感生活的消费环境。外食市场是餐饮业的基础，而外食的一个重要原因就是基于应酬的需要，如婚丧喜庆、商业会谈、情感交流、朋友聚会等，人们需要寻求一种更好的环境氛围、更周到的服务、更形式化的场所和更丰富的饮食选择。国外的餐饮企业中，经常通过举办鸡尾酒会、自助餐等形式，向顾客提供社交机会。有些饭店的餐厅设有专门的招待单身客人的餐桌，为那些无陪伴的商业旅游者提供一个与饭店职员和其他客人相互认识的机会，这种办法对那些定期到该地出差的人特别有效。

三、体验营销策略

1. 进行市场细分

餐饮市场，顾客数目众多，分布很散，购买要求又各不相同。在企业各方面的资源有限的情况下，必须进行市场细分，分辨出自己能有效为之服务的最有潜力的市场。然后将自己的产品明确定位，赋予产品与众不同的品牌个性和形象，整合企业的人、财、物，集中突破。

2. 创造时尚

流行时尚是一种普遍的社会“心理”现象，又是在该时间内爆发出来的大规模模仿，它是一种观念、生活形态或消费模式等的复制行为。一般来说，模仿或复制都有一个原型，这个原型一般都是某个领域的权威或知名人物。大众越熟悉的行业，爆出流行的机率和规模

就越大。尤其是食品行业，如果能借助时尚，创造出流行，所获取的收益将难以估量。

3. 开展体验式促销

企业做广告是对品牌的一种长期投资行为，目的是积累长期的品牌资产，建立目标顾客的品牌忠诚。目前大众媒体正在分化，广告的费用大幅上升，广告的效果正逐渐下降，而市场竞争日趋激烈，促销是市场竞争的利器，可以起到吸引新顾客、稳固老顾客的作用。体验式促销能让顾客在品尝和身临其境的活动中感受到独特的味道和企业文化。

体验营销实践：云南吉鑫园餐厅的体验营销

随着消费者的消费需求越来越受到重视，企业正逐步将体验营销的模式引入到餐饮行业中来，云南吉鑫园餐厅就是其中的佼佼者。

以云南特色文化为体验营销的主题

(1)吉鑫园餐厅的建筑风格。“合而为一”是世博吉鑫园建筑艺术追求的终极理念。汉、白、傣三个民族的建筑语言和谐统一为一体，集中突现了民族文化主题。而主塔、照壁与大门构成“吉”字，三“金”为“鑫”，既将“吉鑫”二字也不露痕迹地融入到建筑当中，又显示了深厚的建筑文化内涵。

此外，在世博吉鑫博物馆展示的餐饮文物、古玩、少数民族服饰、大理石等都能让你感受到浓郁的民族文化气息扑面而来，而饭店的底层摆放的云南著名的历史文化景点的模型，更是在整个昆明的餐饮企业界独树一帜，折射出独特的历史文化魅力。

(2)吉鑫园的体验营销主题产品。吉鑫园的招牌体验产品“吉鑫宴舞”更是荟萃了云南 26 个世居民族的原生态民族舞蹈，以唐贞元十八年(公元 802 年)南诏国进京献艺的《南诏奉圣乐》为艺术舞蹈蓝本加以提炼和升华，将民族文化主题演绎到了极致。

(3)吉鑫园的体验营销服务环节。从服务人员的着装到服务礼仪，吉鑫园都在极力渲染一种民族氛围，力图将一种民族文化情结牢牢栓在每位食客的心上，从感性的角度烘托体验主题。

(4)吉鑫园的体验营销设施环境。大到餐厅内部的整体格调的设计，小到桌面台布的用料选择，讲述云南民间故事的壁画装潢，无一不透露着深厚的文化底蕴，处处折射出浓厚的地域文化感。在吉鑫园的大厅里，你还可以看到云南各地的著名历史文化景点的微观模型，这种云南餐饮界独树一帜的做法在充分彰显独特吉鑫个性的同时，也渲染了一种很强的云南特色文化氛围。

以整体餐饮产品为体验营销载体

吉鑫园特别注重在餐饮产品销售的所有环节渗入体验营销，并力图将体验价值通过附加于餐饮产品的形式体现出来。

(1)从餐饮食品的供给来看。首先，以餐饮产品的体验承载为例，在吉鑫园单独消费一碗过桥米线的最低价位是 20 元/碗，可是如果在用餐的同时你想体验一下吉鑫宴舞的独特魅力，你得支付不少于 180 元的进餐价格。同样是餐饮消费，可是因为有了附加体验产品的价值，而变得不同。在这个过程中，吉鑫宴舞作为一项代表吉鑫园特色的体验式产品，融合于餐饮产品的消费过程中，同时又拥有自己独立的可计算的消费价值。

其次，从其他菜点菜肴的供给来看，吉鑫园的菜文化融合了彝族、白族、傣族等 25 个少数民族的饮食文化精髓，通过菜点这个载体不仅是要传达一种感官上的美味体验，更要传达独特的少数民族饮食文化，在消费食物实体之外，也是在消费一项文化体验产品。与吉鑫宴舞的体验消费不同的是，饮食文化体验与菜点本身融合得更为紧密，不易单独计算体验价值。

(2)从服务产品的供给来看。吉鑫园的服务除了彰显民族文化魅力外，更注重个性化体验的营造，把人性化的服务转化到体验营销中，让体验充满“以人为本”。在吉鑫园里常年活跃着一支100多人组成的南涧农民跳菜礼仪服务表演队，他们的特色服务给在吉鑫园消费的顾客带来了独特的体验，既体现了对顾客的尊重，也让顾客的消费过程变得富有情趣以及教育启迪的意义。从某种程度上来说，独特的服务体验就是优质服务所创造的服务附加值，而服务本身是服务体验式产品的传达和销售载体。

以顾客体验和认知为体验营销的本质和核心

要增加顾客餐饮时的体验价值，使他们在情感上得到一种前所未有的体验，企业就应在经营过程中，策划与众不同的，把顾客置身于体验中的体验，使消费过程更具游戏化、娱乐性、人性化、互动参与化。

顾客体验是吉鑫园展开一切体验营销的本质和核心，一切体验式活动都是围绕顾客体验和认知展开的，尤其强调在体验活动过程中的感觉、情感、思考、行动、关联等要素的全面顾客体验效果。本着这个目的，吉鑫园在宴舞表演过程中特别加入了一项古董古玩“拍卖”环节，所有的食客都参与其中，除了商业价值之外，更多地体现了娱乐和互动上的意义。不仅让顾客在吉鑫园尝到了美食，感觉到了视觉的刺激和震撼，更要让他们参与进来，以亲自行动去体会、去思索、去感悟，从而加深顾客体验印象，以带动顾客体验关联的延伸。此外，在多次举办国宴的世博吉鑫园餐厅里开展娱乐活动，享受古代宫廷贵族的待遇，本身就是一项充满诱惑力的复古体验。

以顾客忠诚和企业品牌形象的提升作为营销目的

商业环境中的顾客忠诚被定义为顾客行为的持续性，它是指顾客对企业产品或服务的信赖和认可，坚持长期购买和使用该企业产品或服务，即使出现了价格更加低廉的替代品，顾客也不会轻易转投他人，顾客还自愿向别人推荐企业的产品或服务。顾客对价值标准的判断、个性特征的评价与追求存在着差异，当顾客的消费习惯与某种品牌产品的性能、特征相一致时，可能对某产品产生强烈的偏好，从而形成顾客忠诚。

（资料来源：改编自 http://bbs.6eat.com/archiver/showtopic－122682.aspx）

第二节　服　装

一、产业内涵

服装是一种带有工艺性的生活必需品，而且在一定生活程度上，反映着国家、民族和时代的政治、经济、科学、文化、教育水平以及社会风尚面貌的重要标志。

众所周知，服装行业是劳动力密集型的行业，服装生产是劳动密集型生产模式，工序多，流程复杂，人员构成杂乱，操作者文化水平普遍较低，生产的手工操作程度较高，柔性的服装材料，很难完成自动化生产。如何组织好生产流水线，充分发挥每一个职工的潜力，真正做好人机配合，这是服装生产优劣的重要标志。在服装工业化的进程中，培养大量优秀的科技人才、优秀的管理人才、优秀的技术工人，使人才结构更趋合理，特别是要普遍提高劳动者素质，使之与工业化过程中产业结构的不断变化相适应，使服装行业的人力资源优势真正得以发挥，是劳动力密集型服装工业的根本问题。

服装是一种时尚消费品，流行性很强，这就决定了服装品种的不稳定性，多品种、小批量已经成为当今服装生产的重要特点，如何在品种时常变换的生产中组织好生产资源，最大程度地提高生产效率、提高产品品质、降低成本费用是服装生产中需要深入研究的课题。

服装具有保健、装饰、工业用途三方面作用。

1. 保健

服装能保护人体，维持人体的热平衡，以适应气候变化的影响。

服装在穿着中要使人有舒适感，影响舒适的因素主要有用料中纤维性质、纱线规格、坯布组织结构、厚度以及缝制技术等。

2. 装饰

装饰表现为服装的美观性，满足人们精神上美的享受。影响美观性的主要因素有纺织品的质地、色彩、花纹图案、坯布组织、形态保持性、悬垂性、弹性、防皱性、服装款式等。

3. 工业用途

防静电服装是防止衣服的静电积聚，用防静电织物为面料而缝制的，适用于对静电敏感场所或火灾或爆炸危险场所穿用。使用的防静电织物的制作工艺主要是在纺织时，大致等间隔或均匀地混入全部或部分使用金属或有机物的导电材料制成的防静电纤维或防静电合成纤维，或者两者混合交织而成。

二、需求情况

近年来，随着内需不断扩大，价格指数持续上升，内需切切实实成为了我国服装行业发展的原动力。国内企业成熟壮大、国际名牌蜂拥而入，更多海外品牌对中国市场跃跃欲试，国内中小企业在夹缝中寻找生存之道。未来的中国服装市场新一轮“洗牌”时代已经到来，而“洗牌”的孪生姐妹“市场细分”也将随行而至。

中国服装产业日趋成熟，国际竞争力也由劳动力成本优势向产品质量创新优势、产品开发创新优势、品牌创新优势、文化创新优势的高层次优势转变。消费者对服装的需求也发生了巨大变化。

1. 喜爱舒适

这是人的生理本能。是否舒适是人通过皮肤来感受的，其判定的依据主要有两个方面：首先是人对冷暖的感受；其次是人的皮肤与服装的亲和关系，即人们更接受手感好、无刺激性的面料制作的服装。正因为纯棉织物透气、柔软、自然，所以受到人们青睐，也由此出现了回归自然的服装潮流。

2. 喜新厌旧

这是人的一种本能心理。服装是流动的、变化的，人们对服装很明显地有求新心理。一个人站在满柜子服装面前，总感觉少一件衣服，这是一种普遍现象。人们本能地希望对传统的突破，对新生事物的肯定，于是期待服装不断更新，追求时尚，追赶潮流。这种由人的本能心理决定的服装潮流趋势，是任何人都难以改变的。

3. 依经济阶层选购服装

需求是购买的前提，但需求要靠购买力支持才能变成现实。因此，人们的购买力层次决定了人们的服装需求层次和倾向。随着社会经济的变革，人们的就职空间呈现多元化态势，收入也由此拉开了距离，出现了不同的经济阶层。不同阶层的人在服装消费过程中表现出明显的差异性，人们对服装的认识无不打上那一个阶层人的烙印。

4. 依文化观念选购服装

文化是一个民族的特有的生活方式。文化是影响人们欲望、行为的重要因素。任何人都在一定的社会文化环境中生活，具有自己独特的文化属性，其认识事物的方式、行为准则和价值观都会区别于不同文化属性的人们。人们的着装是其所有文化积累的一种反映，是内在意识的外化、物化，表现出其独有的文化品味。社会越开放，文化就越多元化。因此服装企业应深入了解自己的目标顾客的文化价值理念，不断设计出符合其文化价值观的满意的服装。

三、体验营销策略

1. 对服装市场进行精确的细分，找准市场定位

在新的市场情况下，想要适应消费者的消费新取向必须做好个性化。要做好个性化，就必须要对服装消费市场重新进行细分，按照新的购买行为和消费心理进行划分服装消费市场。只有这样，服装的市场销售才能满足消费者对服装款式、颜色、舒适性和功能性的个别化需求，才能够满足消费者对购买环境的个性化需求，才能够满足消费者对购买服装过程中服务个性化的需求，才能够满足消费者购买服装后情感个性化的需求。

2. 增强品牌效应，提升品牌知名度

我们都知道，服装品牌的知名度能够在一定程度上给消费者带来心理上的满足感和愉悦感。从表面上看，品牌只是企业产品与服务的一种标志，但从深层次分析，品牌却反映着人们心理和精神方面的高层次的需求意愿。在体验经济条件下，品牌代表的就是消费者对企业所提供的产品与服务的总体体验。因此，企业如果能够创造一种强效体验的品牌形象，就会无形地增加这个服装品牌对消费者的吸引力。在提升服装品牌效应的过程中，应该把重心放在提升服装品牌的文化品位和内涵上来，因为只有服装的品位和内涵才是经得起人们体会的根本。

3. 增强销售环境和销售过程中的情感因素

服装企业对自己的销售终端环境的设计，应该注重迎合这个品牌定位的消费对象所需要的购物环境，以使消费者在购物中能够享受到满意的购物环境体验需求。另外，服装企业应该对自己的销售员工进行很好的培训，使销售人员非常熟悉自己产品的特点。在市场销售过程中应该以诚信为基础，以情感为纽带，通过提供人本化、细微化、延伸化的产品与服务，让消费者产生欢喜、惊讶、激动、感叹等情感方面的体验，引发顾客的情感共鸣，最终建立与消费者之间的情感纽带，从而保证消费者对企业产品的忠诚度。因此，企业不仅要从顾客理性的角度去开展营销活动，更要考虑他们的情感需要，努力让消费者花钱买感觉、买心情、买享乐、买体验。

4. 营销手段突出参与性、互动性

当前，许多服装企业依然停留在依赖广告、明星代言、降价来促销服装产品，这使得企业的广告投入呈几何级数增长，但巨额的广告支出却不一定能带来相应的效益。不可否认，广告可以提升一个服装品牌的知名度。但是，在当前消费者心理比较成熟的阶段，这种高投入的广告促销也会让理性消费者觉得自己购买服装的大部分金钱投给了这些广告，从而在心理上产生抵制情绪。

在体验经济时代，服装企业可以通过让顾客体验产品、确认价值、促成信赖后自动贴近产品，成为忠诚客户。让消费者参与到服装产品的设计、生产过程中，让他们了解自己所购买服装的整个制作过程，使服装的生产透明化。在这个过程中，不仅要强调服装企业和消费者的互动，更要强调消费者彼此间的互动，促进他们的经验交流，让事实说话，让“美好的感觉”口碑相传。

体验营销实践：品牌专卖店的体验塑造

当今国内的服装市场，从产品陈列到广告宣传，再到服务，每个品牌的商家都在不遗余力地寻找新的方法，以赢得新一轮的市场契机。“流行美”饰品推出体验屋，“白领”推出生活方式店，“迪卡侬”运动超市以周到的自由式服务落户中国，就连“百荣”批发市场也开始改变以往的销售环境，意图刺激消费者的感官，从而在众多的批发市场中脱颖而出。人们突然发现，在当今这样一个供过于求的市场环境中，一个产品仅仅依靠传递基础属性是很难销售出去的，我们需要的是创造和传递附加价值。然而这附加价值从哪里来？最根本的还是将服务进行包装和转化，尤其是促进消费者的体验，从而直接触动其购买神经。

服装品牌带给消费者的不仅仅是服装产品本身，而应该是一种价值观念和生活方式，一种精神层面的诉求点。服装陈列师常说：“卖场即剧场，服装即故事。”由此我们可以看出他们塑造体验营销的良苦用心，它煽动着人们对该产品的激情，刺激着人们的购买欲。服装零售终端——品牌专卖店的体验营销，利用不同的视觉方式来传递不同的品牌个性和文化理念。消费者在选购服装时表现出强烈的个性欲，他们会选择与他们自我形象相适合的购物环境，环境和体验让他们感受到自己的非凡与不同，他们在购买服装的同时也带走了这些感受。

体验要先设定一个“主题”

体验式营销需从一个主题出发，并且所有服务都要围绕这个主题，或者至少应设有“主题道具”（例如吻合服装品牌定位及内涵的陈设品等）。“体验”和“主题”由体验式营销人员精心设计，要有严格的计划、实施和控制等一系列管理过程，而绝非仅是形式上的符合而已。

以体验为导向，设计、制作和销售产品

很多服装商在进入这一行开始，大都要从批发到散货再到品牌的过渡。很多人会发现，一个服装品牌，批发商出售时的价钱远远比不上零售商，因为产品在这样一个传递转换过程中，融入了终端零售商的服务，品牌也随之发生增值，而其中消费者的体验感受越满足，产品的价值也就越会随之上升，

店堂氛围创造顾客体验零售

营销理论告诉我们，影响消费者购买的关键是品牌号召力，而增强品牌号召力最为直接有效的工具就是终端视觉形象。不论顾客是从哪一种渠道获得品牌或产品信息，最终与服装亲密接触、实现购买仍是在零售终端，因此好的终端视觉形象不仅应在感官上给消费者以赏心悦目的享受，而且还要构成一种强烈的现场感召力，吸引顾客进入一种氛围，让顾客全身心地体验品牌魅力。这就是服装的“氛围营销”，它是体验营销的重要要素之一。

（资料来源：改编自 http://www.nz86.com/article/127249/）

第三节　家用电器

一、产业内涵

家用电器主要指在家庭及类似场所中使用的各种电气和电子器具，又称民用电器、日用电器。家用电器使人们从繁重、琐碎、费时的家务劳动中解放出来，为人类创造了更为舒适优美、更有利于身心健康的生活和工作环境，提供了丰富多彩的文化娱乐条件，已成为现代家庭生活的必需品。

家用电器的范围各国不尽相同，世界上尚未形成统一的家用电器分类法。目前，主要有按产品功能与用途和按产品电气工作原理分类的两种方法。后者将家用电器分为制冷、电热、电动、电子电器4类，这种分类并不很完善。按产品功能与用途分类较为常见，但具体分法各国有异，大致分为8类：制冷电器、空气调节电器、清洁电器、厨房电器、电暖器具、整容保健电器、声像电器及其他电器。家电行业的特点主要表现为以下几点。

1. 产业高度集中

随着世界家用电器工业的发展，逐渐形成了一批产业集团，在行业中居于垄断地位，起着支配作用。世界著名的企业有：美国的通用电气、沃普、RCA、胜家、怀特、北美飞利浦、杰尼斯无线电7家公司，日本的松下电器、东芝、日立、索尼、夏普、日本电气、三洋电机、三菱电机8家公司，荷兰的飞利浦公司，德国的西门子、博什、德律风根3家公司，瑞典的丽都(Electrolux)公司，意大利的扎努西公司，法国的汤姆逊公司等。

2. 大批量专业化生产

零部件实行专业化生产，总装厂实现生产连续化、自动化，生产规模一般都在年产几十万台，人均生产率高。

3. 技术密集

家用电器是新材料、新工艺、新技术的综合体现，各相关行业的新材料、新工艺、新技术很快在家用电器产品上得到应用。

4. 产品更新快

市场竞争激烈，促使企业不断开发新产品，更新换代，以新取胜。

二、需求情况

我国城镇家庭微波炉、吸尘器、空调、家用电脑的普及率逐渐提高，家用电器已成为现代家庭生活中的必需品。随着人们生活水平的不断提高，消费者期望着更多、更好、更人性化、采用高科技、功能更完善、操作更方便、与生活环境更协调、更环保健康的家用新产品，家用电器无疑是常青行业。

中国幅员辽阔，区域化选择差异明显，即使在同一个地区，消费也分多个层次，消费者关注的重点明显不同。目前居民消费结构正处于重要的转型期，居民消费需求将从小康走向更宽裕的过渡时期，人们的消费观念、方式、内容以及家电市场供求关系，都将发生重大变化。随着居民生活水平的提高，消费日益多元化，消费的层次性明显，中高端市场和低端市场的分界越来越明显，中高端市场的规模越来越大。同时消费者的消费心理越来越成熟，更加注重价值导向和理性消费，关注自我，张扬个性，更加追求便利、舒适的生活。现在的消费者已经不仅仅满足于简单的功能型的实现，而是更加寻求在购物过程中更多的心理和精神上的满足。

三、体验营销策略

由于家电市场的竞争日益加剧，厂商的利润空间越来越小，加之国外品牌的进入，并且在中国消费者中有良好的口碑，国外品牌以其雄厚的资金实力、全面的技术储备、发展的战略眼光占据市场的绝对主导地位，他们往往也是新产品的首创者和标准制定者，借此获取了不菲的超额利润，在此背景下家电企业面临着巨大的生存挑战。

1. 注重产品创新

产品是家电营销的基础，没有创新产品，服务、价格、渠道各种策略都无从谈起。

(1)彰显个性。随着各阶层人们收入档次的进一步拉大，消费者的个性消费欲望日益增大，个性化家电产品的设计也成为家电创新的一大方向。实现这一策略的有效工具是应用质量机能展开技术，通过质量展开、技术展开、可靠性展开和成本展开，在细分的目标市场中全面满足顾客的需要。

(2)绿色环保。随着消费者绿色消费意识的不断增强，高能耗的家电已不再能够满足人们全方位的需求。家电生产企业为了赢得市场，在全面提升整体品质的同时，开发生产节能产品已是大势所趋的必然选择。

(3)操作简单。随着人们工作、生活的快节奏化，家电产品的操作简单方便，越来越受到消费者的关注。人们不仅要求买回家的电器质量保证、经济实用，而且希望操作简单、方便使用。

(4)功能多样。伴随消费者消费心理的日趋成熟，人们在购买家电时越来越注重产品功能的多样性和实用性。各家电企业也纷纷围绕“功能”大做文章，力推全能、智能、多功能等家电产品，功能化设计被各家电企业日渐重视。

2. 注重服务创新

(1)售前服务。售前服务要突出为消费者答疑解惑，原因是家电更新换代快，各种技术层出不穷。从服务的角度来说，售前服务是一种以交流信息、沟通感情、改善态度为中心的工作，必须全面、仔细、准确和实际。

(2)售中服务。售中服务是衡量企业营销人员素质、管理水平和服务质量的重要标志。提高销售人员业务素质，提供顾客购物的便利条件，创造典雅舒适的购物环境，开展多种现场服务项目，是售中服务管理的重要内容。企业营销人员可以通过制造各种体验，发挥现场服务的窗口作用，为其他服务奠定宽厚的基础。

(3)售后服务。关键是要超常做好自己份内的工作，提供超出消费者预期的超值服务。令顾客满意的好的服务会让顾客帮你推介产品，并能为企业和品牌做免费宣传。“口碑效应”所产生的销售是非常有效的，成交率和顾客忠诚度都比较高。

3. 营销渠道创新

渠道创新的起点是随时掌握客户购买方式的变化。比如家电专卖店、连锁店的出现和互联网的普及，使得网络营销成为一种越来越重要的分销方式。营销经理必须跟踪顾客对此类新技术的试用情况并进行渠道设计，发现顾客想从渠道中获得什么，并通过改进和创新更好地为顾客服务。随着各种现代化通讯设施在我国居民中普及，尤其是居民中拥有电脑的人数以及入网人数的不断增加，通过各种电子媒体，直接连通生产者与消费者的“直通渠道”将日趋成为渠道模式中的主体。

体验营销实践：九阳终端的体验式促销

九阳是一家专业生产厨房小家电产品的企业，在市场上拥有一定的知名度，其中以豆浆机和电磁炉为龙头产品，在市场中占有很大一部分的份额，在多年市场经营中，深得广大市场消费者的青睐。

随着小家电市场的发展，九阳面临着来自国内外众多品牌的夹击，这种争夺更多体现在对终端的控制和争夺，传统的终端争夺更多表现在：陈列与形象的争夺、促销争夺、价格争夺。面对日益激烈的市场竞争格局，九阳为树立传统烹饪产品的知名品牌形象，并扩大优势产品的销售业绩，以促销活动的形式一方面对整个小家电行业进行先期性的品牌整合，另一方面针对现有产品的销售业绩进行提升。

九阳率先将全新的“体验营销”引入终端争夺行列，促进九阳豆浆机和其他产品的销售业绩递增。

促销主题：早点你来做，豆浆免费喝

在广州的主要商业中心，搭建了第一个户外体验厨房，让爱好食品创新的消费者尽情体验，并创造出新款搭配的早餐品类。

利用目标消费者参与制作特色早餐的现场促销体验活动，营造现场销售气氛，推广九阳豆浆机的销售。利用现场优惠和奖励，提升目标消费群的参与积极性和主动购买性。

促销方式

第一阶段：活动预告期，目的是找到真实的目标消费群，进行时间为活动正式举行前的 10 天。首先，对天河城周边楼盘的分布进行摸底。和楼盘所在区域的零售报点联系，针对楼盘所在的目标消费群体，以邮寄广告形式告知本次活动的预告性广告。提前 3 天，以户外 KT 板预告牌，预告本次活动，并在《广州日报》、《南方日报》等市内媒体广告宣传“国庆节，天下真有免费的午餐”。

第二阶段：活动进行期，举行“早点你来做，豆浆免费喝”的促销活动。布置一个家庭厨房式样的促销现场，名叫“九阳体验式厨房”。现场陈列九阳豆浆机的样品，布置一个大型的豆浆机模型。现场摆设一些蛋糕、奶油、水果、沙拉等原料样本，可供目标消费群现场雕刻制作。现场安排两名主持人，让消费者互动参与早餐制作大赛，分组进行，凡评选出的“最具有创意”的早餐，将获得一份精美礼品。所有到现场来的观众都可凭现场派发的宣传单，得到一份免费的中杯豆浆，可让消费者一边喝豆浆，一边看节目。现场穿插一些节目，包括厨艺的滑稽表演，等等。豆浆机陈列现场可让消费者亲自操作煮豆浆的体验活动，现场购买豆浆机将得到八折优惠。

第三阶段：活动后期，联系广州市电视台，将九阳豆浆机与美食节目联合推出新闻报道，扩大市场影响力。

九阳在家电卖场引入体验营销，有意识地以商品为载体，以服务为手段，使消费者经过对产品、环境、购物现场行为等多方面综合的身心体验，融入并参与到其中的商业活动与行为。运用体验营销的最大好处是将购物从一种单调的过程变化成为一种消费的享受。

（资料来源：改编自 http://wenku.baidu.com/view/dd7734f67c1cfad6195fa7a5.html）

第四节 房地产

一、产业内涵

房地产是指土地、建筑物及固着在土地、建筑物上不可分离的部分及其附带的各种权益。房地产由于其位置的固定性和不可移动性，在经济学上又被称为不动产。房产地可以有三种存在形态：即土地、建筑物、房地合一。在房地产拍卖中，其拍卖标的也可以有三种存在形态，即土地（或土地使用权）、建筑物、房地合一状态下的物质实体及其权益。房地产行业则是指从事土地和房地产开发、经营、管理和服务的行业。房地产市场是从事房产、土地的出售、租赁、买卖、抵押等交易活动的场所或领域。房地产这种特殊商品价值高，使用年限长，其具有以下特征。

1. 与生活相关性显著

住房与人们的生活息息相关，其功能是否齐备、环境是否舒适，反映了人们生活水平和生活质量的高低。随着消费者生活水平的提高，人们的精神需求如审美、个人价值实现等需要也日趋重要，这些都会主导着人们的购房行为。因此，购买住房实际上是购买一种生活，或者说是一种生活方式。住房对个人及家庭生活的影响，在广度、深度和时间跨度上是其他消费品所难以趋及的。

2. 决策困难

房地产不同于其他商品，大多数家庭可能只有一到两次购买行为，买一套住房可能要使用几十年，这使得消费者在购买住房时十分谨慎。每个购房者在购房时，都要仔细考虑诸多问题。另外，购房需要巨额资金，人们在购房时大都要仔细评估，认真做好资金筹措和支付计划，以实现最优目的。由于影响购房者的因素众多而复杂，使得购房者做出实施购买行为的决策就显得尤为困难。

3. 决策参与者较多

房地产购买主要是家庭型购买，其购买行为的决策人并不是单一决策者，作为家庭核心成员的丈夫、妻子、孩子都是主要决策人员，并以家庭会议的形式讨论决定。此外，有的长辈和亲朋好友也会参与决策。这是由于普通家庭购买者缺乏专业知识，对销售人员不太信任的原因，购买者往往会依赖具有专业知识和经验及可信赖的亲朋好友去了解情况，判断虚实，如向房地产行业的业内人员或相关行业人员请教，或向已购买住房的朋友咨询。

4. 综合成本较高

除购买房地产所支付的货币成本以外，消费者在购买过程中还要支付时间成本和精力成本。众所周知，房地产购买的货币支出成本是巨大的，又因其购买决策的过程之长，导致购买者在购买住房时，在精神与体力方面的耗费和支出相当大，这是购买其他商品不能相比的。

5. 后验性较强

后验性商品是指消费者在购买之前，难以对其质量和功能进行准确判断的商品，因为这类商品的品质特征比较复杂，唯有通过消费者直接的亲身消费或使用的体验才能了解清楚。可以说房地产是消费性商品中最具有后验性的典型商品，无论是住房的品质，还是其功能，都必须是通过消费者入住使用后，才能做出准确的判断和评价。

二、需求情况

在我国，房地产行业已经成为市场最受人瞩目的行业之一，人们对房地产的需求依然旺盛。首先是消费升级，也就是大量的居民从没有住房升级到有住房；从小住房升级到大住房。随着城镇化进程加快和中国经济多年积累成果带来的住房升级换代需求，将各大中心城市的房地产市场推向纵深发展。其次，拆迁带来的被动需求以及投资性需求日益膨胀，为房地产市场的持续发展奠定了坚实的基础，因此房地产需求依然会保持旺盛。

在消费个性化的时代，消费者已经不再满足于被动地接受房产商的诱导，对产品设计提出很多要求。开发商不能再从“功能”上审视产品，必须时刻为消费者考虑，要特别关注对产品体验有特别意义的属性：物理属性，即组成产品的各个部件的特性；美学属性，即产品的外观如何影响消费者的感官；心理属性，如某一品牌、某一公众人物、某一情境、某一事件甚至某一形象等，都可能使消费者回忆起某一产品。如果一件产品不能让消费者产生情感，那么这种产品仅仅是产品而已。因此，在产品开发过程中，开发商需要十分重视产品的品位、个性、情调等的塑造，营造出与目标顾客需求相一致的心理属性，帮助其完成某种期待的体验。在住宅产品的户型、建材等越来越规范的今天，生态环境和配套设施成为消费者选择的主要依据。当前，购房者早已不再局限于传统的地段、面积等因素，而愈加看重住房本身的舒适程度和社区环境。

三、体验营销策略

1. 确定体验的主题体验

要先设定一个主题，体验式营销从一个主题出发且所有服务都围绕这个主题。楼盘的体验主题要根据消费者的心理需求来确定，它可以从楼盘的规划设计、人居环境、环保、文化、节能、健康、休闲等方面来确定。在规划设计方面，如亲水楼盘、智能化楼盘等在人居环境定位方面，突出“绿色地产” 等。

2. 场景体验——展示产品

(1)售楼处。售楼处是展示楼盘和直接销售的场所，其布局、场景设计、氛围在力求营造舒适、自由和别致的同时，应注意与楼盘和营销的主题相吻合。功能区的布局和线路设计应力求符合购房者的心理和行为，室内装修装饰等力求与楼盘营销主题保持协调。

(2)人性化的产品设计。产品分类的依据是生活方式,因此产品设计要紧紧围绕"以人为本"。针对不同的消费群体,设计户型的大小、比例和布局,并兼顾私密性。材料采用绿色建材,以减少污染。此外,还要注重内部分区问题,给消费者预留一定空间,以便于他们根据其需求对室内空间做出调整。如今,房地产商日益重视消费者的个性化需求,设计的房屋式样丰富,部分户型内部还多了可移动的墙,消费者可自我设计、装修,这给消费者带来了新的体验。

(3)生态化的小区环境。近年来,房地产商在小区环境方面大力提倡生态化,力求达到自然、建筑和人三者的和谐统一。比如,水景概念是如今的热门,景观湖、河滨是房产营销炒作最热的卖点之一。此外,大面积的绿地、园林、景观林木、围合式中庭广场,都给人以回归自然的感觉。房地产商通过对园林景观的大力渲染,让购房者切身体验到最贴近自然的生活感受。

(4)样板房。样板房的目的是通过使消费者对住宅最真实的体验,推动房地产销售。样板房同时展示了房产公司对建筑装饰艺术的理解,是营销与装饰艺术相结合的产物。它不仅能展示户型、结构、空间,还利用装饰美学艺术,力图营造和贴近消费者的真实生活与个性,给购房者犹如置身于家的亲近感觉。

(5)房交会。房交会是展现楼盘品牌的一个窗口,因为报刊、站牌广告的信息传递不如房交会来得真实、生动和印象深刻。如果围绕楼盘的主题和风格展开,通过精心设计的环境布局、灯光音效和沙盘,会使得消费者有一种身临其境的感觉,给其留下非常难忘的印象。这种体验对提升楼盘品牌形象有极其重要的作用。

3. 让客户参与互动

体验的前提是参与，消费者的“主动参与”是体验营销的根本所在，离开了消费者的主动性，所有的“体验”都不可能产生，更不能调动起消费者的购买欲望。

(1)网络互动体验式活动。网络日益成为现代人交流和沟通的平台，也成为人们娱乐和互动的一种新方式。网络可以成为房地产体验活动的一个平台，在论坛和博客中，消费者可以分享购买某个楼盘的经验，可以谈论某个楼盘的设计理念与个人的自我概念是否符合。房地产企业可以让顾客参与到以某种主题为内容的论坛中开展互动。如万科集团的“万客会”、利海集团的“绿洲会”等。

(2)业主联谊主题活动。房地产商要把握客户心理，紧紧围绕体验价值和体验主题，组织不同体验式活动，结合楼盘开发的不同阶段，让客户参与进来，从不同角度深化客户的消费体验。如客户俱乐部、业主联谊会、新老客户答谢晚会、节日家年华等。

(3)看房旅游。房地产体验式营销与项目文化、节日活动、服务、个性化展示等手段联系较为紧密，作为上述几种活动的一次大整合，看房旅游则是放松心情、体验完美产品、融洽相互关系的好方式。

4. 以文化价值作为底蕴

越来越多的购房者买房的目的不再是单纯为找一个栖风避雨的住所，而是希望买到一种生活方式，追求满足心理和情感的渴求，希望能买到与自我定位吻合，能与自我心理需求产生共鸣的产品，也就是说，楼盘的品牌应具有一定的文化价值。让顾客参与文化体验逐渐成为一种有效的房地产营销方式，并被万科、SOHO 等国内著名的房地产企业演绎得颇为成功。例如万科和 SOHO 在营销中都使用了企业刊物作为宣传的重要工具。万科周刊和《SOHO 小报》走的路线尽管不同，但其中都有许多文人对居住空间、城市和生活方式的思考。与此同时，万科和 SOHO 的老总纷纷参与各种活动，带给消费者各种文化理念和思考。

体验营销实践:国美后街模式掀商业地产变革

2007年对京城地产行业可谓是“商业年”,但对商业房产开发企业来讲,商业年并不一定是利好的;反之,商业地产项目扎堆引发的合作加剧,为商业地产项目招商、出售都带来了一定难度。这是每个商业地产开发商都难以回避的现状。为此,作为京城商业地产项目的“领头羊”,国美第一商街将“国美后街运营模式”作为主题于6月9日举办论坛,揭秘在众多的商业项目中脱颖而出成为商业项目制胜的关键。

此前,已开始专心做商业地产的SOHO中国总裁潘石屹称:“2008年奥运会,商业地产的机会来了。”这句话在今天看来,再次验证了2007年京城房地产行业的真实写照。据戴德梁行近日最新发布的“亚太区2006年物业市场回顾演讲”中指出,目前北京同期进入市场招商的门头房面积已达500万m^2,创下历史最高值。

“体验式消费”变革京城商业运营模式

2007年,“体验式消费”成为商业活动中不再陌生的词汇,与传统的百货类业态与商业街不同,国美后街的运营将大型表演与其他服务方面结合起来。同时,国美后街购物中心大型的挑空中庭结合促销及展示活动,成为空间组织的新亮点,更把城市的文化活动与集会功能纳入进去,倡导自由向上、健康消费、休闲时髦的生活理念。

朝阳商务局综合科科长姜玮认为,国美后街能够跳出传统的商业框架,针对年轻化、时尚化的居住人口特点制定服务模式,对整个朝阳区的发展也起到不小的推动作用。据悉,这种“体验式消费”把在茶座、冷饮店、酒吧、快餐的消费,网吧、影院、游乐园以至主题公园以及参与抽奖、表演、杂耍、街头画像、蹦极的消费等不带有明确的购物目的，都归结为购物消费的重要补充形式，以此衡量综合商业设备的整体水平与吸引力。“希望国美后街能够成为朝阳商业的‘试点区’”，姜科长坦言对国美后街的期望。

运营管理融合提升后街模式价值，业内专家近日透露，经过前几年的实践和经验教训，“商铺销售”和“商业经营”难以相融的客观矛盾已暴露无遗。目前，以“商铺销售”为目的开发的商业地产项目，包括项目地产商、中介代理机构、政府、商铺投资者都对其后续所带来的商业项目经营的窘境进行反思与总结，这期间，国美第一商街提出“四个统一”的管理模式无疑是颠覆性的商业变革。

据明天地产业务发展中心副总监贾玉鹏介绍，国美第一商街的“四个统一”的管理模式包括：协助投资者解除后顾之忧、帮助商家减轻前几年投资运营的压力等商业运营核心问题。据了解，国美后街是国美第一商街最后一栋商业楼，共 22 000m^2，沿街临青年路近 400m，是一个综合的商业概念，集步行街、超市、购物中心三大商业形态于一体的体验消费场所。国美后街第一商街主力户型 80～500m^2，购物中心二、三层主力户型 30～50m^2，未来将实行统一规划招商运营管理，投资型商铺最低首付 10 万元人民币，总价在 30 万元起，二层家电、电子卖场将于 6 月 16 日正式开盘销售。

体验营销这种基于为消费者提供服务，最终与消费者实现共同体验的商业模式下的行销方式，成为地产商、地产项目树立市场形象，吸引市场关注的一剂强心针。现在房地产开发商不仅根据客户需求，重视楼盘的设计和配套设施，在购房的体验中也更强调客服的感受，耐心陪伴着顾客，从初步体验到认可产品品质。注重挖掘客户的潜在需求和预期欲望，并将其对项目的良好体验、愉悦的感情升华为客户的忠诚，这是房地产项目营销成败的关键。

(资料来源：改编自 http://news.winshang.com/news－4219.html)

第五节 汽 车

一、产品内涵

分析汽车产品内涵，必须从两个过程和四个环节入手，把握消费者的心理诉求，塑造企业和产品的强势品牌。两个过程分别是生产和营销；四个环节分别是研发、产品、销售和服务。

首先，在产品的生产过程中，必须研发和制造出科技含量高、舒适度好、安全性强、时尚环保的好产品。这些产品首先会引起市场和消费者极高的关注度。比如，目前在市场上表现较为出色的雅阁、凯美瑞、CR－V、卡罗拉、奔腾等。这些产品虽然各有各的亮点，但共同点就是科技、舒适、安全、时尚，符合目前汽车消费的主流，而且在市场的不断变化和要求下，经过多次的革新、换代、升级和改进，以求日臻完善。

其次，在营销的环节上，必须注重销售策略和服务手段的“深入人心”。比如一汽丰田的卡罗拉就在营销上提出了“5 米营销”的概念，也就是 5 米印象。消费者只需驾驶它驶出 5m 的距离，就会了解这辆车的全部，从“看、触、驾、乘”等方面来使消费者体验其核心理念。仅在 2008 年第一季度，卡罗拉就创下了月销量 1.8 万辆以上的纪录。

同样，奔腾则是在不断加强销售网点的扩充、强化经销商管理、销售服务流程管理和企业员工自身素质修养等细节，进一步提升了销售体系能力。在服务上，奔腾以“金钥匙”管家式服务为理念，多次举办了奔腾服务节，让用户体验到了管家式服务的内涵。

二、需求情况

似乎是在一夜之间，中国汽车市场就从一个竞争最不充分的市场变成了竞争最激烈的市场。10 年前，中国还是桑塔纳、捷达、富康

“老三样”一统天下。但10年来，市场上的竞争者超过了200个，几乎每一个以万元为单位的价格区间，都有十几款车型在竞争。正如上海通用汽车公司总经理丁磊所感叹的那样：“没有哪个国家的消费者像中国这样，有如此差异化的消费需求；也没有哪个国家的汽车市场像中国这样，极度多元化、细分化。”汽车市场需求特点表现如下。

1. 销量变化幅度大

近10年来，中国汽车市场销量变化幅度巨大。“入市”后3年汽车销量出现“井喷”式增长。

2. 需求向三线城市扩散

伴随经济发展，汽车价格下降，三线城市具备汽车购买能力的群体快速扩大，增长速度高于一二线城市水平。销售服务网络向三线城市延伸，三线城市汽车使用成本比一二线城市更具优势，促成三线城市成长为重要的汽车市场。

3. 逐步普及到普通居民家庭

在消费者的观念中，汽车已由原来的高档奢侈品转变为高档消费品，随着家庭轿车普及程度的提升，许多有购买能力的消费者越来越受到参考群体的影响并跟风购买，一个个逐渐成为“有车族”。

4. 市场仍处在成长变化期

完成由公务车绝对主导向家用车主导的转变，家用车以新购为主，增购、换购为辅，因此，市场仍在发育期。

三、体验营销策略

1. 研究和分析消费者的心理需求

当人们的物质生活水准达到一定程度以后，人们购买商品的目的不再是出于生活必需的要求，而是出于满足一种情感上的渴求，或者是追求某种特定产品与理想的自我概念的吻合。人们更关注产品与自己关系的密切程度，偏好那些能与自我心理需求引起共鸣的感性商品。而汽车恰恰就是这样一种商品，不同档次和品牌的车可以满足不同类型消费者的心理诉求，在消费者心目中树立属于自己的概念。汽车经销商应该重视这方面的分析研究，以发掘出有价值的营销机会。

2. 开发汽车产品的心理属性

在目前个性化消费的时代，人们已经不再满足于被动地接受企业的诱导和操纵，而是对汽车产品的设计提出很多自我要求。消费者从被动接受厂商的诱导、拉动，发展到对汽车产品外观要求个性化，再发展到不再只满足于汽车产品外观的个性化，而是对汽车产品功能提出个性化要求这一层面上来。消费者越来越希望和企业一起，按照消费者新的生活意识和消费需求，开发出能与他们产生共鸣的"生活共感型"产品，开拓反应消费者创造新的生活价值观和生活方式的"生活共创型"市场。因此，在汽车整体概念中所包含的心理属性因素就越来越重要，这种心理属性因素将越来越多地成为营销成败的关键性因素。在产品开发过程中，企业必须十分重视汽车产品的品位、形象、个性、情调、感性等方面的塑造，营造出与目标顾客心理需要相一致的心理属性，帮助顾客形成或完成某种感兴趣的体验。

3. 注重整体营销的协调性

体验营销是一种满足心理需求的营销活动，它通常是和营造一种氛围、制造一种环境、设计一种场景、完成一个过程、做出一项承诺紧密结合在一起的，而且它还要求顾客积极主动的参与。因此，企业在实施体验营销的过程中，各个部门之间需要具有高度的整体协调性，在每一个业务环节中都要注重营销的一致性和整体性。体验营销一旦实施，它就必须更清楚地掌握消费者的所有消费行为，更加关注消费者在购物的前、中、后的全部体验，让消费者感觉到品牌是鲜活的、多样化的，而且是可以看得到、伸手可及和超越他们的预先设想的，这样的体验才是真正的体验营销，如果切实将它们贯穿在营销中，创造真正的价值才不是问题。

体验营销实践:汽车品牌注重体验营销

现在车商卖车,需要花越来越多的心思了。如今,试乘试驾活动已成为众多汽车厂商直面消费者,让消费者了解自己、了解产品特性不可或缺的重要手段。而平常的试驾,往往只是将车开上道路的简单驾驶,但对汽车各方面性能缺乏深入体验。更多汽车品牌开始组织各种颇具驾驶体验的车友活动和汽车品牌展示活动,让消费者更全面深入地体验汽车的性能和文化。

MINI 自从诞生的那天起,就以经典、复古、时尚的外形吸引着所有人,尤其女性更是难以抵挡它所散发的魅力。为了吸引消费者的眼球,扩大 MINI 的销售,"2010 MINI 中国任务"于 3 月 25 日正式启动,面向全国发出"英雄帖",1 个月中,收到了 6 万多名 MINI 爱好者的踊跃报名。经过甄选,4 月 24 日至 6 月 20 日,5000 余名选手参加了 32 个城市经销商资格赛的激烈角逐,最终超过 550 名选手凭借过硬的成绩直接晋级区域复赛。在前期准备的基础上,"2010 MINI 中国任务"华东区复赛在上海展开。此次复赛会在华东区域产生 9 名优胜者,组成 3 支车队。此次,华东区复赛,温州好达组织的车友金英俊成功晋级,将参加全国总决赛的角逐。8 月 15 日,全国共计 36 名选手组成的 12 支车队将在深圳进行全国总决赛,冠军车队将获得 MINI John Cooper Works 一年不限里程的使用权。

"2010 MINI 中国任务"区域复赛将设置 3 个竞技项目:"停车高手"、"MINI 射手"和"偷运金砖"。参赛选手可以在专业教练的指导下,尝试好莱坞式的炫酷漂移招式,在 MINI 世界杯车队中小试身手,体验最佳射手的无限荣耀,以及再现好莱坞经典大片中紧张刺激的电影情节,演绎中国版的浪漫传奇,在激情之夏尽享 MINI 带来的速度与快感。

与此同时,8 月 7 日至 8 日晚上,"2010 长安福特大篷车全国巡游”路演将在瑞安市府广场上演。活动现场将以一辆 20m 的大型拖车为核心，推出动感设计、五次元安全、节油技术、赛车文化四大体验区。其中有实车展示、绕车讲解、模拟驾驶、趣味游戏和激情表演等丰富互动内容任消费者体验，让消费者全面领略福特全车系出色的设计、固若金汤的五次元安全理念、卓越的燃油经济性、悠久的赛车历史和浓厚的赛车文化。同时，消费者更有机会在现场获得浙江晨隆福特 4S 店带来的购车优惠。

经过几年的成功运作，长安福特大篷车全国巡游路演活动已经成为宣扬汽车文化的一道独特风景。今年劲爆活力的舞蹈、激情四射的模特走秀、点燃梦想的赛车文化体验将进一步延续，同时，福特产品节油技能培训及五次元安全理念展示也将全新植入，成为路演的重点。

总之，这些体验活动的开展，增强了消费者对该汽车品牌的认知和忠诚度，是汽车制造企业从感官、情感、思考、行动和关联诸方面体验营销实践，将自家的产品或服务当做道具，以期能够触发及满足消费者的体验需求，以达到提升销量的目标，效果明显，反映了我国汽车制造企业树立了汽车体验营销的观念，掌握了汽车体验营销的技巧和方法。

第六节　化妆品

一、产业内涵

被称为“美丽经济”的中国化妆品市场，经过 30 多年的迅猛发展，现今已经取得了前所未有的成就。中国的化妆品市场是全世界最大的新兴市场，在短短的 30 多年里，中国化妆品行业从小到大，由弱到强，从简单粗放到科技领先、集团化经营，全行业形成了一定规模、极富生机活力的产业大军。化妆品企业如雨后春笋般越来越多，名目繁多的化妆品品牌层出不穷，市场竞争愈演愈烈。国内亦涌现出一批以美加净、六神、大宝、郁美净、佰草集、相宜本草、舒蕾、欧珀莱、隆力奇等为代表的优秀民族化妆品品牌。中国的化妆品产业发展势头迅猛，已经成为新的消费热点。由于中国已经放开对进口化妆品的限制，国际化妆品巨头正在加速拓展中国市场，本土品牌经受着来自外部的巨大冲击。在中国美容化妆品市场中，外资或合资企业所占的市场份额已接近80%，而国内化妆品生产只有通过中外合资，推出中低档产品，才能迎合中国消费者的需求。这实在是一个令人忧心的现实。化妆品行业的特点如下。

1. 种类繁多，涵盖面广，市场细分程度高

化妆品的分类方法多种多样，若按照用途来区分，则可分为美发、护肤、盥洗、香水、特殊五大类。其中仅护肤一类又可分为：润肤、清洁、护身体、护唇、去痘、去斑、抗皱、美白、防晒。而且必将随着市场的不断细分，延伸出更多新的品种和类目。

2. 发展迅速，紧跟时代步伐

化妆品为人们的仪表服务，永远走在时尚的前沿。引领潮流，需要配合相应的科学技术。

3. 品牌结构复杂，呈现明显地域性

目前仅我国的化妆品生产企业就已超过4 000家，产品品种达25 000种。据不完全统计，全球的化妆品已超过2 000个。但化妆品名牌仍然掌握在少数国家手里。由法国、英国、德国3个国家组成的欧洲品牌12个，美国品牌13个，日本品牌2个，即世界名牌化妆品品牌分布在当今欧美、日本等工业发达国家和地区。在品牌拥有数量方面，美国居首，占世界名牌化妆品品牌总量的48.2%。

品牌个性鲜明，结构复杂，主要有高科技品牌、药妆品牌、天然原料品牌、奢侈品牌、大众品牌等。

4. 销售额高，增长势头迅猛

据国家统计局统计，2009年我国化妆品工业总产值为589.74

亿元，同比增长 8.3%；2010 年，年销售额在亿元以上的化妆品工业有 50 余家，其中 5 亿元以上的有 10 多家；2011 年，化妆品市场的年销售额逾 1 000 亿元，年递增 12.9%左右。目前我国化妆品市场销售额居亚洲第二位，世界第八位。随着人们审美意识的增强，美容化妆品份额将不断提高，美容品将成为女性的主流产品。美发用品将向高中档方向发展，儿童和男士化妆品也会得到发展，国内化妆品市场潜力巨大。

二、顾客需求

由于人口众多，经济增长迅速，居民自我意识表达需求不断上升，中国已经成为全球未来增长潜力与规模最大的化妆品市场。从产品需求结构来看，中国广袤的地理区域和多层次的人口构成使得国内外高、中、低不同档次的产品的需求均表现旺盛，其中中档产品表现出较佳的市场前景。同时，化妆品的消费群体地区分化较为明显：名牌和高档产品是大城市消费的主流，服务于白领阶层或部分高档收入的消费者；中低档产品行销中小城市或收入偏低阶层，大部分为农村消费者接受，量大面广。从消费心理来看，面对多样化的化妆品，中国的消费者渐趋理性，其购买化妆品带来的心理感觉已经大于化妆品本身，消费正越来越变为精神上的享受。化妆品市场需求的特点如下。

1. 科技化

化妆品产品的高科技化。近 10 年来，科学技术高速发展，所有的高新技术不同程度地应用到化妆品产业，如生物工程技术、生物化学技术、医药科学技术、电子计算机技术等。先进的高新技术引入到化妆品产业后，使化妆品的产品结构、功能、品质发生了巨大变化，给新产品的竞争赢得了一个制高点。

2. 产品更新速度越来越快

化妆品新产品更新的速度越来越快。根据国际 50 家知名化妆品企业的统计结果,20 世纪 70 年代开发新的化妆品系列一年不到 1 个,80 年代 1～2 个,90 年代前期为 2～3 个,而近几年的开发已经达到每年 5 个以上。这些数字说明产品的开发周期越来越短,新产品进入市场的速度加快,其竞争也越来越激烈。

3. 天然化妆品备受青睐

全球性的环境恶化,正威胁着大自然生态平衡和人类生存,保护环境的呼声已席卷整个世界。为了人类自身安全及种族繁衍,国际有关环保组织已要求化工企业有关化学合成物限用甚至禁用。化妆品企业也考虑从环保角度控制氧化剂、防晒剂及色素的使用,由此开发的海洋植物、中草药、热带雨林作物等添加成分的新一代天然配方化妆品开始流行。生物工程学和仿生化学技术开发的功能性物质作为化妆品原料,更是市场发展趋势。例如,利用发酵法生产透明质酸,用酶转变法从红花中提取口红染料,用丝状菌糟式培养取得亚麻酸,用组织培养法提取天然紫色染料等技术,已被国内外化妆品企业所关注。

4. 老年化妆品市场需求巨大

中老年化妆品市场需求巨大。据专家介绍,从 1992 年以来,羟基酸和 RETINO 抗衰化妆品的新成分,对消除皱纹有奇迹般的作用。商家已看准时机,着手启动这一庞大市场,并针对中老年人心理和实际需要,研制出抗老防衰的好产品。

5. 美容化妆品市场潜力巨大

中国美容业属于朝阳产业,具有良好的发展前景和巨大潜力。到 2011 年,全国约有 250 万家各类美容美发机构,3 500 余家化妆品生产企业,6 000 多家美容美发培训机构;从上游原材料生产企业,到服务流通领域,全产业链形成了 7 000 亿元规模,年增长速度平均在 35%以上,在各行业的增长中名列前茅,远超全国年平均 GDP 的增长速度,市场容量逐年放大。全国美容从业人员总数约 1 500 万人,成为第三产业中就业人数较多的行业。

6. 儿童化妆品市场方兴未艾

儿童化妆品是一个不断增长的巨大市场。年轻的父母花很多的钱用于照顾孩子的成长,因此,适用、质优、新颖的儿童化妆用品有着广阔的市场空间。现有产品种类还远远不能满足市场需求,由此看来,这一市场很具有投资潜力。

7. 运动用化妆品市场前景广阔

随着人们对体育运动的关心与参与,消费者期待更适应运动的具有特殊效能的运动用化妆品,产品应具备防汗、防臭、保湿、消炎、使用方便等功能。

8. 男士化妆品市场亟待开发

目前国内男士化妆品种类还比较少,真正赢得顾客的品牌寥寥无几,各大品牌也鲜有真正推出男士美容用品。研究表明,男士比女士美容要求更内敛,也更实际一些,其美容效果是要慢慢显现的,所以他们的美容消费更持久。目前,男士化妆品消费群体尚缺乏稳定性,随意性比较强。观念问题也是男士美容的最大软肋所在,很多男士总以为美容是女人的专利,但对于浴足、按摩、SPA 等项目却较为接受,也能坦然面对。因此男士化妆品市场需要引进时尚概念,提高男士对美容的认同感,为专业男士美容院开辟新的天地。

三、体验营销策略

1. 从产品入手提供体验

具备良好功能和质量的产品还应具备满足使用者视觉、触觉、审美的需求,使其在使用过程中处处体验到美的享受。企业如果把体验附加到产品之中,能在终端陈列上抢夺消费者注意力,从而增加产品的附加值。露华浓的创始人查尔斯·霍尔森曾说过:“在工厂里我们生产化妆品,但在商场里我们销售希望。有欲望就有市场,化妆品就是要抓住消费者的这种欲望,并赋予其体验。”

2. 以广告传播体验

广告中的体验营销进一步强化了消费者的核心地位，由购中、购后的认知转为购前的预知，从而使消费者的购买风险得到提前释放。为此，广告要抓住消费者在购前的情感刺激点，以消费者内在的情感为诉求，借助于美学、情感、生活方式、参与等激发消费者正面的情感体验，从而引导消费者对其公司、产品或服务产生好印象甚至偏好，即在产品被使用或消费之前就通过广告增加产品的体验价值。

3. 专柜搭建营销平台

体验营销在某些方面与艺术表演有些相似之处，需要舞台向观众展示。体验营销也需要一个展示平台。就化妆品而言，采用专柜营销就是一种好形式。走进商场，琳琅满目的化妆品专柜生动地走进视野。专柜营销有助于提升品牌知名度，特别是在大型商场，能以整体形象、统一的价格与消费者沟通，传播一个完整的品牌概念。

4. 全程服务深化体验

就化妆品商品特点而言，化妆品是美化人的肌肤类产品，而肌肤是人生理结构的一部分，它由各层皮肤组织构成，因此为人之肌肤推荐化妆品就变成含有技术专业类成分的工作。这样，就需要提供专业类服务。化妆品属于快速消耗品，消费频率高，几乎每天都要使用。同时，化妆品更看重质量、效果与保质期，因此售中、售后服务很重要。消费者不仅要买到一流的产品，还要买到一流的服务。销售化妆品不仅仅是销售一种有形的产品，更是一种无形的服务，一种产品的附加值。这也正是商家增强消费者体验的用武之地。

体验营销实践：DHC 的体验营销策略

DHC 在进入中国之初，亿万消费者对其知之甚少，而当时的 DHC 又完全依靠通信销售，无法让目标受众在传统终端看到它的“庐山真面目”，亲身体验更是无从谈起。更重要的是，已经遭受多轮化妆品概念洗礼的中国消费者，逐渐变得理性，越来越注重化妆品“看得见的品质体验”。当消费者突然发现一个完全陌生的化妆品品牌时，如果没有良好的品质体验，已经很难有冲动购买的欲望与动力了。

大众媒体高调出击：给消费者无处可逃的感官体验

由于通信销售没有地域终端限制，渠道完全是开放式的，因此品牌产品的体验也是无空间概念的，各大中城市的任何人都有可能成为 DHC 的潜在体验者。央视、卫视、时尚杂志、报纸、流动车身、户外……，DHC 无孔不入。顷刻间，中国消费者就知道了 DHC 是日本通信销售 No. 1 的化妆品品牌；DHC 是自然派的橄榄精华化妆品；DHC 是值得你去体验的大众化妆品。

并且，在传播形式及内容上，DHC 十分重视给消费者独特的感官体验，在各种有声媒体广告中，DHC 都高调突出了自己的 800 免费订购电话，以至于在很长一段时间内，DHC 那句音乐化的订购电话几乎“家喻户晓”。

大规模品牌广告给消费者“我是第一”的品牌体验，800 免费订购电话则告诉消费者一个简便的产品体验途径。在传播过程中，DHC 巧妙实现了塑造品牌与促进销售的双赢营销效果。

互联网络传播：网聚年轻一代的体验利器

互联网在人们生活中扮演着愈来愈重要的角色。而化妆品一直就是网上购物最热门的品类之一，要想让消费者看得见，来自网络的体验自然是重中之重。

DHC 官方网站就是其产品网络体验的“主战场”。DHC 官方网站充满了促销气息、销售氛围。主打新、特、惠商品，按照顾客需求进行产品菜单归类，甚至在线注册就能免费索取 DHC 试用装。DHC 官方网站传达的主旨只有一个：给消费者最时尚、最贴心、最个性化的购物体验。

并且,DHC还把这种体验在网络上无限放大。以广告联盟的方式,DHC将产品试用信息撒满大小网站,从而使获知产品信息、领取试用装体验的人群成倍增加。网络营销成为网聚年轻一代的体验利器。

这就要求DHC摒弃在日本以自然销售为主的营销策略,在中国从一开始就必须集中核心资源,从多渠道开展体验营销,首先让消费者看得见自己,认知到自己来了,才能给中国消费者强烈的品牌体验,从而一举成名。

直投手册锁定受众,值得随身珍藏的美容化妆体验俱乐部

在日本,创刊于1995年的DHC会员月刊《橄榄俱乐部》,是DHC与会员沟通与体验的重要桥梁。因此,DHC一到中国,就把《橄榄俱乐部》引进过来,并进行系统改版,专门针对中国市场推出中文版的《橄榄俱乐部》。

DHC《橄榄俱乐部》堪称会员随身的美容化妆资讯大课堂。手册完全以消费者需求为导向,随季提供全球最新潮的美容化妆资讯、产品目录与信息,手册还专门遴选有关东方女性的美容资讯予以特别突出。为迎合中国女性喜好体验的特征,手册还有意加大了美容体验信息,夹送产品试用装的种类与数量,且试用装多为DHC最新推出的产品,以供中国会员抢先体验。

(资料来源:改编自 http://www.4oa.com/office/746/812/816/200901/252751_2.html)

第七节　旅　游

一、产业内涵

旅游业是以旅游资源为凭借,以旅游设施为条件,向旅游者提供旅行游览服务的行业,又称无烟工业、无形贸易。狭义的旅游业,在

中国主要指旅行社、旅游饭店、旅游车船公司以及专门从事旅游商品买卖的旅游商业等行业。广义的旅游业，除专门从事旅游业务的部门以外，还包括与旅游相关的各行各业。旅行游览活动作为一种新型的高级的社会消费形式，往往是把物质生活消费和文化生活消费有机地结合起来的。

从本质上讲，旅游就是人们离开惯常环境到其他地方去寻求某种体验的一种活动，它是一种天然的体验活动。游客投入时间和金钱参与旅游活动，追求的不是物质结果，而是一种探索、一种感受、一种挑战，还有一种是心理上的彻底放松，当然还有舒服地享受休闲时光。

旅游业能够满足人们日益增长的物质和文化生活的需要。通过旅游使人们在体力上和精神上得到休息，改善健康情况，开阔眼界，增长知识，推动社会生产的发展。旅游业的发展以整个国民经济发展水平为基础并受其制约，同时又直接、间接地促进国民经济有关部门的发展，如推动商业、饮食服务业、旅馆业、民航、铁路、公路、邮电、日用轻工业、工艺美术业、园林等的发展，并促使这些部门不断改进和完善各种设施，增加服务项目，提高服务质量。随着社会的发展，旅游业日益显示它在国民经济中的重要地位。

根据我国旅游体验的现状和参与程度的差异，将目前的体验分为表层体验、中度体验、深度体验。传统旅游停留在表层体验阶段，以观光为主，尤其是包价旅游，游客只是走马观花地参观自然和人文景观，很少接触目的地居民、地方民俗文化。表层体验对资源的依赖性强，它要创造难忘的经历，必须依赖吸引物本身的稀缺性和独特性。也就是说，观光的对象越独特、越稀少，留给游客的印象才越深，旅游经历才越丰富。因此，游客体验效果更多地依赖旅游资源禀赋的高低，在资源品质不高的情况下，游客难以获得独特、难忘的体验效果。

二、需求情况

随着游客消费心理的成熟，他们期望近距离地多方式的与旅游吸引物接触，通过直接参与特色活动，并从视觉、触觉、味觉等多方面来体验景区特色、目的地居民的生活方式以及放松心情。这种体验属于中度体验，游客在身体上、精神上与旅游吸引物和目的地居民有部分的接触和交流，能创造出自己独特的体验。

在保持国际旅游竞争力的同时，国内旅游、出境旅游将步入快速发展时期。中国旅游市场将从以入境旅游为主导、国内旅游为基础，发展到国内、入境、出境三大旅游市场共同发展。到2015年，我国入境过夜旅游者将达到1亿人次，国内旅游将达到28亿人次，人均出游2次，出境旅游将达到1亿人次，三大市场游客总量达30亿人次，中国将成为世界上第一大旅游接待国、第四大旅游客源国和世界上最大的国内旅游市场。

1. 需求的理念趋于成熟

新时期旅游消费逐步趋向理性和成熟，开始从数量扩张型向质量提高型转变。反映在旅游活动中出现了以下变化：第一，旅游需求的目的不再是满足单纯的观光游览，而是转向休闲度假、文化欣赏，并融参与性、体验性于一体；第二，对旅游消费环境的要求注重其整体性、规范性和人文性；第三，旅游消费行为由“观赏环境”的传统境界转向“侍奉环境”的新境界，通过旅游达到环境教育、修复环境和救援环境的目的，从而体现了现代人追求生活质量的方向；第四，对旅游消费质量的评价越来越集中在旅游服务上，多元化、个性化的旅游服务逐渐成为旅游消费的核心要素。

2. 需求的个性化突出

在传统的大众旅游时期，由于受经济技术条件、旅游业发展水平及旅游者自身成熟程度的限制，旅游者愿意或只能参加旅游团队，进行标准的统一化的旅游活动。在这种背景下，旅游企业只需制作大批量的标准化旅游产品，提供统一的规范化服务，即可满足大多数旅游者的需要。新时期的旅游者需要的是“参与体验、满足个性需要的旅游经历”，他们不仅要求享受到高质量的旅游产品和服务，而且要参与到旅游产品的设计制作和信息服务中，获得个性化的产品与服务，从而使个性需要得到最大限度的满足。随着消费水平的提高，这种个性需求体现了旅游需求高级化的发展趋势。新时期旅游的个性需求使旅游主题变得丰富多彩，度假旅游、探险旅游、生态旅游以及攀岩、冲浪、蹦极、滑雪等体育旅游，已成为当前旅游的时尚。

3. 对产品的需求系统化

旅游活动是一项综合性的消费活动，具有最终消费的特点。在旅游过程中，食、宿、行、游、购、娱等要素内外关联，构成了一个旅游产品系统，使旅游服务相对地成为全社会共同提供的服务。新时期的旅游者更加注重旅游产品的整体性，在六大旅游要素中任何一个环节出现问题，都将使旅游产品的总体质量下降，进而影响到旅游者对产品的需求，在这里“木桶短板效应”的影响越来越大。

4. 需求的持续性

可持续发展的思想是以人与自然的循环圈为基础，以生态、生产、生活等“三生”同构为内容，要求旅游业和旅游消费同步对接，实现可持续发展。可持续消费是在可持续发展理论与消费生态学理念的引导下而掀起的一种全新的消费行为模式。它以可持续发展理论与消费生态学的思想为指导，把整个旅游消费活动看作是一个持续发展的时空过程，并突破了以旅游者个人的效用最大化为目标的传统消费观，将旅游消费置于自然—社会—经济系统内，以减少资源使用和不污染环境为前提，在提高人们的旅游质量和生活享受的同时，实现资源环境与经济、社会的协调统一发展。

三、体验营销策略

1. 设计有吸引力的旅游体验主题

体验需要先设定一个精炼的主题，这是通往体验之路的第一步，也是关键的一步。体验主题必须具有鲜明的特色，能够让旅游者从众多的旅游产品中很快地整合出感觉到的独特体验，进而留下长久的记忆。它是经过体验营销人员精心设计出来的，如中国深圳的主题娱乐公园——欢乐谷，就是基于要设计成以不同的娱乐主题来满足游客多样化、个性化的旅游需求，使游客感受到不同娱乐经历的构想。因此，旅游体验的主题必须对游客具有强大的吸引力，这是游客出游的动力源泉。旅游服务中的所有要素都要以体验主题为中心。

2. 充分展示体验式的旅游形式产品

由于旅游者购买旅游产品的本质是服务，因此在消费服务时，不会因为服务“看不见、摸不着”而放弃自己收益最大化的追求，其结果将导致对旅游服务评价时只对接受服务所能感知的部分做出评价。这意味着旅游者只能评价可提供的旅游形式产品，旅游的形式产品不仅包括所有有形展示，还包括旅游参与过程中所接触到的旅游企业员工的服务行为。因此，旅游企业必须把握旅游者对有形展示的体验这一重要环节，并通过无形的旅游服务转换为能够被评价和与竞争者相比较的旅游形式产品的提供，将服务利益需要转换成能给旅游者带来高水平体验的有形产品，是旅游企业进行营销活动极其重要的手段和工具。

3. 提升旅游服务的体验价值

服务是为旅游者演示的无形产品，旅游消费者对服务评价的满意度，取决于其在旅游过程中的期望价值和在旅游之前对旅游的期望价值。因此，提升旅游过程中的价值和价值增值是旅游营销中经常使用的手段。服务体验价值的表现已经成为体验营销成功与否的关键，旅游产品的体验化设计、导游人员的人性化服务、餐饮服务中的体验氛围等都可以提升旅游服务的体验价值。

激发旅游者参与旅游体验。没有旅游者的参与，体验就不可能发生。因为企业的本质就是与顾客互相作用、互相影响，所以如何想尽办法让旅游者参与，从而获得与众不同的体验，已成为旅游市场营销的重要手段。旅游者参与的程度越深入，与企业的沟通就越畅通，体验也就越深刻。

体验营销的实践：洪雅的特色旅游体验

旅游行业的营销水平相比竞争激烈的消费品市场还显得不够成熟，大多是在现有的自然资源上下工夫，缺乏营销创新与价值创新。地处四川盆地西南边缘的洪雅利用这一突破的机会从产品角度，对资源进行了合理的整合，串起了一条“旅游项链”，并从以下三个角度打造特色旅游产品。

(1)享乐自然风光。天造之美“瓦屋雪”，地赋之丰“植物王国”，冬的俊美，夏的热情，适宜的气候与丰富的物种、动物，神秘壮观的雪雕、兰溪瀑布、野牛街、燕子洞、大发洞等让游客流连忘返，满足了其游山玩水的基本需求。

(2)感受厚重文化。不仅可以领略道教的玄妙，重走老子悟道之路，还可以感受古镇文化与景物的细腻悠远，在古老的小镇，目光落到任何一个地方，都有一段历史，都有一个故事，都有厚重的文化依托。抬头望去，能看见遥远的天空，能看见历史的背影。在古镇中徜徉，似乎看到了曾经熙攘古风的民韵，又似轮回中的前世今生，赋予了旅游产品丰厚的文化气息，满足了游客在游山玩水之外，对旅游更高的精神层面需求。

(3)体验新奇神秘。在这个注重体验，注重精神需求的消费时代里，意料之中的单纯美景旅游已经不能为游客提供满意的体验，必须有能让游客超出想象的惊喜，才能使其留下深刻的体验及印象。洪雅拥有独一无二的景色奇观“日出”、“佛光”、“圣灯”、“三日争辉”、“迷魂凼”等神奇的景象，为绚丽奇景笼罩了一层神秘的面纱，让人既神往又着迷。超过50个值得观赏游玩的景点，足以让来过洪雅的旅客出乎意料，乐不思蜀。

现在旅游行业非常注重体验营销，但往往是注重过程环节的体验塑造，而实际上这种体验是贯穿始终的，初期的体验会影响顾客的决策，中期的体验会加深游客的印象与满意度，而后期的体验则意味着口碑宣传及再次消费的可能性。

洪雅除注重过程的体验营销外，还着力在同行体验营销最薄弱的初期和末期环节上下工夫：录制洪雅独有的各种景观视频，辅以优美的音乐，解说员对风景及背后传说、文化、特色的讲解，让大家看到视频后无不心驰神往；将视频发在网站及刻成光盘送给旅行社，作为推介光盘。随着洪雅旅游版图不断地扩大，新的视频还会在征得对方同意的情况下通过电子邮件及短信的形式发给曾经光顾过的游客，让他们看到新情，想起旧景，加之洪雅人热情的召唤与再次光顾的优惠举措，很多人都是二次，甚至多次光顾洪雅。

（资料来源：改编自 http://www.cu－market.com.cn/alfx/2010－1－28/170406.html）

第八节　金融产品

一、产业内涵

金融产品指的是各种具有经济价值，可进行公开交易或兑现的非实物资产，也称有价证券，如现金、汇票、股票、期货、债券和保单等。金融业则是指经营金融商品的特殊行业，它包括银行业、保险业、信托业、证券业和租赁业。金融业的特点表现如下。

1. 相似性

由于金融产品技术含量较低，同质性大，很容易被同行所模仿，每个金融企业提供的产品都是相似的。因此新推出的产品往往很快会被人模仿，难以通过走产品差异化道路或者确立市场开拓者的地位来获利。这就要求我们突出品牌营销。顾客在选择某个金融企业时，往往是被熟知的具有良好声誉的金融品牌所吸引，而不仅仅只是产品本身。

2. 增值性

金融产品绝大部分属于理财投资的产品。客户购买金融产品（如基金、财产保险等）最主要的目的是能为他们带来一定的利益，所以应采取组合式营销策略。在营销过程中，通过合理组合将多种金融产品捆绑宣传，尽量打造并突出高收益、低风险特点，迎合消费群体的心理特点。

3. 指标性

指标性是指金融的指标数据从各个角度反映了国民经济的整体和个体状况，金融业是国民经济发展的晴雨表。

4. 垄断性

垄断性一方面指金融业是政府严格控制的行业，未经中央银行审批，任何单位和个人都不允许随意开设金融机构；另一方面是指具体金融业务的相对垄断性，信贷业务主要集中在四大商业银行，证券业务主要集中在国泰、华夏、南方等全国性证券公司，保险业务主要集中在人保、平保和太保。

5. 高风险性

高风险性指金融业是巨额资金的集散中心，涉及国民经济各部门、各单位和个人，其任何经营决策的失误都可能导致“多米诺骨牌效应”。

6. 效益依赖性

效益依赖性指金融效益取决于国民经济总体效益，受政策影响很大。

7. 高负债经营性

高负债经营性相对于一般工商企业而言，其自有资金比率较低。金融业在国民经济中处于牵一发而动全身的地位，关系到经济发展和社会稳定，具有优化资金配置和调节、反映、监督经济的作用。金融业的独特地位和固有特点，使得各国政府都非常重视本国金融业的发展。我国对此有一个认识和发展过程，过去我国金融业发展既缓慢又不规范，经过十几年改革，金融业以空前未有的速度和规模在成长。随着经济的稳步增长和经济、金融体制改革的深入，金融业有着美好的发展前景。

二、需求情况

随着我国居民资产拥有量和收入层次的增加，金融客户的需求呈现出多元化、个性化的特征。较低收入阶层的人们储蓄能力较弱，对投资性和新奇性的储蓄方式要求不多，选择的金融产品较为单一，借款也只是为了自身消费（如购买汽车和住房），甚至是为了维持简单的再生产与生活消费；中等收入阶层的客户则对琳琅满目的金融产品日趋关注，开始尝试使用信用卡、消费信贷等现代工具；高收入的顾客储蓄能力一般较强，讲求精致的消费品味和生活享受，使用个人支票、网上银行已成为他们的时尚，他们需要银行提供的多种配套的金融服务，如信托和证券投资服务等，借款也可能是为了筹建公司或进行社会投资。

从个人投资者选择的金融理财工具的种类来看，呈现出以定期储蓄为主、组合考虑的特点。投资者投资工具选择的多元化趋势明显，接近四成的个人投资者目前采用了至少两种投资工具，开始进行理财工具的组合，其中 26 岁至 35 岁拥有本科以上学历的个人投资者中，进行多种投资产品的组合选择的比例更高。上海市、北京市的个人投资者中均有四成以上至少选择两种投资工具来进行风险和收益的组合，显示出组合型投资产品/服务蕴含的巨大潜力。从发展趋势看，个人金融资产中的银行存款比重下降，居民的投资性资产增长快于金融资产总额的增长速度。这表明个人客户对各种投资的风险比较敏感，对收益的多少和利率的高低越来越精打细算，他们渴望银行提供流动性、安全性和盈利性俱佳的金融产品以及形式多样、方便灵活的金融服务。

近年来，我国宏观经济环境的变化为商业银行开展个人金融业务提供了广阔的市场前景，个人金融产品需求多样化、个性化的趋势要求商业银行进行业务结构调整，根据客户的需求，提供适应的金融服务。但消费者对现有金融服务及产品还缺乏足够的信任，我国个人金融多元化和个性化的需求还得不到满足。

三、体验营销策略

1. 建立完善的体验营销机制

建立面向市场、顾客和竞争的营销机制，有利于金融机构管理制度的完善。完整的营销工作应将“外部营销”和“内部营销”进行有机整合。金融机构应从以下几方面着手：首先，强化市场营销部门，用以研究客户需求，设计开发新产品，制定切实可行的营销方案；其次，必须重视和抓好对营销人员的培养和训练工作，建立相应的挑选、培训、监督、激励和评价机制；再者，通过制定内部工作准则、构建评分体系等一系列对内营销宣传教育，使员工树立营销服务观念，保证营销人员的规范化建设，提升商业银行“一线营销”的营销水平。

2. 注重产品创新

面对激烈的同业竞争，金融企业要求得生存和发展，必须在办好传统业务的同时，不断开发新的金融产品，来吸引客户，满足客户的需求，为客户服务。此外，由于法律保护在该领域的空白，金融产品和服务的独占性非常有限，缩短了产品的市场生命周期，加剧了竞争。因此，金融企业要想长期维持其产品和服务的竞争优势，就要了解客户不断更新的需求，捕捉新的市场机会，及时推出新产品、新概念，为客户提供新的服务。

3. 运用客户关系管理

通过实施客户关系管理系统，必然会使金融企业真正确立“以客户为中心”的经营思想，并通过实施以客户为导向的经营战略，从而实现根据客户需求变化积极进行金融创新。此外，通过对大量的客户数据进行综合分析，从而识别出优质客户，并对目标客户按多种指标进行分类，针对不同的客户提供个性化的服务，从而提高客户的满意度和忠诚度，最终实现企业的利润和核心竞争力的双重提高。西方发达国家金融业大都在20世纪90年代初期接受并广泛应用客户关系管理开展业务，且取得了显著成效。

4. 注重特色营销，实行差异化服务

金融企业将通过市场调研活动，在把握金融需求趋势的基础上，根据不同消费需求进行市场细分并调整服务方式，适时地确立企业发展的方向，设计特色产品，不断丰富金融产品和服务的功能及品种，推进金融产品和服务的创新。同时，要注重品牌形象设计，发掘品牌核心价值，完善品牌规划，丰富品牌文化内涵，通过新颖形象的创意思路来演绎品牌的风格，从而达到与消费者心灵的契合，以此来实行差异化营销。

体验营销实践：预约产品体验活动

工商银行湖南分行营业部于2010年8月30日至9月3日在该部10家财富客户中心开展了“预约平台个人产品专项体验活动”，对“体验营销”模式进行了有益的探索。截至9月3日，共有96名客户通过个人网上银行、手机银行等应用渠道参加了本次产品体验活动，

体验活动涉及 7 个业务品种。活动收集到有效客户体验活动记录单、调查问卷 81 份。

该预约平台个人产品专项体验活动具有以下特点：一是采用了“体验营销”模式。将体验与营销相结合，以客户体验促产品营销和客户服务，为提升工行产品竞争力、满足客户需求做出了有益尝试；二是客户年龄跨度广，客户层次均衡。本次参加体验活动的客户老中青均有，其中普通客户 30 人占比为 37%，优质客户 51 人占比达到 63%；三是活动网点分布范围较广。本次体验活动在营业部辖内 10 个财富客户中心举办，基本覆盖长沙市区；四是网银渠道应用较广。78 名客户通过网上银行体验（含演示中心）产品，1 名客户通过手机银行体验，1 名客户通过网点柜台体验。

通过专项体验活动，主要达到了以下效果：

一是宣传营销成果显现。通过本次预约产品体验活动，成功向客户宣传了工行预约产品，为客户了解产品、使用产品奠定了基础。据统计，本次参加体验活动的 96 名客户，有 81 名客户现场办理了预约产品服务，产品涉及定期存款预约、跨行汇款预约、理财产品购买赎回业务预约、牡丹卡还款预约、基金定投业务预约、银证转账预约、注册账户转账预约 7 个产品种类。

二是对“体验营销”模式进行了有益的探索。本次活动采用了具有互动性强、动手性强等特点的“体验营销”这一新的营销模式。体验过程中客户经理手把手地教，客户的问题当场就可以得到解答，体验结束后客户经理当场询问意见和建议，填写调查问卷。这与以往的“说教式”营销模式形成鲜明对比，使客户感受到了工行产品线的完善和对客户反映建议的诚意。客户经理通过和客户面对面的交流及观察，能够进一步掌握并挖掘出客户对产品的潜在需求。

三是培养了一批“体验营销”工作人员。本次活动的开展，使一批客户经理真正从实践中去应用“体验营销”的一些技能和方法，为今后进一步开展客户体验活动打下了良好的基础。

四是拓宽了产品信息反馈渠道。从客户现场反应和反馈的信息来看，客户对预约产品提出的意见和建议主要有：①希望简化预约申请流程；②希望在预约业务成功办理后，95588 服务热线能够发送提醒短信；③希望增加预约业务产品种类，例如，缴纳水电费等。

（资料来源：改编自 http://bank. zgjrw. com/News/201098/bankchina/745832826700. shtml）

第九节　网络游戏

一、产业内涵

网络游戏，又称“在线游戏”，简称“网游”。它是指以互联网为传输媒介，以游戏运营商服务器和用户计算机为处理终端，以游戏客户端软件为信息交互窗口的旨在实现娱乐、休闲、交流和取得虚拟成就的具有可持续性的个体性多人在线游戏。网络游戏是区别于单机游戏而言的，是指玩家必须通过互联网连接来进行的多人游戏。一般指由多名玩家通过计算机网络在虚拟的环境下，对人物角色及场景按照一定的规则进行操作，以达到娱乐和互动目的的游戏产品集合。

中国网络游戏经过十几年的发展，无论在产品数量，还是用户规模方面，都有了很大提升。除此以外，最值得关注的是盈利模式的变化。中国网络游戏经历了从收费到免费的转变，这种方式也得到了市场的认可，但这并不意味着盈利模式的固定；相反，随着网络游戏用户的愈加成熟，中国网络游戏的盈利模式将迎来再次转变。

2009 年以来，网络游戏产业与其他文化娱乐产业呈现融合式的发展，出现了诸多根据电影、电视剧、小说改编的网络游戏，一些网络游戏也在尝试改编成电视剧和电影，一些网络游戏公司也参与到电影制作，而且取得了不俗的成绩。另外，一些电影和电视剧行业的企业也在投资网络游戏，其中不乏央视、中影集团、湖南卫视这样的龙头企业，至于网络游戏企业与传统文化娱乐企业在营销上的合作则更是数不胜数。尽管网络游戏产业和其他文化娱乐产业的融合早在几年前已有苗头，但是限于当时的市场环境，很少有成功的案例，多数的融合体现在异业营销层面。

当前网络游戏产业已经成为中国文化创意产业的重要组成部分，并逐步渗透到整个主流网络文化产业，同时在激烈的行业竞争中，中国网络游戏市场已经形成了具有中国特色的商业模式。

目前，无论是从市场规模、企业数量，还是从用户规模来看，中国的网络游戏产业都已经成为文化创意产业的一个重要分支，网络游戏在促进文化传播，促进中国产业结构转型，解决就业，拉动内需等方面起到了积极的作用，在推动出口创汇、缓冲社会矛盾方面也做出了较大的贡献。

二、需求情况

网络游戏作为一种娱乐方式，提供给消费者的不是实在的产品，而是一场精神体验之旅。它在虚拟的网络世界创造出“竞技平台”或“社会大陆”，玩家可在当中赛车比舞、寻宝打怪、聊天交友等，各展所长，各取所需，获得在现实世界缺失的想象、情感与乐趣。

1. 感官体验是玩家直接的享受

感官是人接收外界信息的第一站，画面和音效构成玩家对网络游戏的第一印象。逼真的游戏场景，配以动听的音乐能让玩家有身临其境的感觉，进而投入、享受奇妙的网游之旅。可见，非凡的感官体验是游戏吸引玩家眼球的根基所在。

2. 情感体验是玩家感情的寄予

像其他娱乐形式一样，玩家在玩网络游戏的时候也会寻求情感的付出。他们希望能在游戏中宣泄积郁的感觉，寄予新的情绪心情，平衡现实生活中情感的缺失。

3. 思考体验是玩家精神的融入

网络游戏对玩家的一大吸引之处在于经过思考、通过努力完成任务并赢得比赛的满足感。玩家热衷、渴望游戏提供的挑战，并通过赢得这些挑战来证明自己。当玩家愿意为游戏动脑筋、费精神的时候，他已融入该游戏，享受着游戏带来的思考体验。

4. 行动体验是玩家投入的强化

网络游戏虽存在于虚拟的网络世界，它也可以通过影响玩家的身体行动，与他们的现实生活产生关联。目前，游戏厂商和运营商通过多种方式引导玩家把游戏带入他们的现实生活，除鼓励玩家进行相关的动漫、文学创作外，还有其他类型的比赛。当网络游戏渗透到玩家的日常生活中，玩家对游戏的投入度被进一步强化。

5. 关联体验是玩家关系的延伸

相同的兴趣和共有的话题，让玩家感到彼此属于同一族群，拉近相互间的距离。在游戏中齐心协力完成任务，相互交托的感觉让双方相互信赖，所有这些让玩家在游戏中相识相知，有些网上人脉甚至转移到现实生活中，让玩家成为真正的好友。网络游戏的关联体验是玩家人际关系的延伸。

三、体验营销策略

网络游戏的推广初期一般都是利用搜索引擎和在大型网站上投放广告进行营销。到了2008年，市场上涌现出越来越多的网络。伴随着美国金融危机的冲击，目前国内的很多网络游戏厂商都处在竞争白热化的时期，更需要一种更加创新的推广模式来减少厂商的推广成本，并提高推广效果。游戏推广联盟应运而生，在发展了一段时间后得到了广大游戏厂商和游戏玩家的认可，完全实现了游戏厂商和游戏玩家的双赢，更好地推广了我国游戏产业的发展。

1. 感官营销

在网络游戏里，游戏剧情和画面是网络游戏呈现给玩家最初的一面，所以开发商和运营商在设计和宣传游戏时，必须强调这两个因素。不同类型的玩家对于游戏画面场景和游戏剧情的鉴赏存在差异，所以需要对目标群体的审美喜好进行分析，然后按照分析结果有针对性地对网络游戏进行设计，重点针对目标玩家的感官冲击，为网络游戏增添附加价值。它诉求于创造感官冲击，为产品或服务增添附加价值。在网络游戏中，画面和音效是产品的直接呈现，因此开发商、运营商在设计、宣传游戏时，绝不能遗漏这两个基础要素。

2. 情感营销

创造对品牌的情感体验，形成联结。网络游戏能为玩家创造出各种不同的情感体验，网络游戏进行情感营销的关键是，主要掌握什么刺激可引发玩家情绪，以相应的剧情、游戏场景感染玩家，促使他们融入到网络游戏创造的世界。其目标是创造对品牌的情感体验，形成品牌和某种心情、情绪的联结。

3. 思考营销

通过引起顾客的惊奇、兴趣，为顾客创造认知和解决问题的体验。在网络游戏中设置思考体验要注意对玩家分级对待，不能一刀切。游戏太难会令人望而却步，应循序渐进地导入难题，让玩家去主动学习复杂的规则，游戏的思考体验随着玩家的进步逐渐展现出来。它通过引起顾客的惊奇、兴趣，为顾客创造认知和解决问题的体验。

4. 行动营销

不断增加玩家身心体验，从而丰富玩家的生活。网络游戏不仅仅在网络这个虚拟世界为玩家带来愉悦感，更应该融入他们的现实生活，让他们即使在现实生活中也能体验到游戏的乐趣。网络游戏里必须要有方便快捷的聊天系统、公会系统和好友系统，加强玩家之间的沟通，此外，网游运营商可根据旗下游戏的特色，开展各式各样的活动，让玩家也可在现实中比赛和交流。另外，鼓励玩家参与网络游戏的游戏剧情发展、场景画面的设计。由网游玩家设计的游戏，更能反映他们的需求喜好，也让他们感受到尊重与重视，与游戏关系更为密切。

5. 关联营销

希望建立个人对品牌的偏好，让使用该品牌的人们形成一个群体，让个体与理想自我、他人，甚至是一个较广泛的社会系统产生关联。无疑，网络游戏让玩家在虚拟的社会系统内发生关联，但许多玩家并不愿把这种虚拟的人际关系带到现实生活中。值得注意的是，网络游戏的许多负面消息，如暴力网络游戏引发青少年犯罪等，使它不被社会大众普遍接受。针对这些问题，开发商和运营商需要采取相应措施，一方面要注意对游戏世界里玩家行为的规范，营造良好的游戏气氛；另一方面，要开发运营更有益身心的网络游戏，尤其注意对青少年游戏习惯的引导，使游戏寓乐于教，培养社会对网络游戏的认同。

体验营销实践：微软的“Xbox 之旅”

全球游戏产业蓬勃发展。电脑游戏是其中重要的组成部分。青少年乃至成年人对电脑游戏的高度热情，促使全球电脑游戏产业形成近 1 000 亿美元的市场。

2001 年 11 月微软经过精心筹划，凭借先进技术与雄厚资本推出 Xbox 游戏机。美国家庭游戏机业即时掀起轩然大波，引发了新一轮的激烈竞争。

微软的营销战役气势逼人。初期全球投入 5 亿美元的市场宣传费，后续宣传战役的投入共计达 20 亿美元。初期宣传中，美国本土的宣传推广费用达 3 亿美元。Xbox 配置优良，效能优于竞争对手，但是成本不菲。有的美国业内分析师称微软 Xbox 游戏机上市推广完全是“不惜血本”。任天堂 2002 年在美国市场投入 2.4 亿美元的宣传费，而索尼的预算为 2.5 亿美元。

微软此次豪赌中，充足宣传预算成为其强大开疆拓土的利器之一。但还是令众多观察家认为不可思议之处是：微软作为一个非游戏业的企业，如何能够成功逼迫游戏业内经营多年的任天堂倒退，Xbox 反而稳稳地坐上美国游戏机商第二名的位置？微软是怎样做的呢？

确立时尚定位

Xbox 作为刚入市的弱势品牌，面对强大的竞争对手，针对目标市场的营销活动，面临着最大程度上的制约。

微软必须选择最短的路线，与目标消费群进行零距离接触。

游戏就是参与。样机试玩成为整个新产品上市策略中重要环节之一。最终证明与受众沟通极为有效。

最初活动微软与百事旗下 Sobe 茶饮料进行了联合营销。Sobe 当年夏季在一些音乐会和音乐节上投放近 300 辆公共汽车进行“现场热卖”的活动。微软为每一台现场汽车提供两台 Xbox 游戏机，参观的孩子们随意游戏。参加游戏的青少年兴趣非常，情绪高涨，因为他们很早就从各种渠道了解到微软游戏机，正要一试身手。

百胜餐饮旗下的 Taco Bell 墨西哥炸玉米卷连锁店也成为联合营销中重要的战略伙伴。当时 Taco Bell 正遭受品牌形象削弱之苦，与微软的合作正好提升品牌影响力。

Taco Bell 与微软联合营销计划，设立了多重奖励组合的奖券。参与者可以赢取游戏机、软件和其他的奖品。该餐馆连锁店推出了为期 5 个星期的宣传活动，包括投放黄金时段的电视广告、店内宣传资料、橱窗展示和平面广告。此次联合营销活动执行得非常认真。

在 Xbox 游戏机正式上市 1 个月的时候，两个战略伙伴推出了名为“玩游戏机，夺大奖”的活动，每家连锁店都获得 1 台 Xbox 游戏机作为奖品，微软一共送出 6 500 多台。Taco Bell 加盟餐馆顾客大增。

为了调动 Taco Bell 的特许加盟餐馆的积极性，微软特别在总部拍摄一部宣传片，分发给餐馆的特许经销商。宣传片对产品进行了详细的介绍，同时也进一步活跃了餐馆的气氛。

Xbox 营销队伍同时选择一些电视与印刷媒体进行投放，作为对联合营销活动的支持。微软制作了 12～15 个电视广告，电视广告于 10 月开始播出。平面广告也于 10 月 15 日在男性杂志《Maxim》和《Stuff》，以及滑雪、溜冰类杂志上刊出。

上市的前夕，微软的宣传活动做得更深入。2001 年 11 月 2 日，推出了一个名为“无拘无束 Xbox”的 48 小时无停顿游戏马拉松竞赛。5 000 名游戏迷参加了分别在纽约和洛杉矶举办的 Xbox 游戏机试玩大赛。

游戏就是体验营销

随后 Xbox 游戏机正式上市。平面与电视战役的全面展开，进一步为产品的销售营造了巨大的推动力。从 2001 年 11 月在美国全境推出了一个名为“Xbox 之旅”试玩活动。活动一直持续到 2002 年 12 月。

2001 年 11 月，两辆拖车带着可充气展棚开始了遍及全美的巡展。营销团队每到一地均聘请当地知名艺术家担当宣传海报的主角，以达到最佳的前期宣传效果。

微软希望这次营销活动不只是吸引消费者的注意，更希望能够为年轻人创造一种体验。这种体验应该让目标消费者找到一种归属感。这次试玩的主旨是为了让更多的年轻人体验 Xbox 高性能与高品质所带来的快乐感觉。

整个展棚内安放了 52 个 Xbox 游戏站，可供 100 个游戏者同时进行游戏。厅内提供高架上的电视，甚至还设置了贵宾休息室。现场音乐主持人以动感的音乐调动着众多观众的热情，游戏迷尽情玩乐。14 个月大型路演活动接触到近 18 万消费者。

为了使“Xbox 之旅”试玩活动产生更大的效果，前三站的巡展城市投放了 60 秒的促销广告，并播出 8 个 3 小时的现场广播节目。同时请一些明星加盟以壮声势。另外新品上市之初，限制产品供应，制造产品供不应求的局面，也产生了很好的宣传效果。

目前微软将在线游戏服务作为新的利益增长点，2002 年 11 月在美国的 Xbox Live 在线游戏服务，希望提高、刺激更高的销量。同时计划在欧洲与亚洲开设同样的在线游戏服务，以提高海外市场的份额。

（资料来源：改编自 http://www.sdci.sdu.edu.cn/detail.php? id=14915）

第十节　培　训

一、产业内涵

培训是一种有组织的知识传递、技能传递、标准传递、信息传递、信念传递、管理训诫行为。目前国内培训以技能传递为主，时间侧重在上岗前。为了达到统一的科学技术规范、标准化作业，通过目标规划设定知识和信息传递、技能熟练演练、作业达成评测、结果交流公告等现代信息化的流程，让员工通过一定的教育训练技术手段，达到预期的水平提高目标。培训产业以市场为导向，以培养人才为宗旨，让社会效益和经济效益相结合，行业内形成有分工、有规模，有创新能力的专业化培训企业和机构，依靠龙头带动和不断创新，形成竞争有序的行业规范和行业标准，形成拥有自主知识产权的教育培训产业。

当前我国培训行业仍然处在成长阶段，主要表现在：一是服务的消费者与服务的提供者都不成熟，价值与价格不相匹配，优质不等于优价，廉价不等于劣质；二是市场的准入条件很低，竞争主体进出行业频繁，没有真正的行业品牌、行业标准，在有些区域、有些培训项目实施的过程中，短期行为、短视行为比较普遍，谁都有可能成为行业规范的制定者；三是服务意识与技术都比较薄弱，售后服务乃至整个客户服务都比较薄弱，服务的品质不太稳定，包括讲师、课程以及售后服务的水平等；四是国家监管非常薄弱，缺乏相应的监管规则与监管技术；五是每家企业的市场份额都比较少，行业的标杆并未真正形成，企业个体的真正的核心优势并未形成；六是行业间的协作很少，交流相对封闭或者说还处于比较低的价值链整合水平，行业资源相对有限，行业间缺少真正开放式的交流。

二、需求情况

人才战略成为企业核心竞争力的最关键因素，企业对培训的要求和质量不断提高，时代要求教育向多元化发展，仅仅由国家操办的全日制在校教育已经远远不能满足知识经济时代人们对学习的需求。而且众所周知，在我国大学生就业难是一个备受社会关注的社会课题，其中一个重要原因是，众多大学毕业生动手能力和实际工作能力普遍低下，造成了其较低的工作能力与实践严重脱节，而职业培训的优势就在于弥补这个缺失。在此背景下，中国培训产业像雨后春笋般迅速发展。

1. 全球化趋势催生培训需求

一方面，随着我国对外开放的进一步扩大，国内外政治、经济、文化交流越来越频繁，奥运会、世界博览会等国际性会议、活动大量增加，对人才素质能力的要求越来越高。这些人才的培养，不可能都通过正规的学历学位教育来完成，大量的还需要通过继续教育培训来更新知识、提高素质、提升能力，以获得大批专业人才。另一方面，加入 WTO 后，教育服务市场逐步对外开放，大量的国外、境外培训机构和优质的教育培训资源进入中国，既带来了先进的培训理念和培训模式，给学习者提供了更多更好的选择，壮大了培训市场规模，同时，也加剧了培训市场的竞争，影响了培训市场需求变化趋势。

2. 经济结构调整及产业结构升级催生培训需求

目前，国家经济进入了一个快速增长的新时期，西部大开发、东北老工业基地振兴、中部崛起、天津滨海新区开发等是全面建设现代化国家的战略举措。同时，珠三角、长三角进入了产业结构全面升级的时期，对人才的素质能力提出了新的需求。近期，在全国范围出现的“用工荒”说明了这一点。继续教育培训如何与国家的经济发展节奏产生互动，及时分析发展带来的人才培训需求，主动适应国家经济的发展和社会的进步，是培训行业应该关注的一个大问题。

3. 新职业、新职位催生新的培训需求

当前我国将新生三类职业：一是管理类职业，如商务谈判师、客户服务管理师、理财师等；二是高科技产业中的技术类职业，如 IT 行业的计算机系统管理员、软件项目经理、计算机信息产品营销师等，IC 集成电路行业的集成电路测试人员、集成电路芯片封装工艺员等；三是在城市重点发展领域中不断涌现的新职业，如汽车产业中有二手车交易员、汽车综合经验与诊断技术、汽车营销员等新职业。新职业的产生将催生新的培训需求，促使一些行业培训及其机构从大而全的发展模式向专而精的方向发展。社会的发展必将出现更新更多的职业。

4. 个人职业生涯发展催生培训需求

对于大多数职业人来说，入职、升职晋级、岗位转换、再就业等成为职业生涯中经常遇到的人生经历。在这些职业生涯的各个阶段、各个环节，都必须及时地更新知识，增强素质，提高能力，这就不断产生新的培训需求。

三、体验营销策略

1. 设计好的体验

培训产品着力塑造的顾客体验应该是经过精心设计和规划的，即要提供的顾客体验对顾客必须有价值并且与众不同。也就是说，体验必须具有稳定性和可预测性。

2. 量身定制产品和服务

当产品和服务被定制化以后，其价值就得到了提升，提供的产品与顾客的需求也最接近。大规模地定制可以将商品和服务模块化，从而更有效地满足顾客的特殊需求，为他们提供优质价廉、充满个性化的产品。

3. 在服务中融入更多的体验成分

科学技术的发展使得产品同质化越来越严重，而服务更容易模仿，所以在服务中增加体验成分可以更好地突出个性化和差异化，更好地吸引消费者。

4. 突出以顾客为中心

以顾客为中心是企业实施体验营销时的基本指导思想。体验营销首先要考虑体验消费的环境，然后才考虑满足这种消费环境的产品和服务，这是一种全新的营销思路，充分体现了顾客至上的思想。

5. 注重顾客心理需求分析和产品心理属性的开发

当人们的物质生活水平达到一定程度以后，其心理方面的需求就会成为其购买行为、消费行为的主要影响因素。

体验营销实践：加太的体验式商务英语培训

进行"体验营销"的前提是必须找到对口的潜在客户群体，也就是传播沟通战术的作用所在。广州加太(CANPAC)英语培训中心在"体验营销"的实践中就独树一帜。加太英语在其品牌的传播沟通中并没有利用众多媒体大肆地进行传播宣传，而是将目标潜在客户进一步细分，按行业将客户分为广告传媒类、电器类、银行类、服装类、日化类等，然后再针对某一细分客户进行专门的"体验营销"。加太英语曾向广州的各大广告公司派出 DM 和邀请函，邀请广告行业内欲提高个人专业英语水平的人士，参加 CANPAC 特别举办的"广告行业英语培训专题研讨会”，此举打破了对潜在客户不分行业“一刀切”的僵化培训模式，推动了培训机构朝着更专业化的方向发展。因为很多人士不仅仅满足于一般的听说读写，更希望在自己所从事的行业上有所建树。

Sam 是一家 4A 广告公司的策划人员，他希望能够用外语向跨国公司客户的外籍经理提案，于是他在广州的英语培训机构中遴选了许久，但唯一对加太英语这份邀请函兴趣甚浓。Sam 在接到加太英语培训中心的邀请函之前也了解了不少优秀的外语培训机构，但几乎都是大众化的，没有特别针对自己所从事的行业下“培方”，因而也一直没有贸然前往。

Sam 按照邀请函所约准时现身加太英语的培训中心，在等待区的教室里会遇到很多来自广告圈的同行，虽然从未谋面，但大家都相互交心地聊起来——你是哪家广告公司的？哦，我也是搞策划，哇 M 广告公司的副总也来了……你一言我一语，大家彼此的距离就更近了，完全进入一个轻松的状态，白天在公司里还是老总，到这里都成为了平等的一员。更重要的是，由于时间安排在下午下班后，很多人都没有来得及吃晚饭，可细心的加太英语早就安排了品类丰盛的免费小吃：水果、饼干、巧克力、面包、饮料等食品，让等待的潜在客户倍感周到与舒心。与此同时，加太英语方面还安排了专业的课程指导人员坐在人群当中闲聊，接触客户最真实的心态和信息。有些到场的人纯粹是觉得有专门针对广告行业的英语研讨而好奇，像 Sam 这样有备而来的也不少，还有些则是抱着先看看再说的心态。

接下来，与会的广告圈人士都听从加太英语的现场老师按登记入场的身份卡进入教室，在听取简单的加太英语介绍后，立即进入示范课（demo class）的环节。这个时候，所有参与英语研讨会的人员才发现，他们成了 demo class 的主角。比如将 20 个人分成 4 组，每组 5 人，每组有 1 位组长共同参与加太的 demo class。由于大家英语水平都参差不齐，因而团队成员的配合尤为重要。demo class“第一道菜”是4个组都分别接到10个单词和它们对应的英语解释，共20张纸条，要求每组在最快的时间内将它们彼此匹配。随着号声一响，之前还是彼此陌生的man和lady开始协同作战，各自发挥现有的英语level共同完成这10个英语单词对应解释的纸条。由于最终的胜出还靠下面两关的表现，于是之前在输掉的词汇搭配的组并没有气馁，依然豪气冲天，摆出一副志在必得的样子。“第二关”是针对“Haagen－Dazs Ice Cream”、“Nike－Sports Shoes”、“Hennessey Cognac”、“Levi's－Jeans”等四个品牌做一份目标消费者分析。在这个环节更讲究协同配合，有些分析能力强的但英语表达不行，有些英语水平好但分析有所欠缺，于是每个小组的成员几乎抱成一团。尽管在分析阐述过程中笑话百出，但每个成员都有机会上台用英语表达自己的见解。在进入“第三关”为上述四个品牌做媒体投放计划的时候，小组的成员已达到亢奋的状态，A做中文媒体选择，B列成中文描述，C干脆直接用英语撰写。Sam所在的小组在制定“Nike－Sports Shoes”媒体计划时就能用英文将网络、电视、杂志、户外广告、地铁广告、公交车等多种媒体阐述清晰，并在电视的选台和时间段安排上非常得当，获得了第三关的胜利者……在这一过程中，加太的外籍英语老师始终与所有成员高度互动，甚至善意地“帮助”个别小组的成员参与“中国式”的作弊。

经过加太英语培训中心别出心裁的demo class，很多之前不敢说英语的成员都进入了一种如鱼得水的语境，纷纷放开来大胆表达自己的观点。很主要的原因是对症下药，因为demo class的课程内容是广告人日常接触最多的实际情况，因而在中文理解上不会陌生，而且很多英语一般的人也变得自信起来，如Sam在做消费者分析的时候就先写成中文，再和其他队友一同将之翻译成英语。

在demo class之后，加太趁热打铁，请专业的授课老师为所有成员讲解加太独特的授课方法，让成员在兴奋之余真正体验到加太的专业性。在这过程中又穿插抽奖(lucky draw)等趣味性活动进来，充分调动了成员的感受，让与会的成员身临其境地体验到加太英语集趣味性、专业性与实效性于一体的品牌感受。Sam 和多位成员在开完“研讨会”后做了个专业测试并交了定金。

“体验式营销”不会像广告那样能够隐瞒事实或者夸大效应，你现在感受到的就是你将来培训中能得到的，这种“体验营销”让加太在广州的英语培训机构中确立了自己独特的品牌价值，也成为众多英语培训机构效仿的对象。据记者了解，目前中国名列前三位的广告公司都选择了加太作为商务英语培训伙伴。

(资料来源：改编自 http://www.ppzw.com/qyfw/shownews.asp? newsid=871)

第十一节　咨　询

一、产业内涵

咨询是指有关人员运用信息、知识、经验、技术和智能，向用户提供信息和智力服务的一类活动。信息产业是适应社会信息化、现代化发展而兴起的现代产业。信息咨询的核心作用和功能是提高人们的决策和行为的科学化水平，具体而言有如下几点作用：一能提高社会的决策科学化水平；二能提高企业的经济效益；三能推动外向经济发展；四能推动科学技术进步；五能促进人们生活方便化和质量提高等。此外，咨询服务还能帮助信息从无序到有序，具有推动时代信息化健康发展的功能。咨询活动是“群策群力”的一种活动，具有促进社会生活民主化发展的作用，是现代重要的新兴产业之一。随着咨询产业的发展，其日益广泛的作用将全面体现出来。

咨询业则是对第三产业中以咨询服务为特点的各种行业的总称，因其特点为智力型服务，也被人们称为“头脑产业”，请咨询专家咨询被称为“借脑”。作为一种智力密集型的知识服务性产业，咨询的现代意义是指来自个体和组织外部的专业化技能，它以专门的知识、信息、经验为资源，针对不同的用户需求，提供解决某一问题的方案或决策建议。

我国咨询业经过 30 余年的培养和发展，市场不断扩大，也暴露出了许多问题，而且还面临越来越多跨国公司的挑战，提高管理水平迫在眉睫。

1. 咨询市场扩大艰难

首先，咨询业在中国经历了从无到有、从小到大的发展过程。但大多数咨询服务对象仅限于大企业和上市公司，大多数中小企业对咨询的需求不迫切和不明确，有些中小企业对咨询知识仅限于对报刊上爆炒的报道了解上。其次，企业家顾忌太多。不少企业家虽然希望借助“外脑”提高管理水平，但是顾虑外界及企业员工怀疑自己的能力；有的虽然承认咨询服务的价值，但却不愿投资于经营管理。再次，企业界的暴发心理及短期行为严重。由于企业迷信“点子”神话，这种状况在一定程度上也阻碍了咨询市场的扩大。

2. 咨询业整体咨询水平不高，整体素质亟待提高

与国外的大型咨询公司相比，国内的咨询公司还有不少差距，主要表现为没有成型的咨询体系；没有咨询案例数据库；咨询队伍整体素质不高，缺乏咨询和企业管理经验，因而难以向客户提供高质量的咨询服务。目前国内从事人力资源咨询业务的顾问师数量应该极为可观，但整体质量却并不乐观。

3. 咨询行业人才奇缺，制约着行业发展

咨询是一高度智力化的服务，不仅要求从业人员具有极高的素质，而且要求其具有丰富的企业经营管理经验以及咨询经验。而这样的人才在我国可以说是一种稀缺资源。MBA 教育的兴起，虽然对缓解这一问题起到了一定的积极作用，但因为其产量高，合格品

少,作用极其有限。因此,咨询人才匮乏的状况将在今后很长一段时间内存在。

4. 过度追求"明星"效应,潜在着危机

追求"明星"效应,是因为产业发展之初缺乏可以依托的品牌资源,于是已经成型的传统品牌就成为一个可以合理借用的资源,而著名学府和明星个人就自然成为首选。追求"明星"效应,已经成为这个产业最普遍的作法。而偏偏咨询业是一个高度倚赖智力资源的行业,靠着明星效应快速积累起来的品牌力度也会随着明星的离去而快速消逝。

二、需求情况

鉴于现代咨询对决策活动的巨大支持作用,各国政府十分注重利用咨询工作,以提高决策的可靠性与科学性。咨询活动参与政府决策,一方面大大提高了决策的科学性和可靠性,另一方面也符合现代政治的民主化趋势。

随着中国经济的迅猛发展,企业数量的不断增加,必然增进对管理咨询的渴望,可以说,咨询业是市场经济发展的产物,市场越完善,竞争越激烈,企业对管理咨询的需求越大,咨询业也就越发达。随着经济全球化时代的到来,企业竞争成为企业综合实力的竞争,而竞争中要求管理水平的提高,包括品牌策略、经营管理、产业发展战略、价格策略、信息网络、薪酬设计等各方面管理内容。企业竞争力和效益的持续高速增长,取决于上述各因素的综合运作,管理咨询因其提供服务而受企业界的欢迎。随着我国市场经济不断走向成熟和发展,咨询产业将是我国本世纪未来 20 年最具希望的产业。

三、体验营销策略

1. 转变观念,提高对培育和开拓市场的重视程度

咨询业的产品和生产型的产品一样,在发展的初期都有一个培育和开拓市场的过程，但同生产型的企业相比，咨询企业往往忽视这个过程或对它重视不够，这对咨询业的发展是非常不利的。咨询业的产品也有一个被消费者认知和接受的过程。如果不为消费者认知和接受，其市场的存在也就无从谈起，即使咨询企业人才济济，也是无用武之地。因此，我国的咨询机构一定要对培育和开拓市场充分重视，主动去工作，而不是坐等市场的出现。当然，只有认识到这项工作的重要性才能有所行动。所以，转变观念对我国咨询业的发展是很重要的。

2. 了解咨询服务的特殊性，运用正确的营销方法和渠道

虽然市场开拓和营销对于咨询企业和生产型企业同等重要，但其营销方法和渠道还是大不相同。这主要是咨询产品是无形的智力服务，而生产型的产品是有形物质。咨询在大类上可划归为服务业，向客户提供服务就是服务业销售自己的产品。

咨询业的市场营销需要识别顾客的需求和欲望，确定某个组织所能提供最佳服务的目标市场，设计适当的产品、服务和计划方案以满足这些市场的需要，其目的是通过与重要的客户建立有特定价值倾向的关系，创造顾客满意并且获取利润。营销手段必须要满足以客户需求为核心的当代市场经济的要求，强化体验意识，增加体验产品，不断丰富和完善体验营销。

体验营销实践：摩尔的体验式咨询

福州摩尔企业管理咨询有限公司是一家专业从事“体验式培训”研究和推广的咨询及培训服务机构。2005 年 8 月，摩尔成立了以体验式为主导的“摩尔拓展训练研究中心”及“摩尔沙盘模拟研究中心”，并迅速壮大研发队伍。这两个研究中心也成为摩尔公司的核心机构，在福建乃至中国广大地区，都极具影响力，摩尔也成为福建地区第一家拥有专业课程研发中心的咨询机构。

摩尔公司总部位于美丽的海湾城市厦门，在泉州、福州、温州、南昌等地设立了分公司，并在全国 10 多个大中型城市均设立了办事处。

摩尔本着“更专业、更务实、更快乐”的企业理念，不断优化训练形式，提升训练质量，完善客服体系，满足客户需求，为企业的稳定发展、持续增长提供有力的保障。

摩尔拓展训练不同于一些非专业从事拓展训练的咨询机构，也不同于一些登山协会以及各种户外运动俱乐部，摩尔真正实施的是拓展培训，而非拓展活动，两者存在着本质的区别。拓展活动是以活动为主，缺乏引导点评总结，学员可能也会玩得很开心，但是仅仅停留在参与项目的愉快当中，真正收获到的却非常有限，对学习工作生活帮助不大。而摩尔拓展重在项目结束后的分享引导总结，是一种寓教于乐、先行后知的学习方式，学员既能够在项目中得到很多的乐趣，同时项目结束后，又能很好地结合实际工作生活，对学习工作生活都能起到很积极的推动作用，真正实现在体验中提升的效果。

摩尔拓展年会是针对不同企业、不同的会议目标而专门制定的，将户外极限拓展培训与室内经典管理课程相结合的年会。摩尔拓展年会打破传统的企业年会形式，把年会从室内带到户外，把企业年会同培训相结合，相辅相成，让学员感受到公司给予的家庭温暖，让员工之间、员工与领导之间、供应商与经销商之间的沟通变得简单、直接而有效，让员工在寓教于乐中学习有效的工作途径和方法。

摩尔魔鬼训练运用解放军特种部队的训练组织方法，结合实际情况制定特种训练计划，培养参训学员“特别能吃苦、特别能战斗、特别能奉献”的工作作风以及“流血流汗不流泪、掉皮掉肉不掉队”的团队精神。事实证明，世界上最有效率的组织是军队。摩尔魔鬼训练的军事化管理经验，将成为企业竞争、制度建设、传承、员工忠诚等问题的学习源泉。

摩尔自成立以来，一直致力于“中国企事业单位的团队建设”，

“摩尔拓展”训练品牌影响力也日益壮大。凭借过去 3 年来在团队建设领域对中国企事业单位所做出的突出贡献，摩尔荣获了“国际管理学会”评选的“杰出团队建设奖”。

目前摩尔已经成为中国最具影响力的体验式咨询及培训机构之一。

（资料来源：改编自 http://www.059rc.com/training/t_kecheng.asp? id=412）

第十三章　典型场所的体验营销

第一节　卖场的体验营销

一、卖场体验营销的内涵

现代意义上的卖场不同于一般意义上的商店，多数情况下是指商品(服务)专卖、专售商店，是企业向顾客提供产品和服务的实际场所，包括百货卖场和专业卖场。卖场体验营销是指以这些卖场作为具体媒介，通过各种不同的方式对顾客予以刺激，从而使顾客更多地购买产品，满足需求，从而获取更多利润的一种营销方式。卖场体验营销主要包括卖场地点选择、卖场布局结构、卖场氛围和卖场规模。

1. 卖场地点选择

地点是决定卖场成功与否的最重要因素。如果当商品成本和使用价值这些因素没有差别时，人们就会到最近的商店去购买所需要的商品，在可选择的情况下，附近最大的那个商店会成为首选目标。随着城市化进程的加快，商品经济的发展，商业发达的路段成为卖场的首选，这样的地段行人较多，适合做卖场。

2. 卖场布局营造

卖场布局营造包括商店布局、商品陈列等内容。精妙的卖场布局方式将成为消费者体验卖场环境设置的重要组成部分。在超市，如果过道的长度短，购物者可能会更多地向下看而不是朝前走，结果是在过道短的区域中的消费者极少产生冲动性购买。常用的商品如面包、牛奶及蔬菜经常放在商店较远处的角落，以此来促使消费者在店内更多的地方浏览，这样许多不同种类的商品就会映入他们的眼帘。热销区域通常设立在外面的通道处、服务区、过道的头尾两端及收银台附近。多数消费者习惯于关注过道的右侧，所以右侧尤其是与眼睛平行的地方也是热销区。人们还发现，将物品放在与眼睛持平的地方会增加销售量，置于商店后部的必需品和常用品会更好地吸引消费者光顾。在大型购物中心，越来越多地重视审美和休闲因素。让购买者在购物时自得其乐，购物的同时还能享受休闲，包括设置餐饮场、艺术展览、为孩子们设置的全天游乐点等，有时在一些购物中心还可以找到主题乐园。

通过商店的橱窗陈列、标志和设施吸引顾客的注意力，激发消费者的兴趣，从而促使购物者采取进一步的行动。那些橱窗正对着来往人流的卖场会比那些街巷深处而远离人流的卖场招徕更多的顾客。透过橱窗对某家卖场及商品的注目，往往会导致进去逛上一圈并买上点什么的愿望。带有展示一种或两种专卖品的小橱窗，常常表明一个卖场良好的或气派非凡的形象。

货架商品摆放是对卖场内商品呈现方式的设计，目的是为消费者提供便利并刺激消费者的购买行为。货架商品摆放要有助于引导消费者前往那些高毛利商品的地方，因为这些商品很有可能被计划外购买。如消费者可能要寻找的商品可以放在卖场靠里的位置。卖场的商品目录设计是引导消费者购物的“路径”和使其获得一种愉快的体验，货架商品摆放不协调会给人是廉价货或劣质商品的感觉，食品杂货卖场把水果和蔬菜摆放在入门附近，以形成芳香扑鼻、色彩鲜艳、新鲜和接近自然的感觉，同时使顾客能够触摸这些产品。特别是力图引起消费者的瞬间注意并尽力保持该注意时，货架商品摆放被称为“无声的推销员”。像广告一样，货架商品摆放是一种成本很低的措施，以通过具有诱惑力和种类丰富的物品，吸引消费者的注意力。

3. 卖场氛围制造

卖场氛围是指那些被卖场空间设计和利用的各种因素，其目的是对消费者的情感和随之而来的行为产生影响。营销大师科特勒指出，消费者购买的是商品的整体，不仅包括所购买商品的实体，还包括包装、售后服务、广告、信誉，以及更为重要的交易地点的空间氛围。所以说，氛围指的不是构成卖场信誉的现实的自然和社会因素，而是指引发消费者主观感觉的那些因素。企业可以通过对卖场氛围的视觉（包括颜色、亮度和外形）、听觉（音量和音调）、嗅觉（气味、清新度）和触觉（柔软度、温度）等几个方面的调整，影响消费者的感官反应，促使他们产生愉悦，并在愉悦的背景下产生更多的选购行为。

星巴克的大多数顾客，尤其是在早期，主要是居住在拥挤的城市环境中的那些忙碌的人们。他们被吸引到星巴克，是因为星巴克的商店为他们提供了一个良好的环境，让他们能够暂时停下来放松放松。顾客对产品很满意，而且他们更是为了追求这样一种经历：每次喝一杯咖啡，带给你一种让世界的节奏慢下来并好好享受的机会。尽管星巴克迅速发展，但是它从来没有偏离这一点。

在卖场的室内装饰色彩上，就销售效果和消费者的满意效果而言，蓝色优于红色。因为红色令人感到紧张和反感，较柔和的蓝色被认为能引起平静、凉爽和正面的感觉。

卖场的气味能对消费者的购物行为产生正、反面的影响。一项研究发现，在与产品类型一致的香味环境下，顾客会产生再次光顾该卖场的愿望，会提高对某些商品的购买意愿并减少费时购买的感觉。花香四溢的卖场环境增加了耐克鞋的销售；联合利华在音乐卖场中销售香水；诺贝尔公司在其书店里开设咖啡馆；拉斯维拉斯赌场的老虎机中使用了某种香味。

音乐影响消费者的情绪，而情绪又会影响消费者的消费行为。在很多卖场都会有比较柔和的音乐，这样人们的情绪就会很好，促使更多的消费。

由于企业越来越认识到环境能够激发购买，友好、有趣和引人注意的环境正变得随处可见。健身俱乐部在健身器材旁边装设电视机；汽车服务中心在等候室提供点心和咖啡；家具店把家具布置成小型起居室而不是简单散放。

4. 卖场规模设计

卖场规模是指商品出售的场所的范围，包括商品规模和场所规模。卖场的商品越丰富、越齐全，所能够创造的效益会越大。沃尔玛超市的商品品种是非常齐全的，因此也成为全球最大的零售帝国。同时，卖场的场所规模化，卖场空间大，能够容纳更多的商品和顾客，也会创造更多效益。现在的商场都是越盖越大，越宏伟，从而吸引更多人前去购买。

二、需求情况

随着市场经济的不断深化和发展，商品的日益丰富，人民生活水平的提高，购买能力得到加强，人们的需求不断增加。与此同时，卖场的体验营销相对滞后，需求较大。

1. 生活需求

不同的人有不同的生活需求，一个人最主要的生活需求也不是一成不变的。一般来说，当他衣食无着落的时候，其最大的生活需求就是吃饱穿暖，当这个生活需求已经得到满足时，就会有新的生活需求来代替原有的生活需求，不断变化着的生活需求推动着人们积极主动地前行。随着经济的发展，人民生活水平的提高，消费越来越高，就会到更高级的卖场去消费。

2. 安全需求

社会的进步带动人们精神世界的进步，各大卖场都不断完善消防安全措施，使消费者觉得卖场更安全，同时，卖场对有问题的商品的处理也较以往更负责，消费者不再担心权益受损后得不到维护。

不断完善的售后服务更进一步加深了消费者的信赖。

3. 品位需求

经济发展，社会进步，物质不断丰富，人们的品位也不断提升，卖场的出现，特别是大型卖场的出现，正好迎合了人们的这种需求，人们感觉在这些大型卖场消费更有档次，也更说明自己有品位。

4. 精神需求

随着人民收入的提高，需求趋于多元化和高级化，精神和情感需求日趋强烈，对服务需求更高，大型卖场的服务相对来说更到位，更能吸引顾客，人们感觉去消费是一种精神享受，可以满足自己的精神需求。

三、体验营销策略

1. 提高卖场的总体评价

质量取胜，服务取胜。因此要提高卖场里面商品的质量，让顾客买到优质产品，买的满意，用的放心。同时店员的服务态度至关重要，这是能否吸引顾客的关键，要提高服务员的服务水平。卖场内的商品多样性也是必不可少的，商品齐全，来购买的顾客才会多。售后服务也要到位，让消费者觉得买的产品有保障。另外，卖场的安全措施也不可缺少，以防万一。

2. 提高卖场的效率

各大卖场之间的间距不能过大，以方便消费者参观购买，同时在许可的情况下要靠近居民的住宅区，这样消费者也会更多地走进卖场。卖场尽量选择在道路较为畅通的地段建造，道路畅通，方便停车，消费者才会去的更多。

3. 优化卖场的环境

卖场里面要相对安静，少有噪音，噪音会影响消费者的情绪，进而影响消费者的购买欲望，可以放点轻音乐，以此缓和消费者的情绪。卖场要做到开放，不能封闭，让人觉得不可接近，因此，开放是很有必要的。最重要的是卖场要整洁，不清洁的卖场会严重影响人们的心情，而一个干净卫生的卖场则会吸引更多人前去消费。

4. 增进卖场的亲和力

卖场要吸引消费者，就要和消费者更亲和、更亲近，才会有消费者来消费。在不同的节假日做出不同的主题，适应节日气氛。较为简单的做法是，卖场直接提供免费接送班车，这样会吸引更多的消费者。

体验营销实践：李宁的北京旗舰店

2004年6月26日，李宁公司在北京的第一家旗舰店建在了北京最繁华的王府井商圈，在随后的经营活动中，他们充分采用了体验营销这一先进方法。

该店占地面积700m^2，分上下两层，第一层男子区，第二层女子区。该旗舰店经营体育用品的种类包括篮球、足球、网球、青少年时尚运动等体育领域的训练及专业用品。2004年8月28日，该旗舰店的姊妹店——李宁“赢之殿”在王府井重装上阵。“赢之殿”店内面积达到500m^2，在短短的两个月内，李宁公司在北京打造两大旗舰店，以领航终端，占据商战的最高点。

体现文化精髓

王府井两家旗舰店中，除展示李宁系列主流产品，给顾客提供舒适的购物空间外，还专门设置了李宁文化展示专区，展示公司和品牌的发展历程及所倡导的文化精髓——一切皆有可能。在其旗舰店内，有一面很大的形象墙，其设计体现着李宁“运动”、“简约”、“时尚”和“自信”的品牌格调。除了文化的展示区，还设置了与客人的互动区，顾客可以通过在旗舰店的消费体验感受到该品牌传达的各种信息。

选址和规模

北京的两家姊妹旗舰店，坐落在北京最繁华的王府井商圈，占据了商业战场的最高点。其他地区的旗舰店也都坐落在繁华的商圈内，例如，武汉李宁星火旗舰店坐落在武汉市最繁华的江汉区中山大道。

从面积上来说，北京的两家姊妹旗舰店，一家 $700m^2$，一家 $500m^2$，虽然不是全国最大的店，但是其所在的特定位置决定其在面积上的比较优势。其他地区的旗舰店一般而言都是当地面积最大的。

旗舰店装潢

企业颇费心机，每家旗舰店的店面设计都渗透着通透、精巧等元素。在王府井旗舰店中，把产品类别分为四大类，分别用不同的色彩进行区分。比如男子运动区和女子运动区采用红色的墙面，运动配件区则选择白色的墙面，运动时尚区使用炭黑色的墙面，高尔夫区则使用墨绿色的墙面，鞋区的背墙是由光带过渡的玻璃质地设计。

在商品展示上，由于李宁的产品种类过于庞大，不可能每种商品都在旗舰店得以展示。李宁公司通过对该旗舰店所在商圈的主流顾客进行调查，了解其对体育用品的特定需求，选择一些能够满足这些需求的代表性的产品。一般而言，这些展品往往更时尚，更贴近潮流。

员工心态

旗舰店的员工有一部分是来自于各店的优秀店员，他们在心态、知识、技巧等方面都出类拔萃。心态层面主要指职业心态，员工对企业所拥有的一种主人翁的精神；知识层面主要是指要具备相关的产品知识，还要对时尚趋势、消费者心理有一定的把握；技巧层面主要包括一些销售技巧，处理顾客投诉的技巧等，其中包括一些赞美技巧、二选一技巧等。另外相对于其他终端，在员工培训上，企业也对旗舰店投入了更多的精力。

李宁的主营产品是体育、休闲用品，李宁的董事长出身于体育之门，李宁的广告创意也围绕着平民体育“一切皆有可能”。在旗舰店的推广上，沿袭了体育搭台的传统。李宁两家旗舰店驶入王府井，暗示李宁一线城市旗舰店攻略的全面打响。

（资料来源：改编自李惠然. 李宁旗舰，领航终端. 市场观察，2004 年，第 11 期）

第二节　机场的体验营销

一、机场体验营销的内涵

机场是在陆地上或水面上的特定区域，其全部或部分供航空器着落、起飞和地面或水面活动之用。机场包括民用机场和军用机场，本书主要研究民用机场的体验营销，机场的体验营销是指顾客亲自参与到机场的运营和管理，在大脑中留下深刻印象，加深对民用航空的了解，使机场能够更好运作的一种机场销售方式。机场体验营销包括机场基础条件、机场中转时间、枢纽运行设计。

1. 机场基础条件

机场基础条件主要是指机场所处的地理位置，大体上是处于经济发达地区，还是经济不太发达地区；机场距离国内主要城市、繁华路段的远近；机场距离居民区的远近，其噪音是否影响居民的正常生活；还包括该地区的政府政策，如地方财政政策和税收政策会影响机场是否选择在此建造的重要条件。同时，通往机场的道路要保证畅通，这也是机场运营的重要条件。

2. 机场中转时间

机场中转时间是指一飞机到达此机场，机上的乘客以及其他的物资进入另一驾飞机所花费的时间，这个时间越短，说明这个机场的效率越高，转机手续越简便，从而为顾客节约更多的时间和精力。目前，各国的机场都在考虑如何减少中转时间，这样机场能在竞争中立于不败之地，顾客也会更满意。

3. 枢纽运行设计

枢纽运行模式是将枢纽机场的到达航班和出发航班分开，一个时间点安排到达航班，紧接着在另一个时间点安排出发航班，在时间上将到达航班和出发航班有效衔接起来，有效地实现了航班之间的衔接和干线与支线之间的衔接。枢纽运行设计最主要的就是航班波设计。航班波是航班起飞或者降落的高峰或者低峰，航班设计包括中转比例，就是在此机场中转的数量的多少，占总航班的比例；航班波个数及分布时间，航班波应该相对分散，不应过于集中；航班数量是一个很重要的参考量，航班间隔也会影响到航班波的设计。枢纽运行设计更合理，机场效益就会更大。

二、需求情况

1. 时间需求

在现代社会，时间就是生命，时间就是金钱，时间就是力量。现代社会交通也是日益发达，各种交通工具不断涌现，而飞机无疑是速度相当快的一种交通工具。在时间有限的活动中，飞机往往成为人们的首选，因此，顾客对时间的要求是很高的，这也是航空业得以迅速发展的重要条件。

2. 空间需求

在交通发达的现代，火车、汽车、轮船、这些交通工具都可以带来方便，但是从一个地点到达另一地点，空间移动最好的工具还是飞机。同时飞机自身空间也比较大，相对火车的拥挤，汽车的颠簸，飞机无疑是非常理想的交通工具，在天空中的空间感更强。

3. 观光、展览、会议需求

现代社会经济发达，出国旅游也是很平常的事情，而且出国最好的工具非飞机莫属。目前也有许多旅游景点采用小型观光飞机来吸引游人，有的场景非常漂亮，但是陆地上很难去观看，这时，乘坐飞机就是很好的选择。

当下，各种展览活动日益频繁、五花八门，各行各业的商务人士和有兴趣的人们都会去参加自己感兴趣的展览会，由于时间的原因，选择飞机作为交通工具就很理想，不会耽误事情和时间。

随着全球化的发展，各国之间的联系日益增多，政府之间和非政府之间的交往密切，长距离远行更需要安全、舒适和快速，因此，飞机就是最理想的交通工具。

三、体验营销策略

1. 注重服务体验

机场是乘客进出航班的必经之地，也是乘客换乘中转的短暂停留休息的场所，是乘客的临时之家。乘客在机场里，需要包括问询、安检、行李托运、餐饮、茶水、交通、通讯、休闲、购物、保险、机票、金融、停车等多种服务，这些服务项目是否完善以及服务水平是乘客能够直接感知和体验得到的，机场必须强化服务意识，优化服务项目和服务流程，打造顾客之家，从细节上去关注顾客体验需求。

2. 优化机场环境

机场环境是影响乘客体验的重要因素。乘客的每次航空旅行体验是从机场开始的。机场内部空间布局、服务设施分布是否合理、便捷、完善、舒适，决定乘客是否满意。机场的环境涉及机场外的绿化、通道和停车等相关设施，内部环境包括机场装潢、颜色、广告、绿化、音乐等，这些要素直接影响乘客感官、视觉体验和情绪情感体验。机场又是一个高端人士聚集的场所，这些乘客普遍收入高、文化程度高，对文化需求要求高。因此，机场同样需要营造文化氛围，增加文化元素特别是地方特色文化的展示，满足乘客的文化需求。机场环境还包括机场的设施设备、管理信息系统。机场对于现代计算机技术和管理信息系统的运用，可以大大提高管理效率，减少乘客的候机时间和精力。如美国民用航空公司普遍采用先进的电子信息管理系统，如代号共享、常客奖励、收益管理等。又如 GPS 全球卫星定位系统、目视飞行、滑行停泊导引系统等将彻底改变机场的管理运作方式，提高机场的运行效率和运营安全。

3. 提高机场人员素质

机场人员是机场对外服务的窗口，人员素质的高低关系到机场的形象，也关系到机场能否长久发展。机场人员的素质包括机场普通员工的服务素质和管理人员的知识结构和能力结构。

美国机场管理者知识结构、能力结构经历了几次大的变化：20 世纪 50 年代，管理层土建专业人员多；60 年代，管理层财务专业人员多；70 年代，法律专业知识结构成为管理层主要的知识结构；80 年代，管理层的知识结构向全面性过渡，这一时期 MBA 的管理知识结构成为主要管理层的知识结构；90 年代，管理层的知识结构更逐渐过渡到信息管理专业。管理层知识结构的变迁反映了社会文明的变迁和机场管理对管理人员要求的变化。目前，我国机场管理层整体的知识结构大致与美国 50 年代管理层的知识结构相同，人员素质的差别可见一斑。因此，机场要努力提高机场人员素质，提高机场管理水平和运行效率，提供人性化的服务，增加顾客满意度。

体验营销实践：机场特殊渠道的营销策略

世界最大的单体候机楼——首都 T3 航站楼终于迎来国内航班的集体入驻，对于那些已经进驻 T3 航站楼的商家来说，国航等大航空公司搬入 T3 后将会给他们带来更广阔的商机。而一些早有准备的商家，纷纷推出了针对机场这个特殊渠道的营销策略。

国内著名女装品牌白领，除了在 T3 航站楼开设了 WHITE

COLLAR和 SHEE'S 两家店铺外，更是借助机场这一特殊渠道，推出了“白领头等舱”这一针对 VIP 客户的增值服务。此举不仅开创了机场店铺的服务先河，也为白领在提升服务和品牌形象上再占先机。

机场渠道的特殊服务

“白领头等舱”T3 店服务包括航班讯息查询、机票预定、代办登记牌、快速安检、候机专享、物品运送、接机送机、小件物品快递八大项服务，凡是白领 VIP 顾客，只要拨打头等舱贵宾专线均可享受以上任意的服务。

如果你是白领 VIP 顾客，当你刚落地到首都机场，你便接到白领“头等舱私人管家”的电话，在下飞机后，由私人管家引领，从机场贵宾通道直接到为白领准备好的豪华专车，送到市区指定地点。值得一提的是，这些服务全部免费。

机场渠道是城市的窗口和门户，大型城市的机场年旅客流量都在千万人以上，并且往来旅客基本上是社会优势人群，是“含金量”非常高的顾客群，因此机场对于品牌的提升和宣传有着特殊的优势。机场渠道除了一般的销售功能外，还有以下特殊作用：即展示品牌形象、市场调查。

对于很多入驻机场渠道的品牌商而言，进驻机场渠道意义，恐怕展示的功能大于销售，而 T3 航站楼作为北京奥运会主要接待机场，其蕴含的销售功能也是所有商家无法忽视的。据了解，2 号航站楼的服装品牌专卖店中，一些市场占有率高、知名度大的品牌有着非常良好的销售业绩，甚至有个别品牌的业绩不亚于百货商场里的专卖店。2 号航站楼的业绩使得 T3 航站楼的商铺未开先火，引发很多品牌商争相进驻，包括一些之前在机场很难见到的国际奢侈品品牌。

根据位于 T3 航站楼国内航班登机口的白领店了解，虽然目前只有四川航空和山东航空两家航空公司搬到这里，白领头等舱概念店的业绩也比预想的要好，出现了一个顾客单人购买2万元的纪录，根据白领公司营销人员分析，这和“头等舱私人管家”增值服务有关系，由于代办登记牌等一切繁琐事项，使顾客可以有充足时间在店里逗留，挑选自己喜欢的商品。而凡是享受头等舱私人管家服务的顾客，一般都是购买力很强且对品牌有很强忠诚度的消费者。

机场渠道并非适合所有品牌

专家指出：机场渠道作为一个特殊渠道，也并非适合所有品牌入驻，由于渠道费用昂贵，因此较适合高端品牌。据一项针对机场渠道人群的市场调查表明：大部分机场消费的消费者对于价格并不敏感，而是对于是否能够方便快捷选购适合自己的产品比较重视。

机场渠道被称为贵族通道。一般而言，进场费用高，那些定价较低的品牌，即便销售不错，也很难有机会进入机场渠道销售。机场渠道之所以昂贵的真正原因是其拥有其他渠道不可比拟的优质顾客群体和对资源的垄断优势。目前，机场渠道的盈利方式已经从以销售折扣收入为主向销售利润和服务收入并重转变，服务内容包括灯箱、海报招贴、展示位拍卖、特殊陈列等。虽然机场渠道的地位不断提高，但其在发展中同样面临着许多问题。首先是渠道内部不统一，经营理念有待转变。目前许多机场都是一个渠道同时被多家企业瓜分，在这种“各自为政、分散经营”的格局下，服装品牌很难实现自己品牌意识的最大体现。比如，在T3航站楼的商铺划分中，并不像一般百货商场那么清晰，一个高端品牌旁边，可能就是一家卖纪念商品的店铺。对于此现状，机场渠道的品牌商应将重点放在自身建设和顾客服务上。其次就是店铺面积和陈列问题，由于受机场特殊条件制约，店铺面积不可能很大。

（资料来源：改编自 http://www.efu.com.cn/data/2008/2008－04－07/233990.shtml）

第三节 酒店的体验营销

一、酒店体验营销的内涵

酒店是接待客人或供旅行者休息或住宿的地方，随着旅游者或旅行者需求趋势的发展和变化，现代的酒店在功能上也不断扩展，已经能够在很大的范围向旅游者提供所需要的综合服务。因此，现代酒店实际上是以建筑设施为基础，为旅游者提供住宿、饮食、娱乐、购物及其他服务的企业。

由于功能的扩展以及各种功能在酒店中所处的地位不同（由此形成了酒店服务的倾向性），现代酒店出现了多种多样的类型，如商务酒店、度假酒店、会议酒店、公寓酒店、汽车酒店等。这些酒店又往往根据服务档次和质量被评定为不同的级别。酒店的这些发展，标志着现代酒店重视人的因素，并针对不同的细分市场提供高品质服务的特点。

酒店体验营销是指酒店以顾客的需求为核心，通过设计和提供个性化、情感化的产品和服务，为顾客创造有价值、有意义的体验，让顾客留下一种“独一无二”的难忘回忆，从而满足顾客体验需求的一种营销方式。同时，体验营销强调顾客的主动地位，重视顾客的参与和互动，是以顾客参与酒店产品和服务设计为前提的。体验营销是一种十分人性化的现代营销模式，它进一步满足了顾客需求向更高层次延伸的变化，是体验经济时代最具代表性的营销理念。

1. 强调顾客参与

体验以顾客为主体，因此顾客应该充分地融入到企业所创造的体验主体氛围之中。员工的现场演示和积极引导，活动期间着重强调顾客参与，将顾客的积极参与作为此次营销的根本目的。如果仅仅是走马看花式的旁观，而不亲自参与其中，并在参与中思索与体会，仍然不会得到真切的体验。

2. 体验过程完整

体验营销的最终目标，不是单纯构筑某一种体验，而是为顾客创造一种完美的而又不同寻常的整体体验过程。一个精心设计的全程体验会对顾客的理性和感性的期望产生积极的影响。任何一个环节的失误，都可能会影响顾客对整体体验的满意度。因此，为顾客创造一种美好且完整的体验，才是酒店营销需要不断追求的目标。

3. 体验要个性化

酒店人员根据不同顾客的特别需求提供相应的有针对性的服务，使其在接受服务时满足生理与心理的需求同时，产生特别舒适的精神心理效应。为了提供个性化服务，员工应及时预测顾客的需要，主动地对顾客的需要做出反应。

二、需求情况

1. 生活价值需求

酒店应在保证酒店有形产品或硬件质量的前提下，把更多精力放在顾客的精神需求上，致力于为顾客创造更多精神上的愉悦，同时还应按照其住店期间所处的不同生活领域或其侧重程度区别对待。另外，顾客获得的体验价值不仅由其自身所进行的各项消费活动提供，非消费生活也对其最终的体验价值产生影响，应适当关注一下顾客非消费生活方面的需求，提供适量的“超值服务”以供顾客不时之需。

2. 组合消费价值需求

整个酒店产品是由不同的价值单元所组成，是若干单项消费价值链共同作用的结果，但顾客体验价值的大小需要统筹安排各单项消费价值链生成价值。要提升顾客的体验价值，酒店经营者不仅要关注客房、餐饮、康乐、会议、旅游等各部门单项消费价值链上的价值创造，还要通过对客人进行调查和实证分析等手段，处理好各个单项消费价值链之间的衔接，通过整合提升顾客整体的体验价值。

3. 单项消费价值需求

酒店为顾客创造体验价值并不只是顾客入住酒店之后的事情，它关系到购前、购中、使用和用后的全过程，甚至还要往复循环。因此，酒店在广告设计、网络预订、酒店服务以及电话回访的全过程，都要不断探析他们的体验需求。另外，酒店可结合单项消费价值链中的内在、外在和过程三环节来分析顾客在每一环节上的具体体验需求。

三、体验营销策略

1. 确定营销主题

酒店作为顾客旅途中停留时间最长的地点，大部分都极力营造出家的感觉，让顾客感受到家的环境与轻松，使顾客在熟悉的生活与工作环境中享受酒店为其带来的全面周到的服务。

2. 体验环境设计

顾客进入一个新的环境时主要通过视觉与听觉感受新的信息，在酒店内部装潢上可以选择时尚、典雅、华丽、简洁的设计，配以美的主题来刺激顾客的感观，以达到审美体验。利用轻柔的、舒缓的背景音乐舒缓顾客入住时忙乱的心情。在电梯间可以挂一些风格典雅的艺术画，还可以安放几把座椅，方便客人等电梯时临时休息用。不仅在听觉与视觉上，而且在嗅觉上可以利用花草来达到愉悦客人的目的，时令的花草不仅可以让酒店显得更有生气，还能美化环境，净化空气。在酒店环境设计方面，通过布艺沙发、咖啡、杂志及灯光营造一种随意、温馨、舒适的氛围，客人很容易地就加入到这熟悉的环境中，弥补了在外地工作的环境差异。

3. 体验过程

在家的环境营造方面，需要经过酒店各部门精心的筹划与组织。因为家的感觉由于顾客的不同而因人而异，当一位顾客经过长时间的舟车劳顿，来到一个新的陌生城市，他的内心是无法放松下来的，这是由于他们对自己家的渴望极其强烈。对于酒店的老客户来说，在客人未入住前就按照客人的习惯布置好房间，在他预订的房间里放一束鲜花，或水果篮，或一封有总经理亲笔签名的欢迎信以欢迎他“回到”酒店。当客人到来时像家人一样亲切地问候，细心地服务。在客人走后，打电话问候客人并发出下次再回到酒店的邀请。像熟悉的朋友一样与行政楼层的客人交流，需要记住客人的名字、房号和他特殊的喜好。

客人在酒店入住期间，酒店可以组织多项其他的体验活动。如将咖啡机放在酒廊里的公共区域，客人可以根据自己的兴趣泡一杯自己喜欢的口味的咖啡。当酒店员工耐心地教客人如何加咖啡豆，如何打泡沫之后，客人会饶有兴致地跟你讨论各种口味的咖啡的做法，等他下次来的时候，他便会径直走向咖啡机，自己做一杯满意的咖啡。这种如同在家一般的自由和熟悉感，客人自己体验到了在家般的感觉，尤其是很多客人看见了，也会仿效他这么做。它能让客人对酒店产生一种归属感。由于酒店的顾客来自国内外不同的地方，酒店积极组织这种新颖的体验活动，让陌生的顾客相互交流，组成新的团体，在新的团体中找寻自己的位置和角色，会加深顾客入住的满意度。

体验营销实践：体验式营销——酒店业揽客新模式

在刚刚过去的情人节，各类酒店纷纷推出让利优惠活动。记者发现，今年的情人节酒店市场出现了酒店与情人节衍生品“捆绑销售”的方式，例如景点门票＋玫瑰花＋红酒＋泡泡浴＋酒店住宿。这种“一站式”打包促销的方式以其便捷、实惠等特点，受到了消费者的普遍欢迎。

此外，利用网络进行营销为越来越多的酒店经营者所采用。2011 年 12 月 20 日，艾瑞咨询发布报告，2011 年中国酒店在线直销市场规模为 140 亿元左右，占在线预订比例的 32%，而该比例在

2012年将提升到35%。由此看来,中国酒店行业的网络营销前景良好,潜力巨大,而与网络营销如影随形相伴而生的体验经济也同样受到了业界人士的好评。华美酒店顾问机构首席知识官、上海社会科学院旅游研究中心特约研究员赵焕焱指出:在体验经济中,企业主要研究的不是如何提供产品,而是如何提供舞台,体验要素依附在产品和服务之中,消费的只是过程,消费者成为这一过程的产品,当过程结束后,体验记忆会长久地保存在消费者脑中。消费者心甘情愿地为体验付费,因为这种体验在人们生活水平达到一定程度时已成为一种迫切的需求,消费者自己进行或参与了这一过程,情感和心理得到了满足。这似乎也是一些酒店在情人节期间推出的"一站式"打包促销活动受到消费者追捧的一个重要原因。

体验经济是以客户需求和体验为导向开展经营的方式,其产品几乎完全隐藏在服务背后,服务与产品之间的关系发生了逆转,产品要依赖于服务所创造的条件。酒店体验经济的萌芽实际上已经存在,只是我们尚未将其提高到理性上来认识,婚宴是比较普遍的例子,因为酒店能够提供婚礼的体验。近年来,在中国出现了一批特色文化主题酒店,可视为对体验经济的有益尝试。北京现代风格的酒店有工体旁的如魔方般的HotelG、复古风格的酒店有故宫旁的皇家驿站;上海则有由老电影院改造的春藤宫、薇阁、艾卡、老时光等;深圳有佛教主题的菩提宾舍;杭州、厦门、桂林、苏州等旅游目的地也有不错的设计型酒店。TripAdvisor中国官网到到网的中国最佳酒店排行调查,最受游客欢迎的酒店是成都文殊坊旅游景区内圆和圆佛禅客栈主题酒店,JIA精品酒店、新地球村度假饭店等主题精品酒店占据了三成左右。由此看来,体验式消费模式的优势已被部分业界人士所认同并较好地运用于经营之中,我们期待着它将成为酒店行业的下一个经济增长点。

(资料来源:改编自赵焕焱. 体验式营销:酒店业揽客新模式, 国际商报, 2012—02—21)

第十四章　典型项目的体验营销

第一节　体育赛事的体验营销

一、体育赛事体验营销的内涵

体验经济为人们提供的是一种无形的体验，是看不到、摸不着的。而体育本身带有体验经济的特性，为人们提供的是赛事体验产品。

体育赛事产业的一个主要特征是：依靠企业赞助获取经济收入是其主要经济来源，并在此基础上发展和提高赛事质量和水平。比如，奥运会、美国 NBA。这种特殊的财务结构被证实，那些生产体育服装、器材的企业，如果不通过赛事的媒介作用，就不能被消费者所认知。因此，赞助商依靠赛事的宣传来促进产品销售，赛事举办方通过获取赞助改善财政结构，进而提供更高水准的赛事活动。

体育赛事的产业实质是一个由赞助商、赛事和观众组成的双边市场。也就是说，实际上赛事举办方把产品提供给了两种不同类型的购买者：体育赛事赞助，卖给了那些寻求赞助的企业；体育赛事活动，卖给了观众。体育赛事产业中赞助商、主办方、观众的相互作用和网络效应是类似的。这一现象的一个非常重要例证，被体育赛事产业的双边相互作用所提供。例如，安踏公司在赞助 NBA 和 CBA 两家体育赛事之间进行选择时，就会考虑两个赛事各自支持的赞助商数量，因为选择支持更多赞助商的赛事代表着对安踏公司本身更高的价值；另外，安踏公司也要考虑欣赏两个体育赛事的观众的数量，因为他们可能会预期，更多的现有观众代表着该赛事会投入更多的资源吸引观众，或者预期更多的消费者会加入到这个赛事的欣赏中来。

体育赛事体验营销作为一种新颖的营销方式，其主要的特点之一是个性化。赛事体验营销面对的每个人的体验都具有个性化的特点。所谓个性化，就是摆脱思维定势，承认需求的多元化与个体的差异性，并采用差异化的服务来最大程度地满足不同的需要。其次是人性化，赛事体验营销是人性营销，就是要通过无微不至的服务，满足观众内心被关注的需要，建立情感联系忠诚度。另一个重要特点是注重人文关怀。体育消费是人们追求精神满足的特殊消费，人文关怀的渲染和创造将使消费者在购买服务或观看赛事的同时，实现人与人之间更广泛的交流和互动，激发内心对于运动的共鸣将使受众者产生愉悦的体验。

二、需求情况

如前所述，赛事举办方把产品提供给了两种不同类型的购买者：体育赛事赞助，卖给了那些寻求赞助的企业；体育赛事活动，卖给了观众。因此，对于体育比赛来说就有两种不同的消费需求。

从企业的角度来说，其赞助一项比赛是希望提高企业的知名度、美誉度，树立品牌，获得认可，从而取得产品销售和利润方面的预期。因此，企业对比较大型的体育比赛（可能需要电视转播）的消费需求就是获得尽可能大的曝光率；对小型比赛，如社区范围的活动，其需求是获得当地居民的好感，从而获得支持。还有一种是企业将体育活动与自身经营活动相结合，形成特色经营，如球迷餐厅。

普通消费者（各种比赛的观众，既包括现场观众，也包括通过各种媒介关注比赛的非现场观众）对体育比赛的需求是看一场高质量的比赛，并希望能够从中得到更大的精神满足。随着经济的发展，人们具有更多的闲暇时间和精力用于消费，消费者的消费需求也从物质方面的享受，更多地转向精神方面的满足。

体验营销在体育赛事中的运用，从营销理论上讲，它整合了众多资源，赛事举办过程中方方面面的资源，既有场内的，又有场外的，既有观众带来的经济效益，同时也有赛事本身所具有的潜在经济价值，而这些都通过体育赛事而达到了有效的整合。体育赛事为企业提供了商机，使企业有走进特定目标人群的机会，形成与观众的有效互动，在体育赛事的过程中为企业提供了有效营销的活动平台。所以说通过体验营销，我们看到：第一，它把握住了体育赛事观众的消费观念和消费方式多方面的深刻变化，认清了体育消费需求的结构、内容、形式的横纵差异；第二，它能够针对体育赛事产品与服务的特性提供差异化的营销手段，减少营销活动的盲目性与资源浪费；第三，它对于新兴的赛事商品及服务的市场竞争来说，无疑成就了犀利的市场竞争制胜武器，体验营销这一理念同时能够促成体育赛事资源的全面整合，积极推进体育产业的蓬勃发展。从长期来看，有利于体育赛事运作的顺利进行和可持续发展。

三、体验营销策略

1. 建立体育赛事观众数据库，加强对观众心理需求和内心感受的分析

建立体育赛事观众体验数据库在体验营销中占据非常重要的地位。观众体验数据库不仅要有通常观众数据库所含的基本资料（如姓名、年龄、电话等）、交易资料（如付款、数量、时间等），而且必须包含从中挖掘出的观众的体验性资料，这就要深入分析观众心理。观众心理是观众购买行为、消费行为的主要影响因素，对消费者心理的分析能有效地预测消费者的行为方式，设计能刺激观众内心情感的主题，围绕体验主题，运用战术实施工具，设计体验营销方案。每一种营销方法对消费者产生的刺激也不同，选择什么样的方法仍然应以顾客的心理需求为依据。因此在设计观众体验时，应关注观众内心变化的每一个细节，不错过每一个创造体验的机会。

2. 制定体验营销战略，重组业务流程

体育赛事体验营销是一个有机的系统，从产品设计、包装、销售，主办方应为观众提供全方位的体验，不能忽视每一个环节。同时，要剔除那些多余的不利于与观众交流、沟通的流程，建立便于与观众心灵沟通的平台。

3. 充分利用网络资源，实现与观众的互动

主办方应该开辟网上对话区，了解观众需求，开设自我设计专栏，一对一地向顾客提供独特的个性化服务，使观众参与赛事产品的设计；提供价格查询，开发自动调价和智能议价系统，设立价格讨论区；设立产品展示区，通过声、影、形、色，给消费者充分的感官体验；根据顾客逻辑思维方式组织、传播信息，如声光效果最好、趣味性最强的互动游戏式广告，直接与青少年消费者产生共鸣。

4. 整合运用多种营销手段，实现全方位体验

一是把体验因子纳入赛事产品定位。开发新产品要考虑消费者的心理体验，将体验附加到产品中；二是创造终端赛事体验。在赛场中，讲究环境的布置和服务的过程，无形中给消费者增加了体验价值；三是通过广告、宣传和销售促进活动增加体验价值。在这里，体验营销的几种模式得以融合，给消费者带来的是全方位的更深层次的体验。

5. 进行体育赛事体验营销创新

主办方可以充分发挥想象力，创造出全新的体验新感觉。环顾我们生活的世界就会发现，有许多体验感觉是我们以前不曾见到的、新奇而又令人激动的。

体验营销实践:NBA 的赛事营销

作为一项具有广泛影响的体育赛事,NBA 球赛在速度、力量、对抗、激情等方面倍受青睐。为了保证比赛的吸引力,NBA 官方在赛事的娱乐体验上也是费尽心思。

首先,为了增加赛事的娱乐性,NBA 官方在竞争激烈的季后赛采取七局淘汰制,各队会拼尽全力去争取胜利,使比赛更具观赏性,这是争取票房的重要阶段,平均每场球赛带来的票房收入是常规赛的 4～10 倍。

其次,比赛现场的娱乐体验,包括比赛间隙美女拉拉队的劲舞和吉祥物的高难度、搞笑的动作表演,伴随着激情的音乐和五彩闪烁的灯光等,使观众得到一种全身心的享受。

再次,圣诞大战和全明星周末让球迷广泛参与其中,由全球球迷为自己最喜爱的球星投票,这样选出全明星阵容,一定是球迷自己最喜爱的球星阵容。

最后,为了提高攻防转换的速度,提高比赛节奏,使比赛变得更加行云流水,更具观赏性,NBA 将进攻时间由原来的 30 秒完成一次进攻改为 24 秒,并鼓励比赛扣篮,增加犯规数限制。其极其完全的球员数据统计也为提高比赛观赏性奠定了基础。

NBA 几代经营者都深谙球星对于市场的重要价值，无数球迷因为喜欢球星从而喜欢上 NBA。在比赛间隙，NBA 官方会利用各种机会增加球员与球迷的互动，甚至让粉丝与其崇拜的球星同场竞技，令其亲身体验到篮球运动所带来的乐趣。NBA 官方还不定期组织球员参加社区活动，为社区孩子免费派发礼物和开展篮球联谊活动。

(资料来源:改编自 http://www.ltbka.com/html/c35/2010－04/200.html)

第二节　会展活动的体验营销

一、会展活动体验营销的内涵

会展经济是一个国家或地区第三产业发展日趋成熟和完善后出现的一个综合性更大、关联性更强、收益率更高的经济形态，在国际上，会展业拥有“经济助推器”和“城市面包”的美誉。在我国，随着中国经济的持续快速增长，尤其是中国加入世贸组织以后，会展活动空前活跃，竞争也日益激烈。21 世纪的竞争可以说是品牌的竞争，会展业的竞争也是如此，正如我国著名会展专家马勇曾提出的：“品牌是会展业发展的灵魂，也是中国会展业在 21 世纪实现可持续发展的关键。为增强中国会展业的国际竞争力，实现品牌化经营是必由之路。”因此，举办会展活动要想拥有超越竞争者的有力武器就是树立品牌，进行会展品牌营销。而会展品牌营销与体验经济有着天然的联系，通过参展企业与会展企业的价值链的深层次的对接，不仅为会展企业提供“舞台”，为参展企业提供“道具”，而且二者通过融合，使参展商和专业观众等消费者融入情景之中获得体验价值，会展企业获得价值增值。

简言之，会展活动的体验营销就是以展会为平台，以所提供的展位及服务为道具，围绕消费者（包括参展单位和观众）创造出值得消费者回忆的过程。在这个过程中，要注意将无形的服务与可见的商品有机结合，创造出令人难忘的体验，形成自身特色，从而在消费者心目中树立品牌。

二、需求情况

总的来讲，会展活动的消费者主要有两类：参展商和观众。按照消费者导向定位原则，其定位逻辑顺序是，第一步确定参展商和消费者，第二步确定相关观众，最后确定其他营销元素。基于“主题会展营销”理论的“消费者导向定位策略”，即把满足消费者的需求放到第一位，所有的展会组织服务以此作为宗旨，代表着我国会展营销未来发展的方向。

那么会展活动消费者的消费需求有哪些呢？

从参展商方面看，首先是展位和服务，要有合适的展位及相关设施用来布置产品，展开宣传；要做好安全、场馆布置、展品运输、仓储以及票务、酒店预订等配套服务。其次要有规范的管理及运营，比如有些地方的会展场馆对参展商的收费采取“内外有别”的政策，对省内与省外的参展商、国内与国外的参展商收费差别很大，使得省外与国外的参展商大为不满，从而放弃参展。

对于观众来说，要有流畅的观赏流程，会展活动的经营者应了解不同项目的需要，提供恰当的项目策划、场地布置、视听、通信、保安、清洁、餐饮等服务，以便使活动顺利进行。现在的观众也更加注重参加会展的亲身体验，这就要求在展台设计上以精致产品为导向，在主题、设计、材料、颜色、图案、灯光、声音、服装、人员等方面精心打造，从而渲染一种气氛，制造一种意境，让观众流连忘返。

三、体验营销策略

要注重服务质量，成立客户服务中心，为消费者提供“一站式”、“一条龙”服务。这样能够建立和完善自己的服务体系和服务标准，通过提升服务在全国起到带头作用，还能够培养一支各个岗位有机合作的展览服务队伍，提高各部协同作战的能力，同时，还有助于提高员工的服务素质和服务技能。

要树立品牌意识，进行体验式会展品牌营销，根据产品本身的不同特点，在产品设计、生产、销售的某个、几个，甚至所有的环节都要以顾客体验为导向，至少要在销售环节上要让顾客感受体验，给顾客留下难以忘记的体验和回忆。

总之，会展活动的体验式营销范围是非常广泛的，也没有一定的范式。它不仅是让会展消费者来体验商品的核心价值，同时也是品牌与会展消费者的一个互动过程，是物质和精神层面的深度沟通。巧妙利用会展活动的体验式营销，一定能敲开市场的大门。

体验营销实践：贵天钻石的深圳展览会

贵天钻石在行业分析和战略定位的基础上制定了2009年深圳展览会的营销计划，提出五优原则以提升价值：为维护客商权益，给顾客“最优质的货品”；为推广销售，给客商“最优的营销方案”；为恪守诚信，给客商“最优的业务服务”；为提高钻石知识，给客商“最优的专业培训”；为实现共赢，给客商提供“最优秀的珠宝专家坐阵”。对客户进行精细分级提供个性服务，不仅在钻石货源上保证其绝对上好品质，同时还强调为客商提供精细分级、个性化体贴服务和定单式服务，具有集中采购、简单、便捷的优势。

订货会准备阶段

首先，确定客户类型。按以下原则区分重点客户、次重点客户、一般客户。

(1)该客户所在市场的大小。如区域市场的经济水平、消费意识、卖场数量等。

(2)该客户的综合实力。一般从软件、硬件两方面来考察客户的综合实力，硬件包括资金、人员、店面等有形对象；软件指客户的管理能力、网络基础、个人意愿(与公司合作意愿)、发展思路等意识形态方面。

其次，确定要邀请的客户。有针对性地邀请参会客户。如果该区域目标客户综合实力较强，又有很强的合作意愿，那么只需邀请一家。如果该区域有多家意向客户，有的综合实力强，但合作意愿处于摇摆之中；有的可能综合实力稍差，但是合作意愿强。这种情况应该都邀请过来参会，以保持相互刺激、良性竞争关系。

最后，充分准备好会务工作。在硬件设施上为了便于客户的引导、管理和降低成本，本次订货会选择贵天钻石展览会现场。展厅也安排在展览会现场，这样更方便新老客户点货。在货物准备上将本次货品样板分常规货品和清仓促销货品，把这两大类货品进行分类、分级管理。展厅现场布置所需的音响、图片等物品；桌椅、饮水设备，咖啡、水果、点心，宣传手册、现场物料的制作等。在软件准备方面对会议形式、会议政策、会议流程、费用预算等方面做了充分准备。

订货会进行阶段

遵循“看、谈、订”的循环过程。一看：即安排客户先走马观花看一遍货品样板，让其对货品有一个初步印象、整体感觉。从而我们也可以得知客户对货品的满意程度；二谈：根据客户对货品的整体感觉，结合客户所在市场的实际情况，针对性和客户沟通订货数量；三订：根据之前和客户谈的情况，安排客户分批次订货。

走完这样一个循环后，并不一定能达成既定目标，那么就再重复这个循环。同时，借助宣传册、桌椅、饮水设备、咖啡点心等辅助手段来吸引更多的客户关注和停留。

订货会后续工作

订货会结束后，部分尚未订货的客户再继续跟进，同时督促客户交纳订货保证金。

本次展览高度整合了“企业动态、品牌传播、促销活动、顾客关系、库存消化、招商推广”等多重营销手段，充分注重客户的体验，既有即期销售目标，又有长远发展效应，一次展会同时达成多项任务目标，投入低，回报却相当的高，取得了良好效果。

第三节　文化庆典的体验营销

一、文化庆典体验营销的内涵

当今社会，各种庆典活动层出不穷，从各种晚会、开业庆典、企业周年店庆，到地方乃至全国范围的文化节庆活动数不胜数。毫无疑问，庆典在社会文化生活中有着重要的作用。然而，现在的庆典活动内容同质化现象严重，比如店庆大多是安排一些文艺演出，推出一些打折、降价商品。企业举行庆典活动应该与企业的文化紧密结合，拥有自身独特内涵。比如，喜来居大酒店的周年店庆安排的各种活动与自身的经营活动紧密结合，同时又有效地吸引顾客的参与，较好地体现出企业的文化内涵。

二、需求情况

文化庆典的消费者大多是企事业单位，其主办者，即其消费者希望通过庆典策划活动显示组织强大的实力，吸引公众的注意力，以增加公众对组织的信任感，能增强组织内部员工的向心力和凝聚力，提高公众对组织的信任感。而一个成功的文化庆典活动可以渲染气氛，强化组织的影响力；也可以广交朋友，广结良缘；成功的庆典活动还可能具有较高的新闻价值，从而进一步提高组织的知名度和美誉度。

还有一些地方政府主办的一些文化节庆活动，是政府站在当地社会、经济、文化的高度，利用当地独特的文化资源举办的，目的是整合当地多种资源，促进地区发展。比如河南许昌市利用自身“三国曹魏故都”的优势，充分发掘当地三国文化，举办了许昌市三国文化节。

三、体验营销策略

文化庆典的体验营销，首先要确立一个鲜明的主题，通过调动参与者的各种感官刺激，支持和增强主题，以达到制造和传递体验的目的。能否挖掘出与目标消费阶层相吻合的文化符号，并创造出品牌体验的氛围，是文化庆典营销成功的关键。因此，文化庆典现场情景设置就非常关键，精心的体验场景设置，愉悦的庆典氛围，对庆典活动的效果有着直接的影响。

体验通常是由于对事件的直接观察或是参与形成的，不论事件是真实的，还是虚拟的，任何一种体验都是消费者个人心智状态与那些有意识的筹划事件之间的互动作用的结果。由此看来，文化庆典体验营销的核心是吸引参与，并通过参与产生互动。因此，在体验场景传递体验信息的同时，最好能组织体验活动，让消费者参与进来，消费者在获得快乐体验的同时，在感性的驱使之下，会增加其对品牌的忠诚度。

体验营销实践：武汉欢乐谷开业庆典

2012 年 4 月 28 日，武汉欢乐谷前广场流光溢彩、热闹非凡，“欢乐江城——武汉欢乐谷开业庆典”在梦想大道主题区隆重举行。

在全场雷鸣般倒数声中，庆典嘉宾推动启动装置，武汉欢乐谷的大门徐徐打开，代表欢乐谷五地连锁的彩柱在空中汇聚，全部游乐设施开机运转，“欢乐之门”精彩呈现。

武汉欢乐谷在突出新一代都市娱乐特色的同时，将旅游、文化与科技创新紧密结合，以全球顶尖的高科技手段、精彩纷呈的文化演艺演出、优美宜人的自然生态景观、深具人文魅力的主题体验，为中部地区的广大游客提供了一座高水准的现代主题公园。

其开业庆典的体验策划也充分吻合了它的主题定位，来宾们在充满喜庆的气氛中沿主环道观赏景区和丰富多彩的娱乐项目。左右摇摆的太阳神车在高空划出令人惊叹的弧线，咆哮而过的木质过山车引得游客兴奋尖叫，俯冲而下的激流勇进激起十几米的巨大水墙……来自深圳、北京、成都、上海四地欢乐谷的中外演员和武汉欢乐谷演员在游园环线上，分别给游客带来了浓郁地域特色的精彩演出，展示了连锁欢乐谷体系强大的演艺实力。

整个园区内，街头表演、极限表演、滑稽互动秀、异域风情表演、大型互动情景剧等一系列精彩的演艺节目，分别结合不同主题而设计，将欢乐氛围一次又一次推向高潮。500名在校大学生作为欢乐谷开业的首批体验者，感受了武汉欢乐谷的时尚、动感和激情。

夜幕降临，精彩纷呈的开园庆典晚会拉开大幕，通过集合深圳、北京、成都、上海、武汉五地欢乐谷各具特色的表演及队伍，加之动感的音乐、华美的舞台、绚丽的表演、喷泉、焰火等现代表演手法，晚会现场始终弥漫着轻松、喜悦与欢乐气氛。

庆典尾声，五彩斑斓的焰花表演，在美丽的东湖映衬下，显得更加璀璨多姿、熠熠生辉，预示着武汉欢乐谷光明和美好的未来。

（资料来源：改编自 http://www.chinaoct.com/detail.aspx? cid=7956）

参 考 文 献

陈旭. 酒店体验营销研究[J]. 金卡工程：经济与法，2010，14(6)：307～308.

崔本顺. 从顾客角度解析体验营销[J]. 中外企业家，2003，(7)：54～56.

邓明新. 体验营销技能案例训练手册[M]. 北京：北京工业大学出版社，2008.

邓勤学. 体验营销研究[D]. 首都经济贸易大学硕士学位论文，2004.

邓文才. "体验经济"理念下体育体验营销策略探究[J]. 哈尔滨体育学院学报，2008，26(5)：28～30.

邓湘南等. 乡村旅游的文化体验营销研究[J]. 乡镇经济，2008，24(6)：95～97；101.

郭放. 化妆品营销的体验平台[J]. 企业改革与管理，2008，(3)：76～77.

郭红丽，袁道唯. 客户体验管理——体验经济时代客户管理的新规则[M]. 北京：清华大学出版社，2010.

江林. 消费者心理与行为[M]. 北京：中国人民大学出版社，2002.

昝胜峰. 产品差异化条件下的体育赛事定价策略研究[J]. 体育科学，2008，28(7).

孔国琴. 品牌设计中产品体验识别的导入研究[J]. 商场现代化，2010，(19)：53～54.

李野新，滕红琴. 新体验营销·一本正经[M]. 深圳：海天出版社，2008.

刘国伦. 论服务经济到体验经济的演进及营销模式变革[J]. 市场营销，2010，(34)：26～28.

马连福著. 体验营销：触摸人性的需要[M]. 北京：首都经济贸易大学出版社，2005.

孟洁. 饭店主题营销中主题的选择[J]. 忻州师范学院学报，2010，26(2)：88～89.

权利霞. 体验经济——现代企业运作的新探索[M]. 北京：经济管理出版社，2007.

施米特，刘银娜. 体验营销：如何增强公司及品牌的亲和力[M]. 北京：清华大学出版社，2004.

田书芹，王东强. 体验式会展品牌营销策略探讨[J]. 重庆文理学院学报(社会科学版)，2008，(3)：21～23.

肖建中，熊学慧. 体验营销：流行美10倍速盈利新模式[M]. 北京：中国人民大学出版社，2005.

谢导. 体验营销的运作[J]. 企业管理，2004，(4)：45～47.

新浪城市. 2009—2010年度旅游城市营销主题研究[EB]. http://city.sina.com.cn/travel/t/2010-06-30/10305984.html，2010/6/30.

徐向东. 中美机场在建设和经营管理中几个明显的差别[J]. 民航经济与技术，1999，(5)：51～53.

於军. 国外顾客体验管理方法理论研究述评[J]. 中国市场营销，2011，(1)：37～40.

张巧丽. 体验营销及其应用研究[D]. 湖北大学硕士学位论文，2008.

张中锋. 营造顾客体验的设计战略[J]. 销售与管理，2006，(4)：54；56～58.

郑明. 酒店开展体验营销需注意的问题[J]. 当代经济，2009，(21)：58～59.

Gilmore J H，Pine Ⅱ B J著，陈劲译. 真实经济：消费者真正渴望的是什么[M]. 北京：中信出版社，2010.

Pine Ⅱ B J，Gilmore J H. Welcome to the experience economy[J]. Harvard Business Review，1998，7－8：97～105.

Pine Ⅱ B J，Gilmore J H著，夏业良等译. 体验经济[M]. 北京：机械工业出版社，2010.

Schmitt B H著，冯凌译. 顾客体验管理：实施体验经济的工具[M]. 北京：机械工业出版社，2004.

Schmitt B H著，刘银娜，高靖，梁丽娟译. 体验营销：如何增强公司及品牌的亲和力[M]. 北京：清华大学出版社，2004.